Rita G. Fischer

Der Bobtail

Rita G. Fischer

DER BOBTAIL

Old English Sheepdog

Aufzucht, Haltung und Pflege

5., überarbeitete und aktualisierte Auflage

R. G. Fischer Verlag

Bibliografische Information Der Deutschen Bibliothek
Die Deutsche Bibliothek verzeichnet diese Publikation in der Deutschen Nationalbibliografie; detaillierte bibliografische Daten sind im Internet über http://dnb.ddb.de abrufbar

5., überarbeitete und aktualisierte Auflage 2007

Orber Str. 30, D-60386 Frankfurt/Main

Zeichnungen: Doris Lerche und Monika Wurm, Frankfurt
Umschlagfoto: Judy, fotografiert von Rita G. Fischer
Satz: Satzservice Hannelore Kniebes, Babensham
Herstellung: Druckerei Lokay, Reinheim
Printed in Germany
ISBN 978-3-8301-1141-2

In dankbarer Erinnerung an Ghasra, meine erste Bobtailhündin. Dieses bezaubernde, ungestüm fröhliche Hundekind wird mir immer unvergessen bleiben, hat es doch den Grundstein meiner großen Liebe zu allen Bobtails gelegt.

Und natürlich für Judy, meine schrullige Trantüte, die jetzt auch schon im Hundehimmel ist.

Und für all die anderen mehr oder weniger reinrassigen Vierbeiner, die nach ihnen kamen:
Anna, Nico, Amba und Acqua, Pinkobello Pinky, Cara, Nessie, Goliath und Jakob, jeder einzelne eine zauberhafte, unverwechselbare Persönlichkeit und heiß geliebter Gefährte tagein und tagaus.

Inhalt

Vorwort

Der Bobtail ist in den letzten Jahren in Deutschland bekannt und beliebt geworden, bisher fehlte jedoch entsprechende deutschsprachige Literatur über ihn. Das vorliegende Buch gibt daher umfassende Auskunft über diese Hunderasse, angefangen von der Auswahl des Welpen über die Entwicklung des Junghundes bis hin zur Haltung des ausgewachsenen Tieres und zum Ausstellungs- und Zuchthund.

Trotz seiner liebenswerten Verspieltheit besitzt der Bobtail eine gewisse Würde, die aus seiner ausgeprägten Eigenpersönlichkeit resultiert. Fremden gegenüber ist er zunächst recht zurückhaltend, doch wem er erst einmal sein Herz geschenkt hat, dem hält er unverbrüchliche Treue. Er ist ein kräftiger, robuster Hund, überdurchschnittlich intelligent, lernwillig und pflichtbewußt, er besitzt einen differenzierten Sinn für Gerechtigkeit und hat noch den Hüteinstinkt seiner Vorfahren, die als Hirtenhunde zuverlässig ihre harte Arbeit taten. Er wird stets aufmerksam sein Heim beobachten und es gegen unerwünschte Eindringlinge schützen, er wird Kindern ein überaus geduldiger und zärtlicher Beschützer und Spielgefährte sein, und in der Stadt ist er ein vernünftiger, besonnener Begleithund.

Der Bobtail paßt nicht zu jedem, er ist ein Hund für Idealisten, die ihn nicht zum Abreagieren der eigenen Komplexe und zum Demonstrieren von Macht und Schärfe halten, aber auch nicht als Kindchen-Ersatz verhätscheln, sondern die ihn als eigenständiges Lebewesen respektieren, an dessen Persönlichkeitsentfaltung sie sich erfreuen. Wenn er richtig, d.h. liebevoll, konsequent, aber ohne jede Gewalt erzogen wird, weiß er sich in allen Lebenslagen zu benehmen. Über den notwendigen Gehorsam hinaus braucht er jedoch bestimmte Freiheiten; er muß sich selbst „einrichten" können, dann wird er ein liebenswürdiger, behaglicher Hausgenosse sein. Gerade der Bobtail ist glücklich, wenn er seinem Herrn Freude bereiten kann, aber seine ausgezeichneten Eigenschaften verkümmern, wenn er zu hart angefaßt wird und stupider, sturer Gehorsam auf die Zack-Zack-Tour von ihm verlangt wird. Aber Menschen, die mit ihm umgehen können, werden nie mehr einen anderen Hund als einen Bobtail haben wollen.

Um mit einem Bobtail glücklich zu werden, muß man sich vertraut machen mit seinen Bedürfnissen und seinem Wesen. Das Eingehen auf seine kleinen persönlichen Eigenheiten findet seine notwendige Ergänzung in der verantwortungsvollen Pflege seines Äußeren. Die Pflege dieses reichbehaarten Tieres darf nicht unterschätzt werden, andererseits fällt sie aber gar nicht so sehr ins Gewicht, wenn sie regelmäßig und sorgfältig betrieben wird. Dennoch muß sich jeder vor dem Kauf eines Bobtails überlegen, ob er auf die Dauer soviel Zeit aufbringen kann, ihn stets in Ordnung zu halten. Der Ausweg, den Hund immer eine Zeitlang verkommen und dann scheren zu lassen, ist auf das schärfste zu verurteilen, nicht nur weil es dem Tier schadet und es ihm unangenehm ist, sondern auch aus hygienischen Gründen. Doch auch das andere Extrem ist abzulehnen, nämlich die übertrieben peinliche Sauberhaltung mit viel zu häufigem Baden und dem ängstlichen Behüten vor jedem Schmutzpartikelchen.

Ansonsten stellt der Bobtail die gleichen Ansprüche wie jeder Hund seiner Größe. Es müssen die finanziellen und räumlichen Verhältnisse gegeben sein, um ihn artgemäß ernähren zu können und ihm den nötigen Auslauf zu verschaffen.

Er ist sowohl für Einzelgänger geeignet als auch für große, fröhliche Familien, die er dann als seine Herde betrachtet und sich rührend bemüht, sie zusammenzuhalten.

An dieser Stelle möchte ich Herrn Hans Blatt danken, der mich in der Idee bestärkte, ein deutschsprachiges Bobtailbuch zu schreiben. Mein Dank gilt auch Herrn Dietrich Lichtenberg und Frau Cornelia Abicht, geb. Nikolovski, die mir zahlreiche Bobtailfotos zur Verfügung stellten, die teilweise im Fotoanhang enthalten sind.

Für konstruktive Kritik und Anregungen bin ich jederzeit dankbar, wie ich mich überhaupt über den Dialog mit meinen Lesern freuen würde. Denn: „Bobtailer" halten zusammen, haben sie doch als große Gemeinsamkeit die Liebe zu einer wundervollen Hunderasse.

Rita G. Fischer

Vorwort zur fünften Auflage

An erster Stelle muß in diesem Vorwort zur fünften Auflage meines Bobtailbuches der Dank an meine Leser stehen. Ich habe seit dem Erscheinen der ersten Ausgabe drei dicke Aktenordner voll Korrespondenz gesammelt. Aus allen Teilen der Welt haben mir Bobtailfreunde geschrieben und sich bedankt, daß ihnen mein Buch Rat und Hilfe geben konnte. Meinen Dank spreche ich mit dieser Neuauflage aus, in die ich zahlreiche Hinweise, die ich von meinen Lesern erhielt, eingearbeitet habe.

Aber ich habe auch weniger gute Erfahrungen gemacht: es gibt Leute – seien es hier nicht namentlich genannte Organisationen, seien es Züchter –, die mir meine offenen Worte in Bezug auf die Gefährlichkeit der HD (Hüftgelenksdysplacie) für die Hundezucht übelnehmen. Unbeliebt habe ich mich auch mit meinem engagierten Eintreten dafür gemacht, Bobtails nicht mehr zu kupieren, sondern ihnen ihre schöne Rute zu lassen. Doch ich tröste mich damit, daß mein Buch trotzdem seinen Weg zu vielen Bobtailfreunden und -besitzern findet, daß es auch weiterhin Hundeliebhabern sagt, worauf sie beim Kauf eines OES (Old English Sheepdog) achten müssen und wie sie ihren Bobtail gesund und glücklich aufwachsen lassen können.

Mancher Züchter verübelt es mir, daß ich Bobtail-Interessenten nicht nur darüber aufkläre, wie ein guter, gesunder Welpe zu erkennen ist, sondern darüber hinaus auf die Gefahren der HD hinweise. Noch immer ist es erlaubt, Hunde, die leichte und mittlere HD aufweisen, zur Zucht einzusetzen. Dabei ist zwischenzeitlich unstreitig bewiesen, daß HD in gewissem Maße erblich ist. Es gibt also mittlerweise genügend Bobtailnachwuchs, der „Produktionsausstoß" der Züchter ist ja durch die „großzügigen Bestimmungen" groß genug – aber es wird immer weniger völlig HD-freie Bobtails geben. Nachdem ich selbst die schmerzliche Erfahrung gemacht habe, einen OES wegen schwerer HD vom Tierarzt töten lassen zu müssen, fühle ich mich in der Verantwortung, alle Bobtailfreunde auf diese Problematik hinzuweisen.

Ein zweiter Punkt, der mir aus offiziellen Bobtailkreisen scharfe Kritik bis hin zur Feindseligkeit eintrug, ist meine Abneigung gegen das Kupieren beim Bobtail. Es gibt kein einziges sachliches Argument dafür, noch nicht einmal ein ästhetisches: ein Bobtail mit Rute sieht nicht im mindesten schlechter aus als ein kupierter – aber er bewegt sich natürlicher.

Ich meine, daß das Kupieren der Rute – und bei manchen Hunderassen auch noch der Ohren – einer Verstümmelung gleichkommt. Man hat z.B. damit aufgehört, in China den Frauen die Füße einzubinden, um zu erreichen, daß sie zierlich kleine, aber verkrüppelte Füßchen bekommen, dann müßte es doch auch zu schaffen sein, Bobtailwelpen ihre Rute zu lassen.

Ich habe viele Briefe von Bobtailbesitzern erhalten, die sich ganz bewußt für einen Bobtail mit Rute entschieden haben, aber nun durch die Kupiervorschrift des VDH (Verband für das Deutsche Hundewesen e.V.) und des Clubs für Britische Hütehunde e.V. ihren Hund auf keiner Ausstellung zeigen können und mit zusätzlichen Problemen rechnen müssen, für einen Bobtail mit Rute eine offizielle Zuchterlaubnis zu erhalten, den Hund also ankören zu lassen. Nur, wenn sich die Stimmen gegen die Kupiervorschrift mehren und sich ein repräsentativer Widerstand gegen das Kupieren etabliert, sehe ich eine Chance, daß in naher Zukunft auch Bobtails mit Rute ihre Preise im Ausstellungsring schwanzwedelnd entgegennehmen können, gleichberechtigt mit kupierten OES.

Zu danken habe ich Herrn Horst Hundt, der das Bild-Archiv des Clubs für Britische Hütehunde e.V. verwaltet, und mir für den Bildanhang zahlreiche Fotos zur Verfügung stellte. Da die meisten leider nicht mit den Namen des Hundes, des Besitzers und des Züchters beschriftet sind, haben wir uns darauf geeinigt, die Fotos generell ohne diese Angaben zu drucken.

Außer der nochmaligen Betonung der beiden Problemkreise HD und Kupiervorschrift habe ich meinem Vorwort zur ersten Ausgabe nichts mehr hinzuzufügen. Ich wünsche, daß dieses Buch vielen neuen Bobtailfreunden ein nützlicher Begleiter sein kann, und ich würde mich weiterhin über den Kontakt zu meinen Lesern freuen.

1. Der Hund im allgemeinen – Der Bobtail im besonderen

Die Entstehungsgeschichte des Bobtails ist noch nicht völlig geklärt. Es gibt recht skurrile Theorien, z.B. die, daß der Bobtail wegen seines Paßganges und der etwas höheren Hinterhand im Vergleich zur Vorderhand auch Bären unter seinen Vorfahren gehabt haben müsse. Glaubwürdiger ist dagegen die Annahme, daß der Bobtail aus dem russischen Owtchar hervorging, der allerdings größer ist und einen kräftigeren Schwanz hat. Letzteres widerlegt diese Theorie allerdings nicht, da Bobtails in aller Regel mit einem Schwanz geboren werden, der ihnen kurz nach der Geburt – leider immer noch – abgeschnitten wird.

Es ist auch noch unbewiesen, ob die verschiedenen Hütehundrassen einzelner Länder – man denke u.a. an den französischen Briard und den italienischen Maremma sowie die ungarischen Hirtenhunde – einen gemeinsamen Ursprung haben oder ob sich in den jeweiligen Ländern unabhängig voneinander Hunderassen entwickelten, die eine besondere Fähigkeit als Hütehund besaßen und aufgrund der Witterungsverhältnisse in der freien Natur alle ein mehr oder weniger dichtes Fell bekamen. Unser altenglischer Hütehund ist aber zumindest seit dem 15. Jahrhundert ein waschechter Brite. Bobtailähnliche Hunde sind auf Gemälden von Dürer und van Eyck aus dem 15. Jahrhundert dargestellt und ein Werk von Gainsborough von 1771 zeigt den Earl of Buccleuch mit einem solchen Hund.

Wer sich nun einen solchen Gefährten ins Haus holt, sollte das nicht nur tun, weil er ausgerechnet den Bobtail originell findet. Man darf kein Lebewesen aus einer gewissen Faszination am Detail kaufen. Jede befriedigende Tierhaltung für Herrn und Hund muß auf einer tiefen Liebe zur Kreatur aufbauen und auf der Bereitschaft, auf das Tier einzugehen und seine Bedürfnisse zu befriedigen.

Der Bobtail hat sich so weit es irgend ging dem Menschen angepaßt. Seine wölfische Neigung zum Wildern ist in den Hüteinstinkt umgewandelt worden. Diese Leistung kann man gar nicht hoch genug einschätzen. So, wie der Jagdhund seinem Herrn die Beute bringt, so wacht der Bobtail über Tiere, die er seiner Abstammung wegen eigentlich reißen müßte.
Der Hund hat sich dem Menschen unterworfen, indem er nicht mehr einen Artgenossen, sondern seinen Herrn als „Leittier" akzeptiert. Er hat seine Lebensgewohnheiten völlig dem Zusammenleben mit dem Menschen angeglichen, er läßt sich als Arbeitstier einsetzen und erträgt vieles, was ihm von seiner Natur als Hund her unangenehm sein muß: er schläft in geheizten Räumen, hört Musik und Straßenlärm, riecht Zigarettenrauch und Parfüms, fährt Auto, läßt sich in Wohnungen sperren und wartet geduldig auf seinen Herrn, wenn dieser es ihm befiehlt. Wie unermeßlich viel ist das doch von einem Lebewesen, das nicht einmal logisch folgerichtig denken kann, das sich nur instinktiv bestimmten Situationen anpassen kann, das nur registriert, wann etwas angenehm oder unangenehm ist, das nur an Strafe oder Lob merkt, ob etwas erlaubt oder verboten ist, und das im Zweifelsfall alles Unangenehme ertragen würde, wenn sein Herr es ihm befiehlt. Einem solchen Wesen Achtung entgegenzubringen und ihm seinerseits ein Leben zu bieten, das seinen Bedürfnissen so weit wie möglich angepaßt ist, ist eine unabdingbare Pflicht jedes Hundehalters.

Am schwersten ist es dabei, sich in die Hunde-„seele" einzufühlen, denn einen Hund zu lieben ist nicht gleichzusetzen damit, einen Menschen zu lieben, ja, es bedarf schon wieder anderer Überlegungen, wie z.B. eine Katze oder ein Pferd zu lieben und ein lebenswertes Dasein zu schaffen. Die richtige Beziehung zum Hund ist eine Mischung aus Güte und Strenge. Einen Hund nur zu verzärteln und ihm alle Unarten durchgehen zu lassen ist genauso schlecht, wie ihn mit eiserner Faust zu regieren. Wie bedauernswert sind doch jene von Pralinen und Puddings überfetteten, kurzatmigen Hunde, die wöchentlich gebadet, täglich einparfürmiert, Treppen hinauf-

und hinuntergetragen, ihr Dasein auf dem Arm eines besorgten Frauchens führen, die an keiner Straßenlaterne schnüffeln dürfen und sofort „in Sicherheit" gebracht werden, wenn irgendwo ein Artgenosse auftaucht, den sie denn auch, aus hündischer Sicht sozial völlig verarmt, schlicht aus Angst, Verzweiflung und Verwirrung beißen würden, zumindest aber ein hysterisches Gebell anstimmen. Wie bedauernswert aber auch die armen Tiere, die in Zwinger gesperrt, an Ketten gebunden, bei fauligem Wasser, trockenem Brot und Kartoffelschalen ihr Dasein fristen, beim kleinsten Mucks Fußtritte ernten und nie ein gutes Wort hören, geschweige denn eine zärtlich streichelnde Hand spüren. Wie schlimm auch das Dasein für die vierbeinigen Status- und Machtsymbole, die dicht bei Fuß, mit hängendem Schwanz und ängstlich geducktem Rücken neben ihrem Herrn herschleichen, nicht rechts und links sehen dürfen, aber auf Kommando sofort über unsinnig hohe Mauern und Zäune springen müssen, Stöcke aus gefährlichen Gewässern holen, stundenlang in heißen Autos warten und oft noch in einer viel zu engen Wohnung leben müssen, und nur eben zum Verrichten ihrer Notdurft wenige Minuten gemessenen Schrittes durch asphaltierte Großstadtstraßen gehen dürfen.

Es gibt sowohl auf den Straßen unserer Städte als auch in ländlichen Gegenden, wo der Hund immer noch mehr als Nutztier denn als Gefährte betrachtet wird, so viel unausgesprochenes Hundeelend, daß jeder, der mit dem Gedanken spielt, sich einen Hund anzuschaffen, sich ernsthaft und gewissenhaft prüfen muß, ob seine Hundehaltung bei allem guten Willen nicht doch – vielleicht auch erst nach einiger Zeit, wenn der Reiz des Neuen verflogen ist – irgendwie als Tierquälerei enden würde.

Einen großen Hund in einem 1-Zimmer-Appartement zu halten, noch dazu, wenn man den ganzen Tag arbeitet und das Tier nicht mitnehmen kann, ist mit absoluter Sicherheit Tierquälerei, die nicht einfach dadurch wieder wettgemacht werden kann, daß man in seiner Freizeit dem Hund dann übertrieben viel Zuwendung zuteil werden läßt. Ein Hund ist ein „Gewohnheitstier", er braucht Konstanz und die Sicherheit, in einem festen Bezugsrahmen als Familienmitglied integriert zu sein.

Wer einen Bobtail halten will, braucht aber noch mehr als nur guten Willen und Tierliebe, der Hund stellt auch materielle Ansprüche, die befriedigt werden müssen, wenn er seiner Art entsprechend gehalten werden soll.

2. Überlegungen vor dem Kauf eines Bobtails

Wer mit dem Gedanken spielt, sich einen Bobtail anzuschaffen, muß vorher einige Überlegungen anstellen. Angefangen damit, ob er selbst, seine Familienmitglieder und der Bobtail von der Persönlichkeit her überhaupt zusammenpassen, bis dahin, ob die Ansprüche, die der Bobtail an seine Haltung stellt, befriedigt werden können.

Der Bobtail ist ein sehr selbstbewußter Hund mit einer ausgeprägten Eigenpersönlichkeit. Zwar ist er sehr anpassungsfähig, lernwillig und gutmütig, aber glücklich ist er nur, wenn er gewisse kleine Freiräume hat. Damit sind solche Kleinigkeiten gemeint, daß er z.B. selbst entscheiden kann, wo er sich zum Schlafen und Ruhen hinlegt, ob er seinen Freßnapf auf einmal leerfrißt oder nur bis zur Hälfte und den Rest erst nach einer Stunde. Ein Besitzer, der ein feines Einfühlungsvermögen für seinen Bobtail entwickelt, wird merken, daß es solche Dinge sind, die das Tier sehr schätzt und es zu einem behaglichen Hausgenossen machen. Der Bobtail ist also ein idealer Hund für Menschen, die sich daran erfreuen, daß ihr Hund eine eigene Persönlichkeit entfaltet, und weniger für Leute, die von ihrem Hund absoluten, ständigen und sturen Gehorsam verlangen. Dafür ist ein Bobtail zu schade.

Neben dieser Bereitschaft, den Bobtail als eine Art Freund und Gefährten zu akzeptieren, müssen jedoch auch rein materielle Gegebenheiten erfüllt sein, um ein befriedigendes Zusammenleben von Herrn und Hund zu gewährleisten.

Zunächst braucht ein so großer Hund wie der Bobtail Platz. Die Wohnung muß also groß genug sein, damit das Tier sich ungehindert darin bewegen kann. Vor allem der Junghund will toben, er braucht Platz zum Umherrennen. Wenn noch ein Garten da ist, ist es umso besser. Wird das Tier konsequent erzogen, lernt es schnell, daß es nicht auf die Beete laufen darf und daß die täglichen Geschäfte nicht unbedingt mitten auf dem Rasen verrichtet werden sollen (Urin wirkt sich vernichtend auf einen gepflegten Rasen aus). Auch daß Sessel und Betten eine andere Bestimmung haben, als einem Bobtail bequeme Lagerstatt zu sein, wird der Hund akzeptieren. Es muß ihm nur konsequent beigebracht werden. Wenn er ab und zu ausnahmsweise doch einmal auf das Sofa steigen darf, wird der Hund nur verwirrt. Er kann ja nicht unterscheiden, wann es geduldet wird, und wann es Schimpfe setzt. Wenn er manchmal darf, wird er eine Art Besitzanspruch entwickeln und entsprechend gekränkt und frustriert sein, wenn es dann wieder verboten wird. Solche Konfliktsituationen sollte man einem Tier ersparen. Es braucht allerdings seinen eigenen Lagerplatz, der nur ihm gehört und ihm immer zur Verfügung steht. Ein Hund entwickelt ein starkes Besitz- und Rechtsempfinden, was seinen Platz und seine sonstigen Besitztümer (Spielsachen, Knochen, Fressen etc.) angeht. Das muß akzeptiert werden, und zwar von der ganzen Familie, auch von Kindern. Hauptsächlich Kindern muß eindringlich klargemacht werden, daß der Hund gewisse Rechte hat, die ihm nicht beschnitten werden dürfen. Schon viele Kinder wurden gebissen, weil sie einem Hund sein Spielzeug wegnahmen oder ihn beim Fressen störten. Der Hund betrachtet das als massiven Eingriff in seine angestammten Rechte und nichts liegt näher, als sich zu wehren. Wie aber soll ein Tier, das so wenig Möglichkeiten hat, sich zu artikulieren, sich anders wehren, deutlicher zeigen, daß ihm Unrecht getan wird, indem es tätlich wird?

Hier muß man sich bewußt werden, daß der Hund ein Meutetier ist – und in der Meute gibt es eherne Gesetze, es gilt einzig und allein das Recht des Stärkeren. Lediglich Jungtiere, denen noch der Babygeruch anhaftet, werden geschont und toleriert, in schlimmeren Fällen durch Knurren verwarnt oder von der Mutter zur Strafe kräftig am Nackenfell geschüttelt. Die erwachsenen Tiere aber setzen ihr Recht mit den Zähnen durch. Es gibt eine festgefügte Rangordnung, vom Leithund als dem Stärksten bis hin zum schwächsten Mitglied der Meute. Lehnt sich ein Meutemitglied gegen ein höhergestelltes auf, gibt es eine Rauferei, deren Ergebnis darüber entscheidet, ob es bei der bisherigen Rangordnung bleibt, oder ob jetzt der Aufmuckende der Ranghöhere wird und der frisch Besiegte dafür eine Stufe tiefer rückt. Beißereien werden jedoch kaum bis zum bitteren Ende durchgehalten, meist finden sie ein Ende, indem einer der Beteiligten zu verstehen gibt: ich unterwerfe mich. Dazu rollt er sich auf den Rücken und bietet dem Gegner seinen Bauch dar, bereit, den tödlichen Biß zu empfangen. Dieser läßt dann sofort „Milde walten" und läßt von dem anderen ab. Die Demutsgeste genügt ihm, seine Stärke bestätigt zu sehen, er braucht deswegen den Gegner nicht zu töten.

Dieses Schema des Meuteverhaltens überträgt der Hund in groben Zügen auf die Familie, in der er lebt. Die menschlichen Familienmitglieder sind für ihn nichts anderes als Rudelgenossen. In der Durchschnittsfamilie mit Vater, Mutter und Kindern wird er die Erwachsenen in aller Regel als ranghöher respektieren und auf die Kinder sein instinktives „Kindchenschema" anwenden: er behandelt sie wie junge Hunde, läßt sich vieles von ihnen gefallen, behütet sie und ordnet sich ihnen freiwillig sogar mit einer gewissen Zärtlichkeit unter. So, wie aber die Welpen im Rudel mitunter verwarnt oder am Nakkenfell geschüttelt werden, wenn sie gar zu frech sind, gibt es auch Situationen, in denen der Familienhund sich nicht alles von den Kindern gefallen läßt. Meist wird er zunächst zur Verwarnung knurren, spätestens dann muß von den Kindern respektiert werden, daß der Hund in Ruhe gelassen werden möchte. Denn da der Hund bei Kindern die nächstmassivere Zurechtweisungsmethode des Rudels nicht anwenden kann, nämlich das Hochheben am Nackenfell und das kräftige Durchschütteln, bleibt ihm nur die Möglichkeit, sich zu wehren, wie er es erwachsenen Rudelmitgliedern gegenüber tun würde, nämlich zu beißen.

In den allermeisten Fällen, in denen Kinder von Hunden gebissen werden, liegen solche Mißverständnisse vor. Kinder wissen nicht, wie sie den Hund richtig behandeln müssen, sie ärgern ihn aus Spaß an ihrer kindlichen Grausamkeit und ahnen nicht, wie gefährlich dieses Spiel ist. Oder aber sie erschrecken durch plötzliche und abrupte Bewegungen oder Schreie den Hund so sehr, daß er rein reflexmäßig zubeißt. Dies gilt auch für viele der traurigen Fälle, in denen Kinder von Hunden getötet werden. Es gibt kaum einen Hund, der von sich aus bösartig ist, sein Beißen ist immer durch irgend etwas motiviert, sei es Angst, Schreck oder verzweifeltes Sich-Wehren gegen ihm angetanes Unrecht. Viele Unfälle mit Kindern und auch mit Erwachsenen, die kein oder ein falsches Verhältnis zu Hunden haben, könnten verhütet werden, wenn man Kindern erklären würde, nach welchen Schemata sich Hunde verhalten. So, wie in den Schulen und in den Elternhäusern Verkehrserziehung betrieben wird, müßte Kindern beigebracht werden, daß Hunde weder „süße" Gegenstände zum Spielen und beliebigen Herumtragen sind noch bösartige Ungeheuer, die kleine Kinder fressen, sondern Lebewesen, die die Veranlagung zu einer bestimmten Form sozialen Zusammenlebens in sich tragen, aber eben nur zu dieser einen bestimmten Form.

Ein weiterer wichtiger Punkt, der vor der Anschaffung eines Bobtails zu durchdenken ist, ist der Auslauf, den dieser große Hund braucht. Er ist ein Hütehund, also ein Tier, das lange Strecken in mäßigem Tempo zurücklegen kann, bei Bedarf aber auch sehr schnell ist. Alle üblen Dinge, die den Jagdhunden nachgesagt werden, treffen auf den Bobtail nicht zu. Wenn ein Jagdhund ohne Leine brav neben seinem Herrn herläuft, ihm aber plötzlich eine höchst interessante Spur in die Nase kommt, kann es durchaus passieren, daß ihn das Jagdfieber packt und er darüber alles vergißt, auch sein laut nach ihm rufendes Herrchen. Es ist dem Hund nicht als etwas Böses anzulasten, er folgt lediglich seiner natürlichen Veranlagung. Für das Herrchen aber, das dann mitunter stundenlang warten muß, bis der meist erfolglose Ausreißer wieder erschöpft zurückkehrt, ist das ein schwacher Trost. Dann den Ärger zu unterdrücken, ist nicht leicht. So etwas passiert aber bei einem Bobtail nie. Die ihn auf seinen Spaziergängen begleitenden

Menschen, sei es auch nur einer, sind seine Herde, die es zu beschützen gilt. Der Bobtail wird immer in der Nähe bleiben und seine Herde umkreisen. Manchmal ist es rührend mitanzusehen, wie verzweifelt ein Bobtail sein kann, wenn sich mehrere Personen, mit denen er ein Stück unterwegs war, plötzlich trennen. Dann zieht er seine Kreise, schaut verständnislos den sich Entfernenden nach, läuft ihnen ein Stück nach, kann sich nicht entscheiden, welcher Gruppe er folgen soll. Seelennöte eines Hütehundes, die ganz schlimm werden, wenn es sich um Personen handelt, denen er das gleiche Maß an Anhänglichkeit entgegenbringt. Man sollte sich nie darüber amüsieren, wenn ein Hund, der mehr am Frauchen hängt, mit dem Herrchen gehen muß, sich immer wieder verzweifelt nach dem in eine andere Straße einbiegenden Frauchen umschaut.

Ein Bobtail braucht täglich etwa anderthalb bis zwei Stunden Auslauf. Dabei muß er Gelegenheit haben, sich auch ohne Leine und möglichst in Gesellschaft anderer Hunde austoben zu können. Der erwachsene Hund muß mindestens dreimal täglich hinauskommen, und zwar in etwa gleichen zeitlichen Abständen, damit er seine Geschäfte verrichten kann. Wenn der Hund täglich etwa zu den gleichen Zeiten hinauskommt, wird er sich entsprechend einrichten, und es ist nicht nötig, daß er sich meldet, wenn er sich lösen muß. Dieses Sich-Melden kann nämlich mitunter recht lästig sein. Wer läßt sich schon gern aus der Badewanne holen, beim Kochen stören, den Fernsehkrimi vermiesen? Wenn der Hund ungewöhnlich viel getrunken hat oder krank ist, und sich zwischendurch einmal meldet, muß ihm natürlich nachgegeben werden, im allgemeinen reichen jedoch drei bis vier Ausgänge täglich. Werden es mehr, ist es umso besser. Der Hund soll nicht stur geradeaus an der Leine weitergezerrt werden, das Interessanteste beim Gassigehen sind für ihn die Gerüche. Eine schöne Landschaft oder reizvolle Architektur bedeuten ihm nichts, er lebt in seiner Zauberwelt der Gerüche. So, wie Menschen mitunter stehen bleiben, um eine schöne Aussicht, ein Gebäude oder ein Schaufenster zu bewundern, muß der Hund Gelegenheit haben, an besonders faszinierend riechenden Stellen zu verweilen und ausgiebig zu schnüffeln. Es sollte sicherlich nicht so weit ausarten, daß der Hund seinen Herrn hinter sich an der Leine von Laternenmast zu Laternenmast schleppt, um dort jeweils eine Viertelstunde herumzuriechen. Auch, wenn der Besitzer es eilig hat, sollte der Hund auf Kommando ebenso eilig ausschreiten, aber im allgemeinen muß man von einem verantwortungsvollen Hundebesitzer erwarten, daß er auch einmal eine Minute stehen bleibt, um seinen Hund schnüffeln zu lassen. In solchen Augenblicken, wenn ich selbst manchmal anfange, ungeduldig zu werden, denke ich daran, wie gerührt ich war, als mein erster eigener Hund, acht Wochen alt und beim ungewohnten Gassigehen verschüchtert und zögernd ein Schrittchen nach dem anderen machend, erstmalig interessiert an einem Laternenpfahl schnupperte. Ich weiß noch, daß ich mich damals überwältigt neben das kleine Bobtailkind hockte, es streichelte und zu ihm sagte: „Jetzt wirst du ein richtiger Hund, du schnüffelst ja!" Denn ich wußte: das Riechen an den Hinterlassenschaften anderer Hunde – sozusagen deren Visitenkarten – ist ein nicht zu unterschätzendes Moment hündischen Sozialverhaltens. Es ist eine Form des Kontaktes und der Information, die entscheidende Bedeutung für das Wohlergehen des Hundes hat.

Hier müssen wir wieder zurückgehen zur Urform des Hundes, zum Wolf. Die Hoheitsgebiete einzelner Rudel bzw. einzelner Hunde wurden durch deren Duftmarken markiert, so, wie es die Menschen durch das Ziehen von Ländergrenzen und Gartenzäune tun. Das Riechen an diesen Duftmarken zeigte den Tieren an, ob sie sich in einem fremden Gebiet befanden. Dem „Besitzer" dieses Gebietes stand dann das Recht zu, sein Revier zu verteidigen und Eindringlinge zu vertreiben. Damit kam dem Schnüffeln also lebenswichtige Bedeutung zu. So ist es heute nicht mehr, zumindest in den Städten nicht, aber das Setzen und Erkennen solcher Duftmarken gibt immer noch eine Menge Informationen. Der Hund erkennt, welcher andere auch hier war, ob er oft an dieser Stelle ist, wahrscheinlich entsteht aufgrund des Geruchs sogar eine gewisse Form von Zu- und Abneigung. Die Duftmarken geben auch wichtige Aufschlüsse über das andere Geschlecht. Hündinnen, die bald heiß werden, pflegen sehr viele Markierungen zu hinterlassen. Sind sie normalerweise ganz anders veranlagt als Rüden (die sich meist nur „portionsweise" an mehreren Stellen entleeren) und machen eine einzige große Pfütze, entleeren auch sie in der Zeit kurz vor der Hitze ihre Blase nur tropfenweise, mit Vorliebe an auffälligen Stellen, um den Rüden anzuzeigen, daß sie sich auf die Freiersfüße machen sollen. Andererseits informieren sie sich an Bäumen und Laternenpfählen selbst intensiv, wer denn etwa dafür in Frage kommen könnte, und wie überhaupt die „Männerwelt" zusammengesetzt ist.

So, wie die Menschen sich füreinander interessieren und Wert darauf legen, ihre Mitmenschen einordnen zu können, eben zu „kennen", interessieren sich auch Hunde füreinander. Für sie ist nicht nur das eigentliche Zusammentreffen wichtig, sondern auch das besagte Riechen an den Duftmarken der anderen. Mancher künftige Hundebesitzer wird sich schütteln und meinen, das sei ja eine höchst unappetitliche Angelegenheit. Er sei jedoch beruhigt. Der Hund geht nicht ganz mit der Nase an die – meist ja auch schon getrocknete – Pfütze heran, sondern nur sehr nah. Außerdem sind im Speichel und dem Nasensekret des Hundes Stoffe enthalten, die dafür sorgen, daß die Hundenase immer hygienisch sauber ist. Es ist um vieles vorzuziehen, sich von einem Hund beschnuppern und gar belecken zu lassen, als zum Beispiel den Türgriff eines öffentlichen Gebäudes oder den Hörer in einer Telefonzelle anzufassen. Dort sitzen ungleich mehr Bakterien und Krankheitserreger!

Zum Auslauf selbst, den der Hund braucht, kommen also noch zwei Zusatzbedingungen hinzu: es muß ein Gelände erreichbar sein, in dem der Hund sich ohne Leine nach eigenem Gutdünken bewegen kann, also möglichst ein Park oder eine Wiese, und der Hund muß ausreichend Gelegenheit haben, mit Artgenossen zusammenzutreffen und mit ihnen spielen und toben zu können. Die menschliche Familie kann dem Hund bei aller Liebe nicht den Kontakt und das Sich-Auseinandersetzen mit anderen Hunden ersetzen. Im alleinigen Kontakt mit dem Menschen geht dem Hund eine Form „hundinternen" Sozialverhaltens verloren, die man ihm unbedingt erhalten sollte.

Als langhaariger Hund stellt der Bobtail weiterhin gewisse Ansprüche an seine Pflege, und auch an die Sauberhaltung der Wohnung, in der er lebt. In seinen langen Haaren bringt er mehr Schmutz und Staub mit als ein kurzhaariger Hund. Es muß also öfter Staub gesaugt werden. Jedoch sind die Haare, die er verliert, weitaus leichter zu entfernen als die vieler kurzhaariger Hunderassen. Die feinen Härchen z.B. vom Boxer setzen sich in Teppichen und Polstermöbeln fest und sind oft sehr schwer zu entfernen, während die langen Haare des Bobtails lose auf der Oberfläche liegen und leicht aufzusaugen sind. Während des Fellwechsels (wenn der Junghund sein Babyfell verliert und wenn der erwachsene Hund sein Winterkleid abwirft), muß der Bobtail öfter als sonst gebürstet und gekämmt werden, damit die abgestossenen Haare nicht im Fell hängenbleiben und zu Verfilzungen führen.

Normalerweise sollte der Hund einmal wöchentlich sorgfältig gekämmt werden (was dabei zu beachten ist, steht ausführlich in dem Kapitel über die Fellpflege des Bobtails) und jeden Morgen leicht übergebürstet werden, damit das Fell duftig aussieht. Dieses tägliche Überbürsten ist in drei Minuten erledigt, für das wöchentliche Kämmen sollte man jedoch einen Zeitaufwand von etwa zwei Stunden ansetzen, je nach Dichte des Fells. Es geht ja hier nicht nur um das systematische Kämmen, um das Fell gepflegt und sauber zu erhalten. Die Prozedur des Kämmens ist für den Hund verständlicherweise nicht unbedingt angenehm, er muß sich so hinlegen, wie es von ihm verlangt wird und längere Zeit so bleiben, oft wird er auch geziept, die Haut wird gezerrt, ein Kammzinken tut ihm weh, und was sonst noch alles an unangenehmen Dingen vorkommen kann. Das sollte ihm dadurch „versüßt" werden, daß zwischen dem Kämmen ab und zu Pausen gemacht werden, eine

Art „Schmusepause", in der der Hund gestreichelt und mit ihm liebevoll und lobend gesprochen wird. Diese Stunden, die Herrchen (oder Frauchen) mit dem Hund auf dem Boden sitzend verbringen, können für beide Teile kostbar und schön sein, sie geben dem Hund über mehrere Stunden hinweg das Gefühl, daß man sich nur mit ihm beschäftigt und es gut mit ihm meint, auch wenn der Kamm ab und zu mal piekst, er wird ja gleich wieder getröstet und gelobt. Bobtails, die ihre Fellpflege so erleben, werden sich immer freuen, wenn Kamm oder Bürste hervorgeholt werden, sie werden nicht verängstigt sein wie so viele Tiere, deren Pflege vom Besitzer als lästig empfunden wird, und die grob und möglichst zeitsparend durchgezaust werden. Das ist auch ein Grund, daß die Fellpflege möglichst von der Person übernommen werden soll, zu der der Hund ohnehin das innigste Verhältnis hat. Diese Person darf ihm nämlich auch einmal weh tun, ohne daß das Verhältnis gleich getrübt ist, während es eine weitere Verschlechterung zur Folge hätte, wenn jemand, an dem der Hund sowieso nicht so sehr hängt, ihm weh täte.

Wer nicht oder nicht immer die Zeit aufbringen kann, seinen Bobtail regelmäßig zu pflegen, kann noch in Erwägung ziehen, ihn in regelmäßigen Abständen in einen Hundesalon zu geben. Das wird auf die Dauer zum einen aber recht kostspielig (die Preise liegen für Kämmen und Baden etwa zwischen € 40,00 und € 60,00), zum anderen wird der Hund dort nicht unbedingt perfekt gepflegt. Oft sind noch kleine Filzknötchen im Fell, die Ohren werden nicht immer sorgfältig gereinigt, ebenso macht man sich selten die Mühe, Verschmutzungen und verklebte Haare zwischen den Fußballen zu entfernen. Es ist also oft noch nötig, Kleinigkeiten selbst zu erledigen. Zumindest ist die Hundesalon-Lösung aber immer noch besser als die, die viele Bobtail-Besitzer gefunden haben. Man sieht sehr oft Bobtails, die so verfilzt und verkommen waren, daß sie geschoren werden mußten. Viele Leute betrachten das schon als Patentlösung, sie lassen den Hund scheren, und wenn das Fell nachwächst, lassen sie es wieder verfilzen, bis das nächste Scheren fällig wird. Das Scheren bedeutet aber einen entscheidenden Eingriff in die Natur des Bobtails. Die Natur hat ihm ein langes Fell gegeben mit einer Unterwolle, die ihn vor Kälte und Nässe schützt. Ganz abgesehen davon, daß ein geschorener Bobtail gesundheitlichen Schaden nehmen kann, ist es aufs schärfste zu verurteilen, einen Hund soweit verkommen zu lassen, daß die Schur unumgänglich wird. Aus hygienischen Gründen ist anzuführen, daß in einem stark verfilzten Fell sich Schmutz, Krankheitserreger und auch Ungeziefer sammeln, was für jeden, der mit dem Hund in Berührung kommt, unangenehm ist. Schlimmer ist aber noch, daß es für den Hund eine Quälerei ist, längere Zeit mit einem verfilzten Fell herumzulaufen. Die Haut kann unter dem dichten Haarteppich nicht mehr richtig atmen, außerdem ist die Dehnbarkeit der Haut stark eingeschränkt, vor allem an den Gelenken. Die verfilzten Haare erlauben es nicht, daß sich bei weitausholenden Bewegungen die Haut dehnt und der Bewegung anpaßt. Wird die Haut trotzdem beim Laufen, Springen oder Hinlegen und Aufstehen gedehnt, wird dies von den Haaren gebremst, d.h., sie werden aufs äußerste gespannt und die Haarwurzeln stark strapaziert. Ein Bobtail, der diesen Rhythmus von Verfilzen und Scheren lange Zeit mitmacht, erleidet mit Sicherheit Schaden an der Haut- und Haarstruktur.

Ein weiterer Punkt, der überlegt werden muß, bevor ein Bobtail gekauft wird, ist die Ernährung. Ein Hund kann auf die Dauer nur gesund und leistungsfähig bleiben, wenn er artgerechtes und gutes Futter erhält, also Fleisch mit Getreideerzeugnissen und Gemüse. Der ausgewachsene Bobtail frißt täglich etwa ein Pfund Fleisch mit der entsprechenden Menge an Beifutter. (Im Kapitel über die Ernährung des Bobtails wird nachgewiesen, daß diese Art der Ernährung mit rohem Fleisch die beste ist.) Das heißt nicht, daß nun täglich ein Pfund zartestes Rinderfilet serviert werden muß, aber es sollte auch nicht das billigste Abfallfleisch sein. Geeignet sind z.B. Muskelfleisch und Innereien wie Herz, Leber und Pansen, vereinzelt auch grätenloser Fisch. Die Preise sind unterschiedlich, im Supermarkt kann man billiger einkaufen als beim Fleischer um die Ecke.In vielen Städten gibt es spezielle Hundefleischcenter, eventuell kann man auch direkt bei einem Schlachthof einkaufen. Man kann ruhig größere Mengen Fleisch kaufen und es portionsweise einfrieren. Es sollte jedoch immer schon am Tag vor dem Verfüttern aufgetaut werden, auch, wenn das Fleisch dann schon ein wenig riecht. Für unsere Nasen ist das abscheulich, für eine Hundenase ein herrlicher Duft. Die Ahnen unseres Hundes waren Aasfresser, und etwas davon ist bei unseren heutigen Haushunden erhalten geblieben. Die meisten Hunde ziehen leicht riechendes Fleisch dem ganz frischen vor. Der Hinweis auf die Aasfresser macht aber noch etwas anderes deutlich. Es wurde nicht nur das Fleisch gefressen, sondern auch der Magen des Beutetieres mit dem meist pflanzlichen Inhalt. Der Hund ist also kein reiner Fleischfresser, er braucht Beifutter in pflanzlicher Form, Getreideflocken und, nicht zuletzt wegen der Vitamine, auch getrocknetes oder gedünstetes Gemüse oder Obst. Ferner braucht der Junghund bis ins Erwachsenenalter Kalk und Mineralien, jeder Hund sollte ab und zu ein Eigelb, tierisches Öl (Lebertran) und verdünnte Milch oder Quark bekommen. All das kostet Geld.

Hier sind wir beim finanziellen Aspekt. Ein Hund kostet Geld und es kann passieren, daß er umso mehr kostet, je mehr man an ihm sparen will. Schon mancher Hundebesitzer hat das Geld, das er an billigem Futter sparte, zum Tierarzt getragen, weil der Hund krank wurde oder Mangelerscheinungen zeigte. Aber Tierarztkosten fallen ohnehin an, der Hund muß jährlich geimpft werden, er sollte spätestens bis zum 2. Lebensjahr geröntgt werden, um festzustellen, ob er HD-frei ist (über Hüftgelenksdysplacie steht mehr im Kapitel über Krankheiten des Hundes). Man sollte eine Haftpflichtversicherung für den Hund abschließen, er braucht Halsband und Leine, einiges Spielzeug, und solange er klein ist, kann es durchaus paassieren, daß Kosten dadurch entstehen, daß der Welpe Schuhe und Möbel annagt, seine Geschäftchen Flecke auf Teppichen hinterlassen, die nicht mehr zu entfernen sind. Dann muß ein neuer Teppich her. Auch ein vom Regen und Schlamm verschmutzter Bobtail, der Fußtapfen auf Polstermöbel oder Kleidern hinterläßt, wird sein Herrchen dazu nötigen, anfallende Reinigungskosten zu zahlen.

Einer der entscheidendsten Punkte, die überlegt werden müssen, ist jedoch der, ob der Hund von der ganzen Familie akzeptiert wird. Einem Ehemann, dessen Frau entschieden gegen den Hundekauf ist, ist dringend zu raten, auf den Hund zu verzichten. Die Hausfrau hat die meiste Arbeit mit dem Hund und verbringt im allgemeinen auch die meiste Zeit mit ihm zusammen. Es führt für alle Beteiligten zu Problemen, wenn sie diesen zotteligen Burschen nicht mag, der seine Haare auf dem Teppich verliert, bellt, wenn es klingelt, ihr mit bettelndem Blick in die Küche folgt, wenn sie das Essen zubereitet, der ausgeführt werden muß und sich auch sehr energisch Zuwendung zu verschaffen weiß, wenn er seine zärtlichen Augenblicke bekommt. Meine Bobtail-Hündin Judy pflegt mir – nachdem einige diskrete Nasenstupser keine oder anscheinend nicht genügend Streicheleinheiten bewirkten – ohne größere Umstände mit der ihr eigenen gelassenen Selbstverständlichkeit auf den Schoß zu steigen. Wenn das auf einer Couch passiert, geht es noch an. Auf einem Stuhl hat es allerdings meist zur Folge, daß wir beide aus dem Gleichgewicht geraten und auf dem Boden landen. Judy dreht sich dann sofort auf den Rücken und streckt ihren Bauch in die Luft, um sich behaglich knurrend und brummelnd kraulen zu lassen, restlos befriedigt, daß ihr „Antrag auf Zuwendung" Erfolg hatte. Bei jemandem, der das aufdringliche Zottelvieh nicht leiden kann, könnte so etwas allerdings hysterische Anfälle zur Folge haben.

Entscheidend sind auch Alter und Einstellung der Kinder. Der Hund selbst wird vorhandene Kinder akzeptieren. Ist er jedoch längere Zeit mit einem Paar allein und kommt dann ein Baby, muß sehr darauf geachtet werden, daß der Hund sich nicht plötzlich zurückgesetzt und vernachlässigt vorkommt. Er braucht gerade dann sogar verstärkte Zuwendung. Wird er vernachlässigt, verbindet er das bestimmt mit der Existenz des Kindes und dann ist es kein Wunder, wenn er Aggressionen gegen das Baby zeigt. Merkt er aber, daß er immer noch wichtig ist und geliebt wird, wird er das Kind freudig als neues Herdenmitglied aufnehmen und ihm ein treuer Freund und Beschützer sein.

Wenn die Initiative zum Hundekauf von Kindern ausgeht, müssen die Eltern bedenken, daß die Begeisterung bei Kindern sehr schnell nachläßt und es mit sehr großer Sicherheit so sein wird, daß früher oder später doch die Eltern die meiste Arbeit mit dem Hund haben. Ärger, Kosten und die Verantwortung haben sie aber auf jeden Fall. Gerade der Bobtail mit seinem langen Fell, das so richtig zum Hineinkuscheln einlädt, wirkt auf Kinder ungemein faszinierend. Auch, wenn sie hoch und heilig versprechen, den Hund zu pflegen, zu füttern und ihn auszuführen, sollte das nicht der ausschlaggebende Grund sein, ihrem Bitten nachzugeben. Bis zu einem gewissen Alter sind Kinder noch gar nicht in der Lage, die gesamte Pflege eines so großen, dichtbehaarten Hundes alleinverantwortlich zu übernehmen. Und vor allem in der Großstadt ein Kind mit einem so kräftigen Hund an der Leine allein loszuschicken, birgt bedeutende Gefahren in sich. Wenn der Hund erschrickt oder auch bewußt hinter etwas herlaufen will (Katze, Radfahrer etc.), kann er das Kind an der Leine ohne weiteres hinter sich herziehen. Schon viele Verkehrsunfälle mit schlimmen Folgen wurden auf diese Weise veranlaßt.

Es ist immer gut und empfehlenswert, Kinder zusammen mit Tieren, hauptsächlich mit einem Hund, aufwachsen zu lassen, aber dann müssen die Eltern voll und ganz dahinter stehen, sie müssen sich nicht nur um das Tier selbst zu kümmern bereit sein, sondern sollten auch dem Kind helfen, ein richtiges und artgerechtes Verhältnis zum Hund aufzubauen, indem sie dem Kind das Verhalten des Hundes erklären, ihm Anleitung geben, den Hund richtig, d.h., als Tier mit eigenen Bedürfnissen und Gewohnheiten, und nicht als beliebig manipulierbaren, allzeit bereiten Spielkameraden zu sehen und zu akzeptieren.

Um mit einem Hund auf die Dauer für beide Teile befriedigend zusammenzuleben, muß man auch Zeit haben. Sicher, ein Bobtail, der das beste Futter bekommt und sorgfältig gepflegt wird, macht sich ausgestreckt vor einem Kamin oder als Begleithund in der Stadt sehr elegant und eindrucksvoll. Aber er ist dann doch nur ein Renommierstück und kein Hund, der sich als Rudelgenosse akzeptiert und geliebt fühlt. Es ist nicht damit getan, den Hund zu pflegen, zu füttern, ihn regelmäßig impfen zu lassen und täglich genau zwei Stunden auszuführen. Der Bobtail braucht Zuwendung, die aus einer echten Herzlichkeit kommt. Er braucht die Minuten, in denen man sich zu ihm auf den Boden setzt, ihn streichelt und sachte klopft und ihm erzählt, was er doch für ein toller, braver, schöner und lieber Hund ist, er braucht den zärtlichen Klaps aufs Hinterteil, wenn sich die Wege von Herrn und Hund zufällig in der Wohnung oder draußen kreuzen, kurz, er braucht die vielen flüchtigen Zärtlichkeiten, die jedem, ob Tier oder Mensch in einer harmonischen Beziehung das eigentliche Gefühl des Geliebtseins geben.

Zu guter Letzt sind vor dem Hundekauf noch einige formale Dinge zu überlegen, z.B. ob der Hauswirt die Hundehaltung gestattet. Sträubt er sich zunächst, sollte man auf freundlichem Wege versuchen, ihn umzustimmen. Man kann ihm ruhig sagen, daß der Bobtail ein bedächtiger und ruhiger Hund ist, der selten bellt. Wenn der Hauswirt auf den Schmutz hinweist, den dieser langhaarige Hund bei nassem Wetter mit ins Haus bringt, wirkt mitunter das Versprechen (das dann aber auch eingehalten werden muß!), in diesem Falle das Treppenhaus zusätzlich zu putzen, beruhigend und besänftigend. Weniger Aussicht auf Erfolg ist gegeben, wenn der Vermieter prinzipiell die Hundehaltung ablehnt, weil er Hunde nicht mag oder schlechte Erfahrungen gemacht hat. Leider gibt es überall Hundebesitzer, deren Vierbeiner einen Vermieter schon zur Verzweiflung bringen können durch ewiges Kläffen oder unzumutbare Verschmutzung des Treppenhauses und des Vorgartens oder Gehweges vor dem Haus. Wer es auf sich nehmen will, daß sich das Verhältnis zum Vermieter stark abkühlt, kann sein Glück auf rechtlichem Wege versuchen. Es gibt Musterprozesse, die die Hundehaltung bejahen, indem sie darauf hinweisen, daß der Hund in unserer zivilisierten Umwelt ein wichtiger und verbreiteter Lebensgefährte des Menschen geworden ist. Sollte ein solcher Prozeß ins Auge gefaßt werden, ist anzuraten, zunächst einmal einen guten Rechtsanwalt zu konsultieren und von ihm die Erfolgsaussichten abschätzen zu lassen. Es dürfte aber klar sein, daß der Vermieter, wenn er unterliegt, mit großer Wahrscheinlichkeit kein sehr inniges Verhältnis zum neuen Hausbewohner haben wird!

Zu klären ist ebenfalls, wo der Hund untergebracht werden kann, wenn einmal ein Auslandsaufenthalt ansteht, und er nicht mitgenommen werden kann oder darf. Gibt es Freunde oder Verwandte, die ihn dann optimal versorgen können? Es ist immer besser, wenn der Hund irgendwo in Pension ist, wo er sich auskennt und selbst auch bekannt ist. Anderenfalls kann er in Hundepensionen oder Tierheimen für einige Zeit in Pflege genommen werden. Hier muß er aber rechtzeitig angemeldet werden und die Besitzer sollten sich vorher überzeugen, ob die Gegebenheiten so sind, daß der Hund gut versorgt ist.

Wenn der große Familienrat beschlossen hat, daß ein Bobtail neues Familienmitglied werden soll und geklärt ist, wer welche Pflichten übernimmt, muß überlegt werden, ob es ein Rüde oder eine Hündin sein soll und in welchem Alter das Tier angeschafft werden soll. Es ist eine weitverbreitete Ansicht, daß ein Rüde temperamentvoller und selbständiger, eine Hündin dagegen anschmiegsamer und sanfter sei. Das mag sicher in vielen Fällen zutreffen, aber es kann durchaus passieren, daß ein Bobtail-Rüde ein regelrechter Schmusepelz ist und ständig an Herrchens oder Frauchens „Bandel" hängt, eine Hündin dagegen vor Tatendrang und Energie fast platzt. Das Temperament ist wahrscheinlich eher eine Frage der Veranlagung als des Geschlechts, auch wenn es durchaus zutrifft, daß ein Rüde eher extrovertiert ist, bestrebt, sein „Revier" zu markieren und zu verteidigen, bereit, seinen Rang in einer Rauferei mit einem anderen Rüden festzulegen. Hündinnen wird dagegen nachgesagt, daß sie sich enger an Heim und Haus binden, wo sie ja ihre Jungen bekommen und behüten würden. Dies trifft wahrscheinlich umso mehr zu, als die Hündin wirklich ein oder mehrere Male Junge geworfen hat. Viele Bobtail-Hündinnen werden jedoch ihr Leben lang „Jungfern" bleiben.

Wer sich eine Hündin anschafft, muß bedenken, daß sie zweimal jährlich heiß wird. Die Verschmutzung der Wohnung durch Blutflecke läßt sich dadurch vermeiden, indem sie in der Wohnung ein bequem, aber fest sitzendes Schutzhöschen trägt, das man in Zoologischen Handlungen kaufen kann und in das Einlagen gelegt werden können, die öfter gewechselt werden. Am praktischsten sind dafür mit einem Klebestreifen versehene Slipeinlagen, wie sie für die Damenhygiene angeboten werden. Wenn die Haare um das Geschlechtsteil ab und zu mit einer leicht desinfizierenden Lösung gewaschen werden, ist das Problem der Sauberkeit und der Hygiene gelöst. Lästig ist es allerdings, in dieser Zeit mit der Hündin nach draußen zu gehen. Da sie dort ja ihre Geschäft erledigt, kann sie kein Höschen tragen. Die plötzlich so begehrenswert gewordene Hundedame wird von mehr oder weniger aufdringlichen Kavalieren regelrecht umschwärmt werden. Die Hündin sollte also in dieser Zeit niemals frei laufen, sondern immer an der Leine gehen, damit die Verehrer verscheucht werden können. Hat ein Rüde es nämlich erst einmal geschafft, sich mit seiner Angebeteten zu vereinen, darf man die beiden nicht mehr auseinanderreißen, da das männliche Glied sich in der Vagina der Hündin verhakt und bei einer gewaltsamen Trennung schlimme Verletzungen entstehen können. Dann muß das Geschehen seinen Lauf nehmen und unerwünschter Nachwuchs vom Tierarzt verhindert werden. Der Besitzer des aufdringlichen Rüden ist jedoch für die entstehenden Kosten haftbar. Es ist ein Märchen, daß eine reinrassige Hündin, die einmal von einem Rüden einer anderen oder einer undefinierbaren Rasse gedeckt wurde, für alle Zeiten für die Zucht verdorben sei. Das stimmt nicht, der nächste Wurf vom sorgsam ausgewählten Vater ist in keiner Weise minderwertig.

Soviel zur Hündin, die in der ganzen Zeit zwischen ihren Hitzeperioden leicht zu halten ist, keinerlei Liebesdurst entwickelt und normalerweise auch auf einmal ihre Blase in einer großen Pfütze entleert. Ein Rüde dagegen ist bestrebt, sein Bein möglichst oft und möglichst sparsam zu heben, er möchte seinen männlichen Duft für die Nasen der Artgenossen an möglichst vielen Stellen hinterlassen. Es gibt unvorstellbar peinliche, aber auch originelle Augenblicke für den Besitzer eines Rüden, der ohne Rücksicht auf Verluste sein Bein auch an Stellen hebt, die ganz und gar nicht dafür vorgesehen sind.

Der Rüde, der keinen festen Sexualzyklus hat, ist für ein Liebesabenteuer sozusagen allezeit bereit. Wo immer er eine läufige Hündin entdeckt, wird er die Schöne anschmachten und alle erdenklichen Aktivitäten entwickeln, sie zu verführen. Es kommt vor, daß ein Rüde, in dessen Nachbarschaft eine solche Hündin wohnt, stundenlang jault, nichts frißt und angespannt ständig vor der Tür sitzt und auszureißen versucht. Sobald die Angebetete nicht mehr heiß ist, ist aber auch sein Liebeskummer vorbei und das versäumte Fressen holt er mit großem Appetit schnell nach. Für den Besitzer ist es allerdings lästig, ihn dauernd zu beobachten, sein lautstarkes Wehklagen anzuhören und oft auch die in der Verzweiflung als Ersatz vergewaltigten Kissen und Decken, die mitunter feuchte Spuren abbekommen, wegzuräumen und zu reinigen. Der Besitzer darf in dieser schlimmen Zeit den Hund für sein Verhalten nicht bestrafen, er folgt ja lediglich dem Drang seiner Natur. Im Gegenteil, es muß versucht werden, das Tier abzulenken und anderweitig zu beschäftigen.

Durch den ständigen Liebesdrang des Rüden muß der Besitzer ihn aber auf Spaziergängen vor allem im Frühjahr und Herbst, wenn viele Hündinnen heiß sind, im Auge behalten, denn wie gesagt, wenn sein Romeo ungeplant eine Hündin deckt, kann er vom Besitzer der Hündin haftbar gemacht werden. Das ist zwar eine recht unsinnige Regelung, denn eigentlich sollte doch der Besitzer der Hündin für sie verantwortlich sein, aber sie besteht, und das Ganze kann sehr teuer werden.

Als Entschädigung für den geplagten Rüdenbesitzer ist jedoch anzuführen, daß Bobtailrüden oft größer und dichter behaart sind als Bobtail-Hündinnen, mitunter also auf den Betrachter eindrucksvoller und schöner wirken. Damit soll aber keineswegs gesagt sein, daß es keine herrlichen, reichbehaarten Bobtail-Hündinnen gäbe.

Bedeutungsvoll ist das Geschlecht des Hundes dann, wenn der Besitzer Zuchtabsichten hat. Will er selbst Junge haben, wird er sich für eine Hündin entscheiden. Ein Rüde kann nur dann zur Zucht verwendet werden, wenn er ein würdiger und schöner Vertreter seiner Rasse ist, der angekört wurde und sich vielleicht sogar auf Ausstellungen qualifiziert hat. Wenn dieser Rüde andere, ausgesuchte Hündinnen deckt, wird dem Besitzer ein Betrag gezahlt, der im allgemeinen etwa dem Gegenwert eines Welpen entspricht. Der Kaufpreis für einen acht Wochen alten Welpen aus guter Zucht liegt in Deutschland im Augenblick etwa zwischen € 1.000,00 und 1.800,00. Im Hundehandel und aus dem Ausland kann man billigere Welpen bekommen, aber damit handelt man sich meist sehr viel Ärger und Kummer ein.

Nun ist noch zu überlegen, in welchem Alter der Bobtail angeschafft werden soll. Ein Welpe sollte frühestens mit acht Wochen von der Mutter wegkommen. Mitunter werden die Tierchen auch schon mit sechs Wochen weggegeben, aber ein achtwöchiger Welpe, der sich zwei Wochen länger in der Geborgenheit des Zwingers und der Gesellschaft seiner Geschwister entwickeln konnte, ist robuster und schon ein bißchen gefestigter in seiner kleinen Persönlichkeit und daher besser gewappnet, die ungeheure Umstellung, die mit dem Einzug in sein neues Zuhause auf ihn zukommt, zu verkraften. Acht Wochen sind ein ideales Alter, allerdings ist dieses kleine Hundekind noch bar jeder Erziehung und beansprucht viel Zeit und Geduld. Aber wer sich seinen Hund in diesem Alter ins Haus holt, hat die Gewähr, daß er aus diesem kleinen, tapsigen Vierbeiner den Hund machen kann, den er sich vorstellt, er kann sich seinen Traumhund erziehen. Aber auch ein Junghund von drei oder vier Monaten kann sich durchaus noch völlig seinem Besitzer anpassen. Ist der Hund jedoch älter als ein halbes Jahr, hat er schon eine gewisse Persönlichkeit entwikkelt, in die der neue Besitzer nicht oder nur sehr, sehr behutsam eingreifen darf. So, wie es vorkommen kann, daß ein halbjähriger Hund erstklassig erzogen, freundlich und fröhlich ist, ist es leider auch oft der Fall, daß solche Tiere schon Schaden für ihr Leben genommen haben. Meist hatten sie ja schon einen Besitzer, der das Tier dann bald wieder weggegeben hat. Hier sollte man auf alle Fälle ein Gespräch mit diesem früheren Besitzer suchen und mit ihm ausführlich und offen über die Gründe sprechen, aus denen der Hund weggegeben wird. Auch, wenn hier Negatives zutage kommt, man darf sich nicht dazu verleiten lassen, zu sagen: Um Gottes willen, nur keinen älteren Hund! Mit Geduld, Einfühlungsvermögen und sehr viel Liebe ist schon aus so manchem Hund, der als geschädigt, verdorben oder gar bösartig galt, ein anhängliches, freundliches Tier geworden, das seinem neuen Besitzer viel Freude macht. Einem solchen Tier ein gutes Zuhause zu geben, ist sicher eine schöne und lohnende Aufgabe. Schwer wieder gutzumachen sind allerdings körperliche Schäden, wenn der Welpe bisher schlechtes und falsches Futter bekam und nun Mangelerscheinungen aufweist. Ein solcher Hund kann sein ganzes Leben lang schwach und anfällig bleiben, wenngleich mit Aufbauspritzen und erstklassigem Futter auch hier noch manches zu retten ist.

Wer es sich vom Aufwand her jedoch leisten kann, sollte sich ein möglichst junges Tier anschaffen. Es ist ein wunderbares Erlebnis, mitanzusehen, wie so ein kleines Hundekind die Welt entdeckt, wie es wächst und gedeiht und aus dem entzückenden Tollpatsch mit dem seidigen Fellchen und der grenzenlosen Neugier ein würdevoller erwachsener Bobtail wird.

3. Standard des Bobtails. Körperbau und Gebiß

Vom Club für Britische Hütehunde ist folgender Standard für Bobtails festgelegt worden, der auf allen Ausstellungen innerhalb der Bundesrepublik Deutschland Anwendung findet:

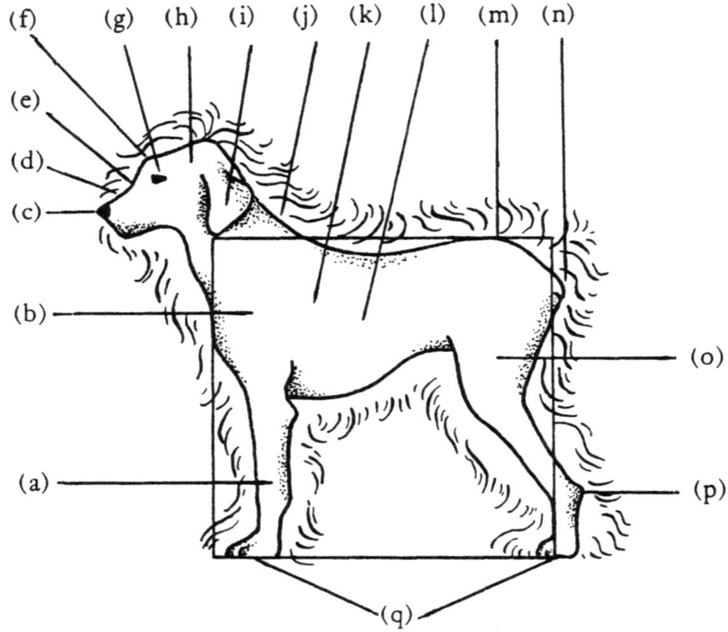

Abb. 1: Korrekter Körperbau des Bobtails mit quadratischem Rumpf

Allgemeine Erscheinung: Kräftiger, gedrungen wirkender Hund von großem Ebenmaß, der auf keinen Fall hochläufig sein darf. Am ganzen Körper reichlich behaart. Sehr elastisch im Galopp, aber im Schritt und Trab charakteristischer Paßgang. Sein lautes Gebell hat einen eigenartig hohlscheppernden Beiklang. Alles in allem ein schwer gebauter, muskulöser, leistungsfähiger Hund mit sehr intelligentem Ausdruck. Er darf keinerlei Pudel- oder Deerhound-Ähnlichkeit haben.

Kopf und Schnauze: Schädel geräumig, ziemlich quadratisch mit viel Platz für das Gehirn (h). Stirn über den Augen gut gewölbt (f). Der ganze Kopf reich behaart. Kiefer mittellang, kräftig, breit (quadratisch) und stumpf (wie abgeschnitten) (d). Stop gut ausgeprägt, um jede Deerhound-Ähnlichkeit zu vermeiden (e). Nase immer schwarz, breit und füllig (c).

Augen: Dunkle Augen oder Glasaugen sind vorzuziehen (g).

Ohren: Klein, an den Seiten des Kopfes flach anliegend, mäßig stark behaart (i).

Gebiß: Zähne kräftig und groß, gerade gesetzt und gleichmäßig.

Hals: mittellang, anmutig gewölbt, dicht behaart (j).

Vorderhand: Vorderläufe kerzengerade, starkknochig, ziemlich lang, jedoch nicht hochläufig, allseits gut behaart (a). Schultern schräg stehend und gut anliegend (k). Der Hund steht in der Schulter niedriger als an der Kruppe.

Rumpf: ziemlich kurz und gedrungen. Gut gewölbte Rippen (l). Tiefe, geräumige Brust (b), Kruppe sehr kräftig, schön gewölbt (m).

Hinterhand: gut gerundet und muskulös. Sprunggelenk gut gesenkt (p), Oberschenkel besonders dicht und lang behaart, länger und dichter als irgend eine andere Körperpartie (o).

Pfoten: klein, rund. Zehen gut gewölbt; Ballen dick und rund (q).

Rute: Stummelrute (n). Wenn die Rute kupiert werden muß, sollte dies innerhalb der ersten Lebenswoche, am besten innerhalb der ersten vier Tage geschehen.

Behaarung: überreich, hart, nicht schlicht-fallend, sondern zottig-strähnig und ohne Locken. Die Unterwolle soll eine wasserabstoßende Decke bilden, sofern sie nicht ausgekämmt wurde.

Farbe: Alle Töne von Grau, Graumeliert, Blau, mit oder ohne weiße Abzeichen. Jegliche braunen oder gelben Farbtöne sind zu verwerfen und sollten keinesfalls gefördert werden.

Größe und Gewicht: Schulterhöhe 56 cm und mehr für Rüden, etwas weniger für Hündinnen. Typ, Ebenmaß und Charakter sind jedoch von größter Wichtigkeit und sollen keinesfalls der Größe zuliebe vernachlässigt werden.

Fehler: Langer schmaler Kopf.

Gehen wir diese Punkte noch einmal im einzelnen durch:

Der Kopf des Bobtails ist einer der entscheidendsten Punkte bei der Beurteilung dieses Hundes. Ein Bobtail, dessen Kopf nicht in etwa quadratisch ist mit einer geräumigen Hirnschale, hat in einer Ausstellung stark verminderte Chancen. Der Stop – die Vertiefung zwischen den Augen – sollte deutlich fühlbar sein. Er unterscheidet den Bobtail vom Jagdhund, der einen flachen Kopf ohne diese Einbuchtung hat. Die große schwarze Nase ist vielleicht eines der liebenswertesten Merkmale des Bobtails, und es ist anzunehmen, daß Bobtails mit einer winzigen Knopfnase komisch und häßlich aussehen würden.

Abb. 2 zeigt, wie der Kopf eines guten Welpen aussehen sollte. Die Augen sollten etwa den anderthalbfachen Abstand ihrer Breite voneinander haben, die Wangenknochen unter dem Auge möglichst gerade sein, aber zur Nase hin schön geschwungen, die Nase schon jetzt groß und breit. Teil (b) zeigt den aus-

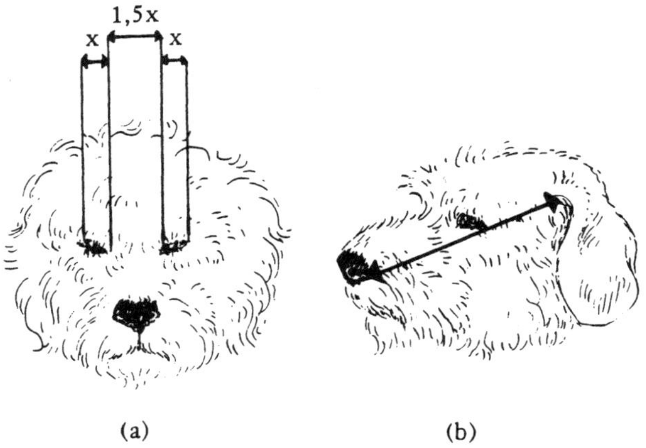

Abb. 2: Der Kopf eines Bobtail-Welpen
(a) Abstand der Augen
(b) Lage des Auges und Ansatz des Ohres

geprägten Stop und den korrekten Ansatz der Ohren (man denke sich eine gerade Linie vom unteren Ende der Nase über das äußere Augenlid bis zum Ansatz des Ohres). Die Schnauze soll nicht zu lang sein, sondern eher den Eindruck erwecken, als sei sie abrupt abgeschnitten worden.

Die Ohren dürfen nicht zu stark behaart sein, wie es z.B. beim Spaniel erwünscht ist. Große, dicht behaarte Ohren sind nicht nur ein Schönheitsfehler, sondern müssen auch sorgfältig überwacht werden, damit sich kein Ungeziefer einnistet und die Absonderungen nicht die Ohrmuschel verstopfen.

Bei einer Ausstellung wird auch das Gebiß einer eingehenden Prüfung unterzogen. Der Richter schaut nach, ob alle Zähne vorhanden sind und ob die Gebißform korrekt ist. Die Abbildung 3 zeigt Ober- und Unterkiefer des Hundes jeweils von der Seite. Im Oberkiefer sollen 2 Molaren, 4 Prämolaren, 1 Fangzahn und 3 Schneidezähne auf jeder Seite vorhanden sein, im Unterkiefer je 3 Molaren, 3 Prämolaren, 1 Fangzahn und 3 Schneidezähne. Damit kommt das komplette Gebiß auf insgesamt 42 Zähne.

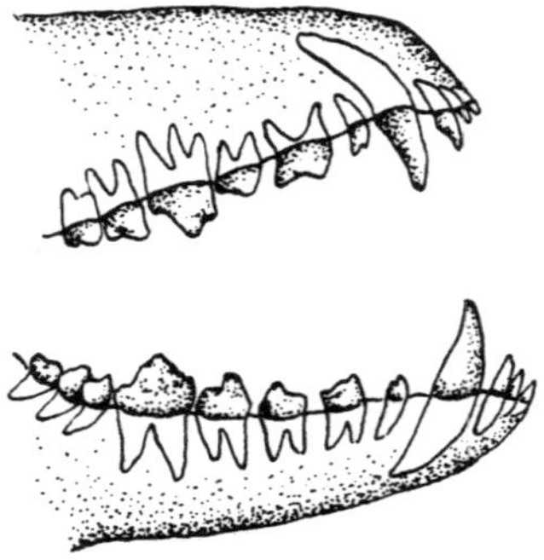

Abb. 3: Ober- und Unterkiefer des Bobtails mit komplettem Gebiß

Als korrekte Gebißform galt bisher nur das Scherengebiß, bei dem die oberen Zähne ganz leicht über die unteren greifen. Mitunter wird jedoch in letzter Zeit auch das Zangengebiß zugelassen, bei dem die vorderen Schneidezähne von Ober- und Unterkiefer genau aufeinandertreffen. Als Fehler gelten die beiden Extremformen des Überbisses, bei dem die oberen Zähne sehr weit über die unteren greifen und des Vorbisses, bei dem umgekehrt die unteren Zähne sehr weit vor den oberen vorstehen.

Ein schöner Hals, nicht zu lang, aber auch nicht zu kurz, bestimmt wesentlich das Erscheinungsbild des Bobtails. Ein zu kurzer Hals läßt den Hund zu gedrungen wirken und erweckt im Betrachter den Eindruck, daß auch die Schultern nicht ganz korrekt sind, während ein zu langer „Schwanenhals" die massive Einheit, die Kopf und Körper bilden sollen, auseinanderreißt. Bei einem zu kurz geratenen Hals kann man den optischen Eindruck verbessern, indem man das Fell dort etwas ausdünnt.

Die Forderung nach einer kräftigen, geraden Vorhand des

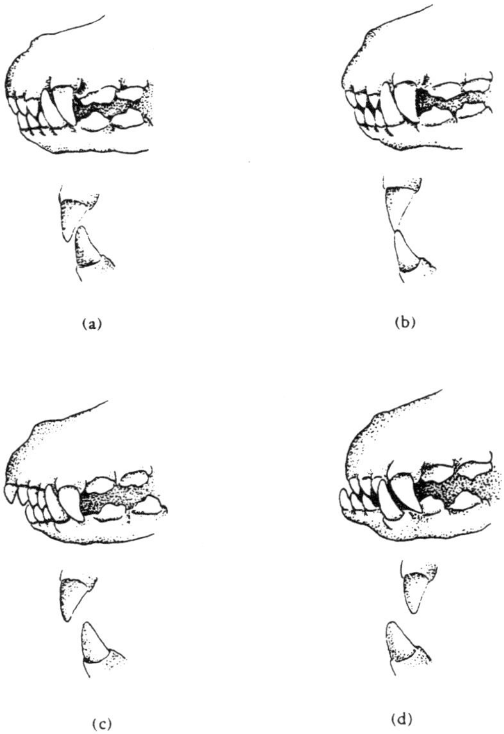

Abb. 4: (a) Scherengebiß, (b) Zangengebiß, (c) Überbiß, (d) Vorbiß

Bobtails ergibt sich aus seiner Funktion als Hütehund. Als solcher muß er leistungsfähig und ausdauernd sein, er braucht einen massiven Knochenbau und ausgeglichene Proportionen, um als Arbeitshund zu bestehen, der sehr viel laufen muß. Er soll nicht zu hochläufig sein, wie etwa Jagd- oder Windhunde. Die massiven Vorderläufe sollen kräftig bemuskelt sein. Wenn er mit geschlossenen Vorderläufen aufrecht steht, erinnern sie an die strammen, kerzengraden Hosenbeine alter Zinnsoldaten.

Fehlerhaft ist jede Abweichung von der graden Linie, sei es in Form von auswärts (O-Beine) oder einwärts (X-Beine) gedrehten Gelenken.

(a) (b)

Abb. 5: Fehlerhafte Vorderhand
(a) auswärts gedrehte Gelenke
(b) einwärts gedrehte Gelenke

Der Wunsch nach einem gedrungenen, geräumigen Rumpf, mit gut gewölbten Rippen und einer tiefen Brust folgt ebenfalls der Bestimmung des Bobtails als Arbeitshund. Er braucht viel Platz für Lunge und Herz, wenn er bei der Arbeit vollen Einsatz bringen und nicht schnell ermüden soll. Eine mächtige, sehr muskulöse Kruppe gibt der Hinterhand die nötige Kraft für die Arbeit als Hütehund.

Zum Eindruck einer kräftigen, belastbaren Hinterhand gehören unbedingt die gut gesenkten Sprunggelenke (vgl. Abbildung 8 a).

Von hinten gesehen sollen die geschlossenen Hinterläufe – wie die Vorderläufe – gerade nebeneinanderstehen (Abb. 6 a). Fehlerhaft ist die sogenannte Kuhhessigkeit (Abb. 6 b), bei der die Hinterläufe bis zum Sprunggelenk zusammenstehen, dann jedoch in X-Form auseinandergehen. Auch das zu enge

Zusammenstehen der Hinterläufe (Abb. 6 c) ist nicht korrekt.

(a) (b) (c)

Abb. 6: Korrekte und fehlerhafte Hinterhand
(a) korrekt
(b) kuhhessig
(c) zu eng

Vor allem die Pfoten müssen der Aufgabe des Bobtails als Hütehund entsprechen. Die meiste Zeit soll er ja auf den Beinen sein. Kleine, kräftige Pfoten mit gewölbten Zehen geben ihm auf unebenem Boden sicheren Halt und dicke, runde Ballen ermöglichen langes, federndes Laufen. Flache, gespreizte Zehen weisen immer darauf hin, daß der Hund nicht genügend Bewegung auf hartem Boden hat. Mangelnde Bewegung und das Laufen auf weichem Untergrund fördern das Entstehen von Spreizfüßen und flachen Ballen.

Es ist ein Märchen, daß Bobtails ohne Rute geboren werden, zumindest ist dieser Fall eine große Ausnahme. In aller Regel kommen die Welpen mit kräftigen Ruten zur Welt, die im Verhältnis zu ihrem Körper sehr lang sind. Meist sind sie – wie ja auch das übrige Fell, das erst später hellgrau wird – schwarz mit einer weißen Spitze. Erwachsene Bobtails, die nicht kupiert wurden, haben einen schönen, dichtbehaarten Schwanz, den sie tragen wie ein englischer Setter. Das Kupieren der Rute muß beim Welpen nach Möglichkeit innerhalb der ersten drei Lebenstage geschehen. Lediglich bei kleinen, schwachen Tieren ist es angeraten, zu warten, bis sie kräftiger geworden sind und dann vom Tierarzt die Operation unter Betäubung vornehmen lassen. Das ist besser als das Risiko einzugehen, einen schwachen Welpen durch das Abschneiden seines Schwänzchens zu töten.

Ich war immer der Meinung – und inzwischen mehren sich auch unter Züchtern die Stimmen – daß das Kupieren des Schwanzes (und bei vielen Rassen noch zusätzlich der Ohren) eine Unsitte ist, die man abstellen sollte. Das Entfernen der Rute beim Bobtail hat historische Gründe, die heute längst nicht mehr zutreffen. In England war es früher so, daß für Arbeitshunde keine Steuer gezahlt werden mußte. Um festzustellen, welche Tiere nun Arbeitshunde und damit steuerfrei waren oder nicht, schnitt man kurzerhand die Schwänze ab. Alles, was schwanzlos war, unterlag nicht der Steuerpflicht. Trotzdem das heute längst nicht mehr so ist, ist man bei diesem Verfahren geblieben und man sieht so gut wie nie einen Bobtail mit Rute. Vor allem würde ein solches Tier bei keiner Ausstellung zugelassen werden. Gerade das zu ändern, sollte aber das Bestreben aller Bobtail-Freunde sein. Erst, wenn im Ausstellungsring Bobtails mit und ohne Rute gleichberechtigt nebeneinander stehen, werden sich mehr und mehr Leute dazu entschließen, ihrem Bobtail seine Rute zu lassen. Das wäre sicher eine segensreiche Entscheidung. Ich weiß von einigen Fällen, in denen künftige Besitzer den Züchter baten, ihrem Welpen die Rute nicht zu kupieren, und in allen Fällen hörte ich übereinstimmend, daß die kleinen Hunde sich von Anfang an viel sicherer und zielstrebiger bewegten, indem sie den Schwanz geschickt als Steuerinstrument benutzten, und ich kenne einen ausgewachsenen Bobtail, der mit seinem langen, buschigen Schwanz sehr schön aussieht und ihn auch eifrig zum Wedeln benutzt, wenn er sich freut. Wer Bobtails kennt, weiß, daß sie sich oft und gern über alle möglichen Dinge freuen und ständig mit ihrem ganzen Hinterteil am Wackeln sind. So originell und bobtailtypisch das auch aussehen mag, man täusche sich nicht darüber hinweg, daß das Bewegen der ganzen Hinterhand letztlich der Ausdruck einer vom Menschen verursachten Verkrüppelung des Hundes ist – und das finde ich traurig. Ein Bobtail wird nichts, aber auch gar nichts von seinem Zauber und seiner charakteristischen Eigenart verlieren, wenn man ihm seine Rute läßt, die ihm die Natur geschenkt hat. Es bleibt zu hoffen, daß immer mehr Bobtail-Besitzer das einsehen und es so erreicht werden kann, daß auch im Ausstellungsring als echter Bobtail nicht nur das anerkannt wird, was vom Menschen mutwillig verstümmelt wurde.

Die Behaarung des Bobtails spielt vor allem beim Ausstellungshund eine große Rolle, fällt sie ja doch zuallererst ins Auge. Das Deckhaar soll nicht zu glatt, aber auch nicht zu lockig sein, aber lang und reichlich. Beim gesunden, gepflegten Bobtail wird es einen leicht seidigen Schimmer haben, obwohl es in seiner Struktur keinesfalls weich und seidig, sondern dick, fest und hart sein soll. Unter dem langen Deckhaar befindet sich die dichte, flaumige Unterwolle, die vor allem im Winter reichlich wächst. Bei einem Bobtail, der nur im Haus oder in der Wohnung lebt, kann die Unterwolle – vor allem im Sommer – etwas ausgedünnt werden. Ein Bobtail, der überwiegend draußen lebt, wie es ja alle als Hütehund eingesetzten Bobtails früher taten, braucht natürlich die Unterwolle, um gegen Kälte und Nässe geschützt zu sein, wobei der Besitzer jedoch darauf achten muß, daß sie nicht verfilzt.

Gegenstand oft hitziger Diskussionen, aber letztlich eine Geschmacksfrage, ist die Farbe des Bobtail-Fells. Als korrekt gelten alle Grautöne vom hellen Silber über tiefes Dunkelgrau und Graumeliert hin zum grau-bläulichen blue oder bluemerle, wobei dunklere Töne mit Sicherheit einen reizvolleren Kontrast zu den weißen Fellteilen bilden als ein sehr helles Silbergrau. Verworfen werden sollten dagegen alle Braun- und Gelbtöne im Fell. Oft handelt es sich bei solchermaßen eingefärbten Stellen jedoch um totes Haar, das man auskämmen sollte, um neues, gesundes Fell nachwachsen zu lassen, oder um Einwirkungen von Sonnenlicht. Ein Bobtail, der oft praller Sonnenbestrahlung ausgesetzt ist, wird einen bräunlichen Einschlag im Fell bekommen, was sich aber nach einiger Zeit wieder gibt, wenn er nicht mehr so oft in die Sonne kommt. Für überängstliche Bobtail-Besitzer sollte das jedoch kein Grund sein, ihren Hund sorgsam von jedem Sonnenstrahl abzuschirmen. Die Verfärbung tritt nur bei andauernder und extremer Bestrahlung ein. Im übrigen lieben es Bobtails durchaus, sich in mäßig warmer Sonne aufzuhalten; wenn es zu heiß wird, suchen sie sich von selbst ein kühles, schattiges Plätzchen. Der verantwortungsvolle Besitzer wird also dafür sorgen, daß sein Hund beide Möglichkeiten hat. Besonders bei meiner Judy amüsiert es mich immer wieder, wie sie in den ersten warmen Frühlingstagen auf den Balkon geht und sich auf den Rücken legt, um sich behaglich die Sonne auf den Bauch scheinen zu lassen. Oft liegt sie so eine halbe Stunde lang und wenn ich sie anspreche, ob es ihr so gefällt, blinzelt sie mich träge an und stößt Grunzlaute tiefsten Wohlbehagens aus. Ist es dagegen im Sommer sehr heiß, verzieht sie sich an einen kühlen, schattigen Ort in der Wohnung.

Eine weitere wichtige Frage in bezug auf Fell und Färbung des Bobtails ist die der weißen Abzeichen. Der „Normalbobtail" hat einen weißen Kopf, der über die Brust zu den Vorderbeinen reicht und als eine Art Halskrause endet. Meist sind auch Teile der Bauchbehaarung und die Pfoten weiß. Eine in England sehr bekannte Züchtung trägt daher den Namen „Snowboots" (Schneestiefel). Das übrige Fell des Rumpfes einschließlich der Hinterhand bis zu den Sprunggelenken ist durchgehend grau. Hat der Hund graue Abzeichen am Kopf, gilt das in keiner Ausstellung als Fehler; oft macht eine solche Zeichnung den Bobtail sogar interessanter. Meine erste Bobtail-Hündin hatte ein schwarzes Ohr und sah damit hinreißend und pfiffig aus. Problematischer ist es dagegen, wenn der Bobtail im dunklen Fellteil weiße Abzeichen hat. Es gibt Bobtails, die so gescheckt sind, daß sie fast an eine Kuh erinnern. Trotzdem laut Standard weiße Abzeichen erlaubt sind, ist anzunehmen, daß ein solcher Hund bei einer Ausstellung doch etwas schlechtere Chancen hat. Die züchterischen Bemühungen sollten also schon darauf hinauslaufen, den Bobtails eine einheitlich dunkle Rumpfbehaarung zu erhalten.

Die im Standard angegebene Schulterhöhe von etwa 56 cm für Rüden und etwas weniger für Hündinnen ist sehr niedrig angesetzt. Es ist ein eindeutiger Trend zum größeren Bobtail festzustellen und oft liegen auch Hündinnen schon über der 56 cm-Grenze. Hier sind die Beurteilungen auf Ausstellungen aber längst nicht mehr so streng und ein großer Bobtail wird keineswegs schlecht abschneiden, wenn er ebenmäßig gebaut ist, die Proportionen stimmen und der ganze Hund nicht zu massig wirkt. Man sollte sich jedoch davor hüten, den Bobtail bewußt größer und massiger zu züchten. Seiner Bestimmung nach muß er ein elastischer, beweglicher Hund bleiben, der mühelos größere Strecken zurücklegen kann. Das Gewicht eines Bobtails sollte je nach seiner Größe etwa zwischen 34 und 40 Kilogramm liegen. Eine zartgliedrige Hündin kann aber durchaus weniger, ein kräftiger Rüde mit massivem Knochenbau dagegen mehr wiegen.

Als Fehler im Standard ist ein zu langer, schmaler Kopf angegeben. Unsere Abb. 7 zeigt noch einige weitere Fehler im Körperbau des Bobtails. Dazu gehören vor allem

- nicht genügend ausgeprägter Stop
- zu langer Rücken, der den ganzen Hund nicht mehr quadratisch wirken läßt
- mangelhaftes Überbautsein, d.h., der Bobtail steht in der Kruppe nicht höher als in der Schulter
- gerades Kniegelenk, d.h., die Hinterhand verläuft schräg nach hinten unten, wie es z.B. beim Deutschen Schäferhund angestrebt wird. Tritt meist zusammen mit mangelhaftem Überbautsein auf
- ungenügend abgewinkeltes Sprunggelenk (vergl. Abbildung 8 b)
- auswärts gedrehte Hinterhand
- aus- bzw. einwärts gedrehte Vorderläufe.

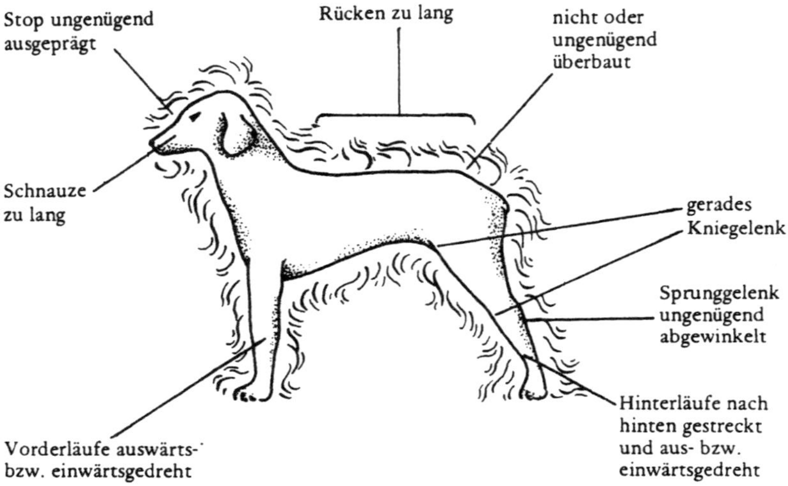

Abb. 7: Fehlerhafter Körperbau des Bobtails

Als Fehler gilt auch, wenn der Rumpf des Bobtails nicht in etwa quadratisch ist, sondern zu lang oder zu hoch. Wie man das Quadrat ausmessen kann, wird aus dem eingezeichneten Quadrat in Abbildung 1 ersichtlich.

Das Sprunggelenk muß deutlich abgewinkelt sein und darf nicht zu hoch angesetzt sein. Die Fessel ist demnach relativ kurz, aber sehr gut bemuskelt, um dem Hütehund langes, ausdauerndes Laufen zu ermöglichen.

Die Fehler eines Bobtails kann nur ein erfahrener Fachmann erkennen. Unsere Abbildungen sollen nur einen theoretischen Überblick verschaffen. Am lebenden, behaarten Bobtail ist es ungleich schwerer, Mängel festzustellen. Der interessierte Laie sollte sich auf Ausstellungen gründlich informieren und sich von Züchtern und Richtern beraten lassen. Im Ring

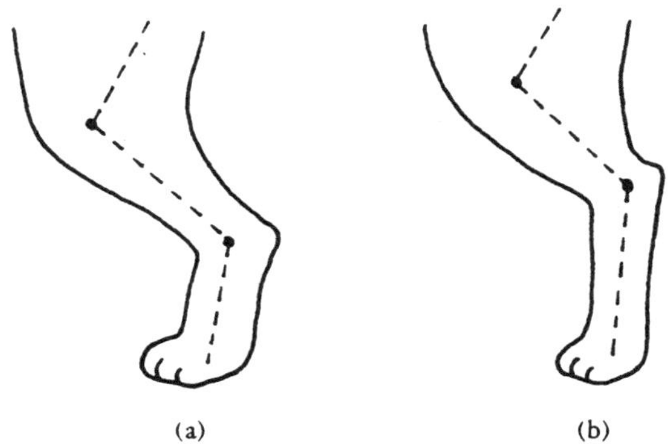

Abb. 8: Das Sprunggelenk des Bobtails
(a) korrekt, niedrig angesetzt und gut abgewinkelt
(b) zu hoch angesetzt und ungenügend abgewinkelt

werden z.B.auch der Gang und der Bewegungsablauf eines Bobtails beurteilt. Hier kann nur das erfahrene Auge des Richters Fehler feststellen, auf Abbildungen kann man keine Beurteilungshilfe geben. Der Bobtail hat einen ausgeprägten Paßgang, und es ist schwierig, ihn beim laufenden Hund zu beurteilen.

Beim Welpen und beim Junghund ist es noch sehr viel problematischer, zu beurteilen, wie der erwachsene Bobtail aussehen und welche Fehler er eventuell haben wird. Manches, was beim Welpen fehlerhaft aussieht, kann sich wieder verwachsen. Der Bobtail wächst in Schüben, also nicht konstant. Man unterscheidet Längen- und Höhenwachstum. Ein Welpe, der im Augenblick noch zu lang erscheint, kann beim nächsten Höhenwachstum wieder seine quadratische Körperform erreichen. Der Laie sollte sich bei der Auswahl des Welpen neben seinen eigenen Informationen auch auf das Urteil des Züchters verlassen.

Abb. 9: Knochenbau des ausgewachsenen Bobtails

4. Der Kauf eines Bobtails

Nachdem Sie sich nun entschieden haben, einen Bobtail zu kaufen, nachdem Sie wissen, ob es ein Rüde oder eine Hündin werden soll, alle nötigen Überlegungen angestellt und alle Vorkehrungen getroffen haben, kommt auf Sie ein großes Erlebnis zu: die endgültige Wahl Ihres, Ihres eigenen Bobtails.

Richten Sie sich hier nach dem altbewährten Grundsatz: Gut Ding will Weile haben. Lassen Sie sich Zeit mit dem Aussuchen und scheuen Sie keine Mühe, einen guten Züchter zu finden, von dem Sie einen Hund bekommen können, der seelisch und körperlich gesund ist und gute Anlagen mitbringt. Kaufen Sie auf gar keinen Fall bei einem Händler und lassen Sie sich noch viel weniger einen Hund von irgendwoher schikken. In vielen Fällen handelt es sich hier um gewissenlose Geschäftemacher, für die Tiere eine Ware sind, die rasch umgeschlagen werden und möglichst großen finanziellen Gewinn bringen muß. Selbst wenn es sich um seriöse Leute handelt, sind die Tiere, die sie verkaufen, weit größeren Gefahren ausgesetzt als ein Welpe, der behütet bei einem Züchter heranwächst. Das beginnt damit, daß die Elterntiere meist nur zur Zucht „ausgebeutet" werden, d.h. die Hündinnen werden bei jeder Hitze gedeckt und sind nach einigen Würfen entsprechend verbraucht. Für die Halter ist die Hundezucht ein Geschäft und nicht – wie beim engagierten Züchter – mit ideellen Werten verbunden, d.h., die Kosten müssen niedrig gehalten werden, also bekommen Muttertiere und auch Welpen oft minderwertiges oder nicht genug Futter, die hygienischen Bedingungen sind schlecht, Tierarztkosten werden gespart. Weiter geht es damit, daß die Welpen viel zu früh der Mutter weggenommen und in die Geschäfte gebracht werden. Meist sind die kleinen Tierchen noch nicht einmal geimpft. In den Geschäften kommen sie mit anderen Tieren zusammen, bekommen ungewohntes Fressen und sind wieder mangelnden hygienischen Zuständen ausgesetzt. Nicht nur, daß sie mitunter in ihrem eigenen Schmutz leben und ihre Ausscheidungen mit dem Futter zusammenkommen, in diesen „Durchgangslagern" wechseln auch laufend die Hunde, die verkauften werden durch andere ersetzt. Und wenn irgendwo ein Krankheitskeim sich festgesetzt hat, kommen alle Tiere damit in Berührung. Man kann fast als sicher annehmen, daß Tiere, die aus solchen Tierhandlungen kommen, krank sind. Der erste Gang mit ihnen wird in den meisten Fällen der zum Tierarzt sein. Die Folgen sind hohe Kosten, Angst und Aufregung, und mitunter der qualvolle oder durch den Tierarzt abgekürzte Tod des Tieres.

Die Hunde, die aus solchem Massenhandel kommen, sind oft auch schon seelisch verkümmert. Welpen haben eine Art sensibler Phase, die sogenannte Prägungsphase, in der sie den Kontakt zum Menschen brauchen. Ein guter Züchter wird sich in dieser Zeit mit ihnen beschäftigen, sie streicheln, mit ihnen sprechen, damit sie sich an den Menschen, seinen Geruch, seinen Körper und seine Stimme gewöhnen. Hunde, die diesen Kontakt hatten, werden später ein ausgeglichenes Wesen entwickeln. Aber die kleinen Wesen, die zum Massenhandel bestimmt sind, bekommen diese Zuwendung nicht oder zu spät. Das ist oft schon eine entscheidende Ursache für ihr späteres gestörtes Verhältnis zu ihrer Umwelt, sie sind die Tiere, die einen „Knacks" haben, die ängstlich, hysterisch oder bissig werden, zumindest aber nie so recht eine „gefestigte Hundepersönlichkeit".

Auch wenn die kleinen, niedlichen Wesen im Schaufenster so entzückend aussehen – vor allem für Kinderaugen – und auch, wenn sich Ihr Herz regt, so ein Tierchen zu kaufen, entweder weil es so süß ist, oder aber aus der Kenntnis der oben gesagten Dinge und dem Bestreben, wenigstens ein Tier zu erlösen: das ist falsch. Diesen entsetzlichen Handel mit wehrlosen Tieren kann man nicht eindämmen, indem man aus Mitleid die Tiere kauft. Es werden umso schneller andere nachkommen und dasselbe Schicksal erleiden. Etwas tun kann man nur gegen diesen Handel, indem man die Tiere *nicht* kauft. So grausam es klingt, wenn die Händler die Tiere nicht verkaufen können, werden keine anderen nachkommen, die Händler erzielen keine Gewinne und kommen auf diese Weise von ihrem schaurigen Beruf ab.

Bedenken Sie also: wenn Sie sich Ihren Hund aussuchen, suchen Sie sich einen Gefährten für die nächsten 10 – 15 Jahre aus, und dieser Gefährte soll gesund, fröhlich und rasserein sein, also ein würdiger Vertreter seiner Rasse. Lohnt es sich da nicht, einige Telefonate, Briefeschreiben und auch einige Fahrten in Kauf zu nehmen, um ihn zu finden?

Sie müssen zunächst einmal von einigen Bobtail-Züchtern wissen. Dazu gibt es drei Möglichkeiten. Sie können sich mit dem Club für Britische Hütehunde e.V., Sitz Frankfurt am Main, in Verbindung setzen. Die Anschriften der Personen, an die Sie sich wenden können, finden Sie im Anhang. Dort wird man Ihnen Züchter nennen, von denen bekannt ist, daß sie gerade Welpen haben oder in Kürze einen Wurf erwarten.

Die zweite Möglichkeit ist, die Anzeigen und Nachrichten in Hundefachzeitschriften (z.B. in „Unser Rassehund", vgl. Literaturverzeichnis) durchzugehen. Aber wählen Sie auch hier nur Züchter, die einen seriösen Eindruck machen, streichen Sie die Anzeigen der Händler und Versandleute gleich dick durch. Gute Züchter befassen sich meist nur mit 1 – 2 Hunderassen. Vorsicht ist geboten, wenn die Zeitungsanzeige verspricht, viele Hunderassen besorgen zu können.

Eine dritte Möglichkeit ist die, daß Sie Ausstellungen besuchen, dort den persönlichen Kontakt mit den Züchtern suchen und sich Anschriften und Auskunft über die zu erwartenden Würfe geben lassen.

Setzen Sie sich dann mit mehreren Züchtern in Verbindung und fragen Sie, wann Sie einen jungen Hund bekommen könnten. Suchen Sie schon jetzt ein ausführliches Gespräch mit dem Züchter, auch wenn es nur telefonisch ist. Aus der Art, wie er Ihnen Auskunft gibt, können Sie manche Rückschlüsse ziehen, wie er seine Hunde behandelt. Voraussetzung für eine ausführliches Gespräch ist dabei allerdings, daß Sie sich vergewissern, daß der Züchter auch im Moment Zeit für Sie hat. Wenn draußen die Hunde bellen und ihr Futter haben wollen, wird er kaum in der richtigen Stimmung sein, mit Ihnen einen Plausch zu halten. Lassen Sie sich also von ihm einen Zeitpunkt nennen, wann Sie in Ruhe mit ihm sprechen können.

Man kann davon ausgehen, daß man einen Hund umso besser beurteilen kann, je älter er ist. Sich Welpen anzusehen, die gerade fünf Tage alt sind, hat wenig Zweck. Vor der dritten oder vierten Woche sollten Sie überhaupt keine Entscheidung treffen. Die Tierchen werden frühestens mit sechs, vernünftiger aber jedoch mit acht oder zehn Wochen verkauft. Da Sie aber nicht Gefahr laufen sollten, kaum noch Auswahl zu haben, weil die meisten schon verkauft sind, werden Sie jedoch meist gezwungen sein, Ihre Wahl schon früh zu treffen. Lassen Sie sich sagen, wieviel Welpen noch zur Auswahl stehen und wann die nächsten Interessenten kommen. Kurz vorher sollten Sie dann Ihre Wahl treffen.

Sofern Sie noch keine Erfahrungen mit Bobtails haben, sollten Sie den Besuch beim Züchter nicht nur darauf verwenden, Ihren Welpen auszusuchen, sondern sich auch mit den erwachsenen Tieren beschäftigen. Schauen Sie sich ruhig so einen großen zottelhaarigen Gesellen gut an; das kleine Plüschtierchen, das Sie sich aussuchen, wird einmal genauso aussehen. Da ist es ganz gut, wenn Sie schon jetzt einen Eindruck vom erwachsenen Tier bekommen. Vor allem schenken Sie dem Fell noch einmal genügend Beachtung. Trauen Sie sich immer noch zu, so einen Burschen in Ordnung halten zu können? Wenn Sie plötzlich Zweifel oder Angst bekommen, sprechen Sie offen mit dem Züchter darüber. Es ist auch keine Schande, aus dieser Einsicht heraus dann doch keinen Hund zu kaufen. Im Gegenteil, der Züchter wird das anerkennen und Sie als einen Menschen achten, der verantwortungsbewußt handelt und lieber keinen Hund kauft, als ihn später verkommen zu lassen.

Aber kommen wir zu dem großen Moment: Sie haben dem

Züchter gesagt, daß Sie einen Rüden oder eine Hündin haben wollen und er hat für Sie die entsprechenden Welpen ausgesucht, die jetzt emsig vor Ihnen herumkrabbeln. Kleine, rührende, entzückende Wesen im seidigen schwarz-weißen Fellchen. Am liebsten möchten Sie sie alle einpacken und gleich mit nach Hause nehmen. Aber lassen Sie sich Zeit, der Züchter kennt das, und auch er wird Ihnen Zeit lassen. Einer dieser kleinen Burschen wird Ihr Bobtail werden, der Sie lange Jahre hindurch treu begleiten wird. Wenn Sie einen reinen Haushund haben wollen, brauchen Sie sich die Entscheidung nicht so schwer zu machen, zumindest in sachlicher Hinsicht nicht. Dann können Sie mehr mit dem Gefühl wählen. Sofern Sie aber mit dem Gedanken spielen, mit Ihrem Bobtail doch einmal auf eine Ausstellung zu gehen oder mit ihm zu züchten, dann müssen Sie jetzt Ihr Wissen über den Standard aufrollen und sich die Winzlinge der Reihe nach kritisch ansehen, um den auszusuchen, der dem Standard gemäß der „Beste" ist.

Machen Sie nicht den Fehler, von sich aus gleich Berührungskontakt zu suchen. Die kleinen Raufbolde kommen nach einer Weile schon von sich aus auf Sie zu, um zu erkunden, wer Sie sind, wie Sie riechen, wie Sie sich anfühlen und wie Sie schmecken. Sie werden mit ihren kleinen Nasen an Ihnen herumschnüffeln, mit den spitzen Zähnchen an Ihren Händen und Kleidern zerren, und womöglich mit den rosigen Zungen an Ihnen schlecken, ob Sie nicht etwa ein besonderer Leckerbissen sind. Wie in jeder Familie hat jeder ein anderes Temperament. Es wird einen tollkühnen Burschen geben, der sich als erster an Sie heranmacht, und es wird die Bedächtigen geben, die erst einmal abwarten, was passiert und sich im Hintergrund halten, dabei jedoch durchaus Interesse zeigen. Wenn es einen ganz Ängstlichen gibt, der sich in die Ecke drückt und zittert, sollten Sie ihn nicht unbedingt in die engere Wahl ziehen. Kleine Hunde sind neugierig, und wenn sie es nicht sind, sind sie entweder krank oder haben schlechte Erfahrungen gemacht. Beides ist kein sehr erfreuliches „Mitbringsel". Aber den Rat, immer den frechsten aus dem Wurf zu nehmen, sollten Sie vergessen. Oft werden die anfänglich Bedächtigen nach einer gewissen Zeit auch genauso frech. Und bedenken Sie: Sie kaufen einen Bobtail, einen Hütehund, der nicht scharf und draufgängerisch sein muß. Der Rat, den frechsten zu nehmen, ist z.B. bei Deutschen Schäferhunden oder Dobermännern besser angebracht. Der Welpe, der sich zunächst einmal interessiert im Hintergrund hält, und erst nach Sondierung der Lage aktiv wird, wird später wahrscheinlich auch einmal ein bedächtiger, aber durchaus an seiner Umwelt interessierter Hund.

Nachdem Sie die offensichtlich ganz und gar verängstigten Tierchen ausgeklammert haben (aber es wird sie in gesunden Würfen ohnehin kaum geben, so daß Sie im Prinzip immer zwischen allen vorhandenen Welpen wählen können), müssen Sie sich jetzt mit jedem einzelnen befassen. Gehen Sie die Punkte aus dem Standard durch. Der Welpe wird mit Sicherheit sich während des Wachstums verändern, aber gewisse Äußerlichkeiten werden erhalten bleiben. Ein Welpe, der jetzt viel zu lang ist, wird höchstwahrscheinlich als erwachsener Hund nicht quadratisch sein; wenn der Kopf jetzt zu lang und zu schmal ist, wird er sich kaum noch in einen kurzen, quadratischen Erwachsenenkopf verwandeln, wenn die Läufe jetzt kuhhessig sind, wird sich ihre Stellung kaum noch verändern. Gehen Sie Punkt für Punkt durch und prüfen Sie, ob alle Forderungen erfüllt sind oder zumindest die Anlagen dazu da sind. Achten Sie auf die Augen. Sie sollen entweder dunkel oder Glasaugen sein. Wenn die Haut rundum noch nicht dunkel pigmentiert ist, ist das nicht schlimm, in den meisten Fällen kommt das noch. Bei Bobtails mit ganz weißen Köpfen jedoch oft langsamer oder nur teilweise, während bei Bobtails, die dunkle Abzeichen am Kopf haben, im allgemeinen die Pigmentierung schneller und vollständig vonstatten geht. Auch wenn die kleinen Nasen noch nicht völlig schwarz sind, sollte Sie das nicht stören, zumindest die Nase wird bei jedem Bobtail früher oder später ganz schwarz. Ähnlich ist es mit den Lefzen.

Prüfen Sie auch kritisch den Gesundheitszustand der Kleinen. Haben sie Triefaugen? Läuft die Nase? Die Nase sollte kühl und feucht sein, jedoch nicht in Strömen laufen. Wenn sie etwas trocken und warm ist, kann das auch an geheizten Räumen oder trockener Luft liegen. Man kann von der Faustregel ausgehen: ein Hund mit kalter, feuchter Nase ist mit größter Wahrscheinlichkeit gesund, ein Hund mit warmer, trockener Nase muß aber deswegen noch lange nicht gleich krank sein. Schauen Sie in die Ohren: sind sie sauber? Notfalls riechen Sie daran: ein gesundes Ohr ist völlig geruchlos, ein infiziertes dagegen riecht unangenehm. Tasten Sie den Bauch ab, ist er prall und gut genährt, aber auch nicht durch Blähungen oder Würmer zu hart? Betasten Sie die Knochen, sind sie fest, gleichmäßig und gerade? Und schauen Sie sich das Fell an! Glänzt es seidig oder ist es matt und stumpf? Ein glanzloses Fell ist ein sicheres Zeichen für Krankheit! Ist das Fell sauber und frei von Ungeziefer? Überprüfen Sie, ob die Nabelwunde gut verheilt ist.

Wenn die Kleinen schon Zähnchen haben, sehen Sie sie sich kritisch an. Fassen Sie den Welpen beim Kopf und ziehen Sie mit je einer Hand die Lefzen nach oben und unten, so daß das ganze Gebiß freigelegt wird. Zwar werden diese Zähnchen ausgehen, aber mit einiger Wahrscheinlichkeit ist anzunehmen, daß wenn sie jetzt eine fehlerhafte Stellung haben, das Erwachsenengebiß dieselbe fehlerhafte Stellung haben wird. Der erwachsene Hund soll 42 Zähne (Oberkiefer: 2 Molaren, 4 Prämolaren, 1 Fangzahn, 3 Schneidezähne; Unterkiefer: 3 Molaren, 4 Prämolaren, 1 Fangzahn, 4 Schneidezähne) und ein Scherengebiß oder Zangengebiß haben (siehe Abb. 4 b). Sind die Zähne gleichmäßig und gerade, ist das Zahnfleisch fest und gut durchblutet? Wenn der Hund aus dem Hals riecht, kann das ein Zeichen von Krankheit sein.

Noch einmal zu den Zähnen. Bei einem sonst perfekten Hund, der als Welpe auch ein korrektes Gebiß hatte, jedoch nach dem Zahnwechsel einen Überbiß oder Vorbiß bekommt, kann man diese fehlerhafte Zahnstellung korrigieren. Dies ist allerdings ein sehr kompliziertes, zeitaufwendiges und teures

Verfahren, überdies gibt es in Deutschland im Augenblick nur wenige Tierärzte, unter deren Kontrolle diese Korrektur vorgenommen werden kann. Der Hund muß dann – wenn die Behandlung Erfolg haben soll, möglichst früh, d.h., sofort nach Erscheinen des fehlerhaften Erwachsenengebisses – eine Zahnklammer tragen, ähnlich wie sie Kindern mit Gebißfehlern verordnet wird. Das Welpengebiß wird in zwei Etappen ersetzt: mit etwa vier Monaten erscheinen die neuen Schneide- und Backenzähne, mit sechs Monaten die Fangzähne. Die Klammer muß dann in regelmäßigen Abständen nachgestellt werden, bis die korrekte Gebißstellung erreicht ist. Für den Besitzer und den Hund selbst ist diese Prozedur allerdings recht lästig. Sie sollte etwa zwischen dem sechsten und zehnten Lebensmonat vorgenommen werden, da in dieser Zeit die Kiefer am schnellsten wachsen und die Zähne dem Druck der Klammer leicht nachgeben, so daß wenige Wochen zur Korrektur genügen. Der Hund ist aber gerade in diesem Alter versessen darauf, an allen möglichen Dingen herumzukauen, ist er doch noch dabei, die Welt kennenzulernen und als sein Reich zu erobern. Der Besitzer muß also ständig darauf achten, daß das Tier nicht an harten Gegenständen kaut, denn sonst verbiegt sich die Klammer und – was noch schlimmer ist – es entsteht Verletzungsgefahr, wenn sich ein Draht der Klammer löst oder die Plastikdecke der Befestigung springt. In den meisten Fällen wird es dann so sein, daß das Tier in den Stunden, in denen es nicht ständig überwacht wird, einen Maulkorb tragen muß. Doch auch dann gelingt es manchem Strolch, noch so allerlei anzustellen. Ich habe diese Prozedur mit meiner Bobtail-Hündin Ghasra durchgestanden. Ghasra war ein schönes Tier mit einem herrlichen Kopf. Als Welpe hatte sie einen korrekten Zangenbiß, nach dem Zahnwechsel entstand aber infolge unterschiedlich schnellen Wachstums von Ober- und Unterkiefer ein unschöner Überbiß, d.h. die oberen Zähne griffen weit vor die unteren, wenn das Maul geschlossen war. Mit sechseinhalb Monaten bekam sie ihre Zahnklammer. Mit ihrem überschäumenden Temperament ließ sie sich nicht sehr davon beeindrucken. Auch die beiden Vollnarkosen überstand sie prächtig, eine bei der Abdrucknahme, die ein Zahntechniker vornahm, eine beim Einsetzen der Klammer. Sie nahm es auch hin, daß sie nun nur noch weichen Brei zu fressen bekam, und auch den Maulkorb, den sie mitunter tragen mußte, nahm sie gelassen hin. Sie brachte es dann nur fertig, durch die Lederriemen des Maulkorbs mit der Zunge alle möglichen Dinge doch noch in ihr Maul zu befördern, an denen sie dann mit Wonne herumkaute und natürlich prompt ihre Klammer verbog, die Skala dieser Dinge reichte vom Bleistift bis zur Nußschale. Und wenn sie in der sorgsam aufgeräumten Wohnung nichts fand, schaffte sie es, auf der Straße in einer unbeobachteten Sekunde etwas aufzuspüren. So kam es schließlich soweit, daß ich den Maulkorb mit Fliegendraht umwickeln mußte, damit Ghasras flinke Zunge nichts mehr heranschlecken konnte. Nun mag der Leser sich selbst vorstellen, welches Aufsehen dieses entzückende kleine Bobtail-Kind mit seinem gasmaskenähnlichen Maulkorb in den Straßen Frankfurts erregte!

Nach knapp drei Monaten, in denen die Klammer wöchentlich nachgestellt wurde, war dann der große Augenblick da: Ghasra hatte einen wunderbaren Zangenbiß. Ihre kleinen, weißen ebenmäßigen Zähne trafen korrekt aufeinander. Ich war glücklich. Ghasra bekam ihre letzte Vollnarkose zum Abnehmen der Klammer, und da sie jetzt – mit neun Monaten – alt genug war zum Röntgen, sollte sie während dieser Narkose gleich auch noch geröntgt werden, um sicherzustellen, daß sie keine Hüftgelenksdysplacie hatte, also HD-frei war. Für mich stand es fest, daß meine übermütige, vor Temperament fast berstende Ghasra, die so gern rannte und sprang, frei sein mußte von dieser Krankheit. Das Röntgenbild zeigte jedoch die Wahrheit: Ghasra würde nicht mehr lange so übermütig einhertollen können, sie hatte ganz extreme HD, und der Tierarzt meinte, es sei nur den kräftig entwickelten Sehnen und Bändern zu verdanken, die den Oberschenkelhals noch mit der Hüftgelenkspfanne verbanden, daß sie überhaupt noch ohne Schmerzen auftreten konnte. Der Tierarzt hielt jede Behandlung oder Operation für aussichtslos. Um dem Tier dieses Leiden, sich später nur noch mit Schmerzen bewegen zu können, zu ersparen, mußte ich mich wenige Tage später zu der Entscheidung durchringen, Ghasra töten zu lassen.

Wer also bei seinem Hund eine Zahnkorrektur durchführen lassen will, sollte ihn vorher – allerdings nicht, bevor er mindestens sechs Monate alt ist – röntgen lassen, ob er HD-frei ist oder ob er nur eine so leichte HD hat, daß die Gewähr gegeben ist, daß er sich auch im Alter noch ohne Schmerzen bewegen kann. Und er sollte überlegen, ob die Konstitution des Hundes so gut ist, daß er mehrere nötige Vollnarkosen in relativ kurzen Zeitabständen verkraften kann. Ferner müssen die Möglichkeiten gegeben sein, den Hund über mehrere Wochen hinweg ständig beaufsichtigen zu können, alle paar Tage den behandelnden Tierarzt aufsuchen zu können, und es muß überlegt werden, ob die doch recht beträchtlichen Kosten verkraftbar sind. Der Fremdkörper im Maul stellt für den jungen Hund eine Belastung dar, er braucht gerade in dieser Zeit liebevolle Zuwendung, wird er doch ganz massiv daran gehindert, seine Umwelt nach Belieben zu erforschen. Ein ganz wesentlicher Bestandteil dieses Erforschens ist das Kauen an bestimmten Gegenständen, es ist also vom Besitzer sorgsam darauf zu achten, daß der Hund nicht in seiner „geistigen" Entwicklung zurückbleibt, nicht apathisch wird. Das junge Tier braucht also Ablenkung, und die bekommt es am besten im Spiel mit anderen Hunden. Mit Herrchen oder Frauchen zu spielen macht den meisten Hunden nur Spaß, wenn sie an Stöckchen oder Leine zerren können oder sie wiederbringen, wenn sie weggeworfen werden. Beides ist ja jetzt unmöglich. Und Sich-Umherkullern und Nachlaufen macht mit Hundekameraden dann eben mehr Spaß als nur mit Herrchen Nachlaufen zu spielen!

5. Der Bobtail zieht ein

5.1 Vorbereitungen vor dem Einzug

Bevor der neue Hausgenosse einzieht, sind noch viele Dinge zu überlegen, einzurichten und zu besorgen. Zunächst einmal wird überlegt werden, auf welchen Namen er hören soll. Er sollte von Anfang an nur mit diesem Namen gerufen werden, damit er sich an ihn gewöhnt und weiß, daß er gemeint ist. Die Züchter geben ihren Würfen alphabetisch geordnete Namen, der erste Wurf ist ein A-Wurf, der zweite ein B-Wurf usw. Nach Möglichkeit sollte man einen Namen wählen, der mit dem entsprechenden Buchstaben anfängt, bei einem A-Wurf also mit A, bei einem B-Wurf mit B usw. Dieser Name wird dann in den Stammbaum eingetragen, man muß sich also frühzeitig Gedanken darüber machen. Ob man den Hund dann später auch so ruft, ist eine andere Frage, oft werden klangvolle und eindrucksvolle Namen nur für den Stammbaum gewählt, als Rufname aber eine Abkürzung oder eine Koseform genommen. Der Rufname sollte kurz und prägnant sein, damit man den Hund auch in gefährlichen Situationen wirkungsvoll rufen kann. Wer seinen Hund, wenn der im Begriff ist, auf eine befahrene Straße zu rennen, Jeremias-Sebastian rufen muß, ist schlechter dran als derjenige, der nur einen drei- oder vierbuchstabigen Namen brüllen muß. Manche Leute meinen, es sei gut, wenn der Name hell klingt, z.B. auf „i" endet, aber ich kenne Hunde, die bestens auf ihre Namen hören, trotzdem kein einziges i darin ist.

An Utensilien sollten vorhanden sein: zwei Näpfe, einer für Wasser, einer für das Futter, beide von so schwerer Qualität, daß sie nicht umhergetragen oder umgekippt werden können. Am besten sind Keramik- oder Metallnäpfe. Einfache Plastik- oder Blechschüsseln sind nicht zu empfehlen, sie werden beim Spielen zu leicht umgestoßen oder aus Übermut herumgetragen. Plastikschüsseln können zerkaut werden und heruntergeschluckte Teile können Verletzungen im Hundemagen verursachen. Es gibt luxuriöse Kombinationen zweier Schüsseln mit Ständer, aber deren Standfestigkeit ist oft anzuzweifeln und sie sind wohl auch eher eine Spielerei für Frauchens Luxus-Bedürfnisse denn für Vierbeiners Ansprüche. Auch ein so großer Hund wie der Bobtail kann sehr wohl im Stehen aus einem Napf fressen, der auf dem Boden steht. Sobald der Welpe groß genug ist und auch sein Durst entsprechend gewachsen ist, kann der Napf für das Trinkwasser durch einen kleinen 5-Liter-Eimer ersetzt werden, der stets mindestens bis zur Hälfte gefüllt sein sollte. Durch das Gewicht des Wassers kippt auch ein Plastikeimer nicht so leicht um.

Da die Pflege des Fells beim Welpen noch nicht so aufwendig ist, genügt für das seidige Haar zunächst eine Bürste mit guten, festen Naturborsten. Hier sollte man nicht sparen, sondern eine wirklich gute Bürste kaufen. Später, wenn das Haar dichter und länger geworden ist, muß eine kräftige Drahtbürste her, deren Stacheln aber unbedingt an der Spitze abgerundet sein müssen, damit sie nicht die Haut verletzen. Ein grob- und ein etwas feinzinkigerer Kamm aus gutem Stahl vervollständigen das Pflegesortiment. Ferner sollte man ein paar Lappen für den Hund reservieren, mit denen er abgetrocknet wird, wenn er aus dem Regen kommt. Bei mir hat sich folgendes am besten bewährt: im Büro werden die nassen Zottelviecher zum Trocknen zwei Stunden im Lager gelassen, in der Wohnung habe ich aber keinen geeigneten Raum, in dem die nassen Burschen trocknen können. Daher lasse ich sie im Flur auf einer dicken Lage Zeitungspapier oder auf einem Aufnehmtuch oder einem alten Badehandtuch hinsetzen. Dann hole ich einen Eimer mit warmem Wasser und ein großes, nur für die Hunde reserviertes Fensterleder. Damit werden zunächst die Vorderpfoten gründlich gereinigt. Ist das Leder schmutzig, wird es im Wasser ausgespült und ausgewrungen. Kann man wieder erkennen, daß die Grundfarbe der Pfoten Weiß ist, wird mit einem alten Frotteehandtuch kräftig nachgerubbelt und die verstrubbelten Haare mit der Drahtbürste wieder glattgebürstet. Zum Reinigen der hinteren Pfoten steht der Hund auf. Es ist erstaunlich, wie schnell sich ein Tier an diese Prozedur gewöhnt und brav erst die linke, dann die rechte Vorderpfote hinstreckt, nach dem Bürsten von selbst aufsteht und geduldig wartet, bis auch die Hinterhand sauber ist. Auch, wenn es draußen nur leicht genieselt hat, bleiben meine Hunde hinter der Korridortür erst einmal stehen und sehen mich fragend an, ob die Reinigungsprozedur ansteht. Sage ich „Schön warten, bis Du sauber bist!" bleiben sie stehen und warten, bis ich alles herbeigeräumt habe, ist die Verschmutzung nicht so schlimm, gehen sie erst in die Wohnung, wenn ich sie ausdrücklich dazu auffordere.

Bevor der Welpe abgeholt wird, sollten auch schon Leine und Halsband gekauft sein. Ich bin gegen jede Art von Würgehalsband, und man sollte das An-der-Leine-Gehen zunächst einmal mit einem normalen Halsband üben, das locker und bequem sitzt, aber auch nicht so locker, daß der Hund beim Rückwärtsgehen mit dem Kopf aus dem Halsband schlüpfen kann. Erst, wenn sich der Hund als ungemein widerspenstig erweisen sollte, sollte man ein Würgehalsband aus gerundetem Leder nehmen (keine Kette, die Glieder hinterlassen unschöne Druckstellen, können die Haare ziepen, sind sehr schwer und schlagen dem Hund beim Rennen mit dem losen Halsband gegen die Brust) und sehr, sehr sorgfältig und behutsam damit umgehen. Der Hund soll, wenn er bockt, nicht mit einem brutalen Ruck den Hals zugezogen bekommen, sondern nur einen leichten Druck verspüren. Jede Brutalität könnte ihm das Tragen eines Halsbandes erst recht verleiden. Die Leine sollte ebenfalls aus Leder sein, denn der Welpe wird auch einmal damit spielen wollen, hineinbeißen und daran ziehen. Dieses Spiel sollte man auch mitmachen, da dadurch die Leine sehr an Schrecken für das kleine Wesen verliert, wenn es merkt, daß sie nicht nur zum ernsthaften Üben, sondern auch zum Spielen da ist. Eine Kette hätte hier furchtbare Konsequenzen für Zähne und Kiefer. Zwar sollte man für die erste Leine noch kein Vermögen ausgeben, aber unbedingt darauf achten, daß sie mit einem Karabinerhaken in den Ring am Halsband eingehängt werden kann. Die runden Haken, die sich auf Druck unten in der Mitte öffnen, können sich auch öffnen, wenn der Hund stark zieht. Also lieber einen ovalen Haken nehmen, an dem man mit dem Daumen einen Stift hochschieben muß, um das Halsband einzuhängen. Praktisch ist ein kleines Ledertäschchen, das man am Halsband befestigt, und in dem man ein Zettelchen mit Namen, Anschrift und Telefonnummer des Besitzers sowie eventuell Telefongroschen unterbringen kann für den Fall, daß der Hund einmal verlorengeht. Den gleichen Zweck erfüllt aber auch eine Metallplakette, die mit den gleichen Angaben graviert ist. So ist es für den „Finder" einfacher, sofort Kontakt mit dem Besitzer aufzunehmen, als wenn er erst anhand der Hundemarke bei den Behörden erfragen muß, wer der Besitzer ist. Die Hundemarke erhält man sowieso erst eine Weile, nachdem man den Hund steuerlich angemeldet hat. Im Laufe des Wachstums braucht der Bobtail etwa vier bis fünf verschieden große Halsbänder. Wenn der Hund ein Jahr alt ist, wird man in der Regel kein größeres mehr brauchen, weil er kaum noch wächst. Jetzt sollte man ein gutes, ruhig auch etwas teureres aus Leder oder eine grobgliedrige Kette mit passender Leine kaufen.

Weder beim kleinen noch beim erwachsenen Bobtail halte ich die sogenannten Langlaufleinen für angebracht. Man ist dann nur ewig am Auf- und Abwickeln. Der Bobtail ist ein Hütehund und er bleibt in der Nähe seines Herrn. In der freien Natur sollte er frei laufen und nur in der Stadt angeleint gehen. Dort reicht aber eine normale Leine, meist sind sogar die Modelle, die man auf die doppelte Länge bringen kann, nicht nötig. Sie haben jedoch den Vorteil, daß man mit ihnen den Hund leichter irgendwo anbinden kann. Für den erwachsenen Bobtail, der sich auch im dichten Verkehr gut benimmt, reicht auch eine sogenannte Vorführleine. Hier sind Leine und Halsband in einem Stück gearbeitet, d.h., die Leine hat am unteren Ende einen Ring, durch den man ein Stück der Leine zieht, so daß eine Art Schlaufenhalsband mit Leine entsteht. Diese Leinen haben den Vorteil, daß man dem Hund immer automatisch auch das Halsband im Haus abzieht, während man oft vergißt, ein normales, geschnalltes Halsband zu entfernen. Das ständige Tragen des Halsbandes sollte aber vermieden werden, weil es das Fell am Hals durch die dauernde Reibung schädigen kann.

Dem ganz jungen Bobtail sollte man noch kein Anti-Ungeziefer-Halsband umlegen, erst wenn er ein halbes Jahr alt ist, kann man daran denken, zumindest in den Sommermonaten. Es wird eine Vielzahl von Fabrikaten angeboten, aber man sollte nur eine gute Markenqualität nehmen. Dieses Band muß locker um den Hals des Tieres geschlungen werden, so daß man noch bequem eine Hand hineinschieben kann. Es wirkt etwa drei Monate und muß dann erneuert werden. Ebenso kommt man bei manchen Fabrikaten um das Erneuern nicht herum, wenn das Band naß geworden ist, es verliert dann seine Wirkungskraft. Deshalb muß es vor dem Baden und bei Spaziergängen im Regen immer entfernt werden. Im Winter wird ein Anti-Ungezieferhalsband kaum nötig sein. Man sollte daher in der kalten Jahreszeit darauf verzichten, da ein dauerndes Tragen – gerade bei jungen Hunden – nicht ganz unschädlich sein kann.

Ferner sollte man noch eine kleine Notapotheke für den neuen Hausgenossen einrichten. Dort hinein gehören:

- eine gute Augensalbe oder Tropfen für leicht entzündete Augen (fragen Sie Ihren Tierarzt oder Züchter nach einem guten Medikament). In schlimmen Fällen ist natürlich der Besuch beim Tierarzt unerläßlich.
- 1 Schere mit abgerundeten Spitzen zum Wegschneiden von Haaren, wenn sie vor den Augen von der Nasenwurzel her hochgewachsen oder bei Durchfall um den After herum verklebt sind
- 1 Schere mit spitzen, leicht abgebogenen Spitzen, um verfilzte Haarklumpen zwischen den Fußballen herauszuschneiden
- 1 Pinzette
- 1 Fieberthermometer (am besten eins, wie man es für Babies bekommt)

- Ungezieferspray oder -puder
- Desinfektionsmittel
- Jodtinktur
- keimfreie Watte
- Wattestäbchen
- Mullbinden
- 1 elastische Binde
- 1 Leukoplast
- 1 Hundeschuh (wichtig bei Fußverletzungen)
- Zahnsteinentferner
- 1 Wärmeflasche
- eventuell Mittel gegen Durchfall (Tee) und Verstopfung (Öl)
- bei Hündinnen:
  - 2 Hygienehöschen für die Hitze
  - Einlagen für das Höschen (am besten mit einem Haftstreifen versehene dünne Einlagen, wie sie für die Damenhygiene angeboten werden)
  - Spray für läufige Hündinnen.

Ebenso wichtig wie eine gut eingerichtete Notapotheke ist es, stets die Telefonnummern verschiedener Tierärzte (falls mal einer nicht erreichbar ist) und des tierärztlichen Notdienstes griffbereit zu haben.

Hunde sind steuerpflichtig, daher sollte der Vierbeiner rechtzeitig angemeldet werden. Das kann man in einem formlosen Schreiben an das zuständige Stadtsteueramt machen. Die Hundmarke kommt per Post ins Haus und man kann wählen, ob man die Hundesteuer, die in den einzelnen Gebieten der Bundesrepublik unterschiedlich hoch ist, viertel-, halb- oder ganzjährlich bezahlen will.

Soll der Bobtail in der Wohnung gehalten werden, wird man sicher einiges umräumen müssen. Handelt es sich um einen Welpen oder Junghund, der noch nicht stubenrein ist, empfiehlt es sich, zunächst einmal alle kostbaren Teppiche aufzurollen und so lange wegzustellen, bis der Hund zuverlässig sauber geworden ist. Elektroschnüre sollten möglichst nicht lose über den Boden geleitet werden, so verlocken sie zu sehr zum Spielen und Kauen. Meist macht es wenig Mühe, sie an der Wand entlang zu befestigen. Steckdosen dürfen nicht offen bleiben, wenn sie auf Erkundungszügen beleckt werden, kann das schlimme Folgen haben. Kindersicherungen, die man in die Dosen einsteckt, bekommt man in jedem Elektrogeschäft. Sie werden Eltern mit Kleinkindern ohnehin ein Begriff sein.

Hunde – vor allem Junghunde vor und während des Zahnwechsels – kauen gern. Man erspart sich viel Ärger, wenn man alles wegräumt, was für den neuen Hausgenossen erreichbar wäre, z.B. Bücher und Schallplatten auf offenen Regalen in Bodennähe, Blumentöpfe auf dem Boden usw. Kleine Möbelstücke wie Tischchen, Glaswürfel usw. sollten nach Möglichkeit ebenfalls nicht gerade dort stehen, wo der kleine Raufbold sich austoben und sie mit Sicherheit umstoßen wird.

Wird der Hund überwiegend im Haus gehalten, braucht er auch einen Schlafplatz. Wenn es gelingt, ihn an einen festen Platz zu gewöhnen, hat das gewisse Vorteile, aber es ist auch keine Tragödie, wenn der Hund es vorzieht, mal hier und mal dort zu schlafen, einfach auf dem Boden ausgestreckt. Die Befürworter des festen Schlafplatzes führen als Argument an, man wisse immer, wo der Hund zu finden sei, und er läge nie im Wege herum, so daß man über ihn stolpern könne. Bei einem so großen Hund wie dem Bobtail ist das aber kaum zu befürchten. Selbst nachts bin ich noch nie über einen herumliegenden Hund gestolpert. Alle meine Bobtails pflegten die Plätze, auf denen sie sich niederließen, nach Lust und Laune zu wechseln. Sie plazierten sich immer so, daß sie alles, was sie gerade interessierte, genau im Auge hatten. Dabei kristallisieren sich aber mit der Zeit bestimmte Lieblingsplätze heraus. Judy liebte es in meiner ersten Wohnung, sich nachts in einem großen Ohrensessel zusammenzukuscheln. Wenn sie sich eng zusammenrollte, paßte sie genau hinein und sie muß sich sehr glücklich und geborgen darin gefühlt haben. Nachdem ich umgezogen war, wurde ein Flokatiteppich im Schlafzimmer ihr bevorzugter Schlafplatz in der Nacht. Tagsüber liegt sie immer da, wo sie über die Vorgänge in der Wohnung den besten Überblick hat. Wenn ich in ein anderes Zimmer gehe, kommt sie mit, und wenn ich am Schreibtisch sitze, liegt sie meist neben mir oder auch unter dem Schreibtisch, so daß ich vor allem im Winter keine kalten Füße haben muß, sondern sie einfach in ihr Fell kuscheln kann.

Handelt es sich um einen Welpen, der vom Züchter her an das Schlafen in der Wurfkiste gewöhnt ist, sollte man auf alle Fälle aber einen Platz für ihn bereit haben. In einer Kiste, die seiner Körpergröße entspricht, fühlt er sich vielleicht geborgener als einfach irgendwo auf dem Boden. Der ausgewachsene Bobtail paßt in keinen Korb mehr, für ihn reicht eine Decke oder eine Matratze aus. Dem jungen Hund kann man mit einer großen Pappkiste, in die man einen U-förmigen Einstieg schneidet, aber gute Dienste tun. Eine Holzkiste oder gar ein Korb können Verletzungen durch Splitter verursachen, wenn der Kleine daran herumkaut, und das ist bei jungen Hunden immer anzunehmen. Eine stabile Pappkiste dagegen kann ohne Schaden benagt werden, auch wenn sie hinterher nicht mehr sehr schön aussieht. Sie ist obendrein billig und kann daher leicht ersetzt werden. Eine alte Decke oder eine Schaumstoffmatratze, die man sich nach Maß aus Schaumstoffplatten zuschneiden lassen kann, reichen als Unterlage. Die Decke bzw. der Bezug der Matratze sollten unbedingt waschbar sein.

Soll der Hund im Freien gehalten werden und auch dort schlafen, braucht er eine stabile, wetterfeste Behausung. Kann er nicht in einem Gebäude untergebracht werden, wo er seinen festen Schlafplatz hat, braucht er eine Hütte. Es gibt viele Modelle fertig zu kaufen, aber ein geschickter Handwerker kann auch selbst eine bauen. Das bewährteste Material ist und bleibt Holz, sorgfältig imprägniert, damit es bei Nässe nicht verrottet. Für einen Bobtail sollte die Hütte ca. 120 cm lang und 70 cm breit sein. Der Einstieg sollte nach Möglichkeit nach Westen/Nordwesten liegen. Liegt er nach Osten, pfeift der kalte Ostwind gerade hinein, liegt er nach Süden, knallt die Sonne im Sommer zu heiß in das Innere der Hütte. Der Einstieg sollte an einer Schmalseite der Hütte liegen, ein verschließbares Fenster an einer Längsseite, aber in der Nähe des Einstiegs, damit der Hund im hinteren, dunkleren Teil der Hütte schlafen kann. Zumindest in diesem hinteren Teil, am besten aber in der ganzen Hütte, sollte eine etwa 10 cm hohe Plattform angebracht werden, um die Bodenkälte etwas zu mindern.

Alle Ritzen, vor allem das Dach, müssen sorgsam abgedichtet werden, damit kein Durchzug entsteht oder es gar durchregnet. Das Reinigen der Hütte wird wesentlich erleichtert, wenn das Dach, zumindest an einer Seite, hochklappbar ist.

Als Schlafunterlage kann man Stroh nehmen, es ist am saubersten, Holzwolle ist weniger zu empfehlen, ebenfalls Heu, da sich davon ständig etwas im Fell des Bobtails verfangen wird. Am allerbesten geeignet aber sind auch hier Matratzen, die mit einem abziehbaren, waschbaren Bezug versehen sind, oder Decken und Tücher. Letztere werden aber in der Regel immer vor dem endgültigen Sich-Niederlegen gehörig durchgewühlt, so daß sie ständig in Unordnung sind. Eine Schaumstoffmatratze, die man sich für wenig Geld nach Maß zuschneiden lassen kann, ist immer noch am besten geeignet und macht am wenigsten Arbeit. Ein oder zwei Bezüge zum Wechseln aus Baumwollstoff oder einem anderen pflegeleichten Gewebe sind schnell genäht oder auch zu einem erschwinglichen Preis von einem Schneider oder Fachgeschäft angefertigt.

Es ist wichtig, darauf zu achten, daß der Hund – vor allem im Sommer – nicht ständig auf hartem Boden liegt, er scheuert sich sonst das Fell an den Gelenken ab, und das ist nicht nur häßlich, sondern für den Hund auch schmerzhaft.

Wenn der Hund außerhalb der Wohnung schlafen und sich dort auch die meiste Zeit aufhalten soll, darf man keinesfalls den Fehler machen, ihn in der ersten Zeit ins Haus zu holen, in der Absicht, ihm dadurch das Eingewöhnen leichter zu machen. Er wird es dann als sein angestammtes Recht betrachten, im Haus zu sein und fühlt sich zurückgesetzt und abgeschoben, wenn er dann später ins Freie umquartiert wird. Eine Ausnahme muß man jedoch machen, wenn ein Welpe in der kalten

Jahreszeit Familienmitglied wird. Dieses kleine, empfindliche Tierchen darf man noch nicht draußen in der Kälte lassen, sollte es aber tagsüber, wenn die Witterung es zuläßt, doch nach draußen bringen, damit es sich nicht daran gewöhnt, ausschließlich in der Wohnung zu leben. Aber auch ein junges Tier kann in einer gut isolierten Hütte leben, wenn eine geeignete Beheizung vorhanden ist, etwa eine Ultrarotlampe. Zuleitung und Schalter müssen dabei so angebracht sein, daß sie dem Tier nicht gefährlich werden können.

Wird der Bobtail im Freien gehalten, braucht er einen gesicherten Auslauf, in dem er auch unbeobachtet gut aufgehoben ist und nicht entweichen kann. In der heißen Jahreszeit muß es in diesem Auslauf auch einige schattige Stellen geben, denn zum einen ist es für den Hund unangenehm, sich ständig in der prallen Sonne aufzuhalten, zum anderen nimmt das Fell einen häßlichen bräunlichen Schimmer an, wenn es zu lange intensiver Sonnenbestrahlung ausgesetzt ist. Das sollte aber kein Grund sein, das Tier überhaupt nicht mehr in die Sonne zu lassen.

Der Auslauf sollte einen stabilen Zaun und ein fest verschließbares Tor haben, das der Hund nicht allein öffnen kann. Der Zaun muß mindestens 1,50 m – 1,80 m hoch sein, damit er nicht übersprungen werden kann. Außerdem muß er fest im Boden verankert sein, damit er nicht „unterwühlt" werden kann. Auch so große Hunde wie Bobtails entwickeln mitunter eine Buddelleidenschaft, die sie so große Löcher graben läßt, daß sie unter dem Zaun durchschlüpfen können. Normalerweise wird das kaum vorkommen. Aber wenn z.B. ein Bobtail in der Nachbarschaft eine läufige Hündin wittert, stellt er eine ganze Menge an, um in die Nähe der Angebeteten zu kommen. Unermüdliche Liebhaber setzen dann auch über Zäune, die sie normalerweise nicht überspringen könnten. Da helfen auch Stacheldraht oder Glasscherben auf Steinmauern nicht. So etwas ist und bleibt Tierquälerei. Das Tier wird sowieso entkommen, ob es sich dabei verletzt oder nicht. Und wenn der natürliche Geschlechtstrieb das Handeln des Rüden bestimmt, wird er immer wieder über solche Mauern springen, auch wenn er noch so gut weiß, daß er sich dabei verletzen wird. Auch ein verzweifelter Hundebesitzer, der seinem Romeo das Ausrücken einfach nicht abgewöhnen kann, sollte sich überlegen, daß Stacheldraht schlimme Verletzungen verursachen kann.

Sorgsam bedacht werden muß die Bodenbeschaffenheit des Auslaufs. Reiner Grasboden hat den Nachteil, daß er bei nassem Wetter stets schlammig und naß ist, so daß der Hund total verschmutzt. Außerdem werden die Krallen bei solch weichem Boden nicht genügend abgenutzt, sondern wachsen zu lang. Tiere, die ständig auf weichem Boden gehen, können sogar Spreizfüße entwickeln. Ideal ist eine Kombination aus Grasboden in einem Teil des Auslaufs und Stein- und Betonboden im anderen Teil, vor allem in der Umgebung der Hütte, damit der Hund bei nassem Wetter nicht durch das aufgeweichte Erdreich laufen muß, wenn er in die Hütte geht oder herauskommt. Solcher Boden ist auch leicht sauberzuhalten und bei Krankheiten sogar zu desinfizieren. Kot ist leichter erkennbar und kann restlos entfernt werden. Im allgemeinen wird der Hund es aber wahrscheinlich vorziehen, sich in dem Teil des Auslaufs zu lösen, der Erdboden hat, weil er dort leichter und besser scharren kann. Dann sollte man ihn gewähren lassen, aber versuchen, ihn an eine bestimmte Ekce zu gewöhnen. Somit ist der restliche Auslauf immer sauber und man braucht nur diese „Toilettenecke" zu reinigen.

5.2 Die Anreise des neuen Hausgenossen

Handelt es sich um ein älteres Tier, sollte man sich darum bemühen, daß der bisherige Besitzer mit dem Hund ein paarmal den künftigen Besitzer besucht, damit der Bobtail sein neues Zuhause sozusagen erst einmal „unverbindlich" kennenlernt. Der künftige Besitzer sollte mit zu Spaziergängen kommen und auch einmal allein mit dem Hund losgehen. Je älter das Tier ist, desto mißtrauiescher wird es in der Regel sein. Wenn es allein nicht mitkommen will, wäre Gewalt das falscheste Mittel, das man anwenden könnte. Helfen Geduld und gutes Zureden nicht, verzichtet man auf den Spaziergang. Wenn der Hund erst einmal ganz beim neuen Besitzer ist, wird er wahrscheinlich williger mitkommen.

Auf alle Fälle aber, ob der Hund seine neue Heimat schon kennt oder nicht: wenn es irgend möglich ist, sollte der bisherige Besitzer ihn bringen und in einem Moment gehen, in dem ihn der Hund nicht beachtet und mit etwas anderem beschäftigt ist. Es wird herzzerreißend sein, mitanzusehen, wie er dann seinen Herrn sucht und voller Verzweiflung ist, aber es wird ihm helfen, sich schneller und besser an den neuen Herrn anzuschließen, wenn dieser ihn tröstet und gut zu ihm ist. Führt dagegen der neue Besitzer den Hund von seinem alten weg, wird das Tier dem neuen Herrn gegenüber einigen – verständlichen – Groll entwickeln. Geht es allerdings nicht anders, muß es überstanden werden. In einem schönen neuen Zuhause wird auch die größte Trauer früher oder später verfliegen.

Einen Welpen dagegen sollte man nach Möglichkeit selbst abholen und eine Verschickung per Bahn oder Flugzeug nur im allergrößten Notfall vornehmen. Man sollte möglichst früh am Tag starten, damit das junge Tier vor der ersten Nacht noch viel Zeit hat, seine neue Umgebung zu erkunden. An diesem Tag sollte man sich nichts anderes mehr vornehmen, sondern ständig in der Nähe des Kleinen sein können. Besuche von Freunden und Verwandten, die den Neuankömmling bestaunen wollen, sollte man einige Tage verschieben, damit sich das Tierchen in einer möglichst ruhigen Atmosphäre einleben kann. Auch in den folgenden Tagen sollte man viel Zeit für das kleine Wesen haben.

Muß man mit Bus, Bahn oder Flugzeug reisen, braucht man ein geeignetes Behältnis für den Welpen. Es gibt spezielle Kisten dafür, aber ein großer Korb, eine Tasche oder eine stabile Kiste tun es auch. Der Welpe muß sich darin bequem hinlegen können. Ein weiches Kissen oder eine Decke wird ihn dazu einladen. Ein kleines Spielzeug, etwa einen Ball, ein Quietschtier (Achtung, der Welpe kann davor aber auch Angst haben) oder einen kleinen Kauknochen aus Büffelhaut sollte man für alle Fälle ebenfalls dabei haben. Bei längeren Reisen muß dafür gesorgt sein, daß das Tierchen zwischendurch etwas trinken kann. Bietet sich keine Gelegenheit, unterwegs ein Schälchen frisches Trinkwasser aufzutreiben (das Wasser in den Toiletten von Zügen und Flugzeugen ist nicht zum Trinken geeignet, erst recht nicht für einen empfindlichen Welpenmagen), versorgt man sich mit einer kleinen Schale und einem fest verschließbaren Fläschchen, in das man vor der Abreise frisches Wasser füllt. So kann man bei Bedarf aus der Flasche Wasser in die Schale füllen, um den kleinen Kerl zu erlaben. Auch die Angst vor einer Pfütze im unpassenden Augenblick darf nicht dazu verleiten, das Tierchen stundenlang dursten zu lassen. Im Hinblick auf Pfütze oder noch peinlichere Malheurchen sollte man sich mit entsprechenden Mengen Papiertüchern versorgen, so daß man das Unglück aufwischen kann. Die Tücher verschwinden in einem Plastikbeutel und man wischt, sofern es nötig ist, noch einmal mit einem desinfizierenden Sagrotan-Tüchlein nach.

Hunde sind in den Speisewagen der Züge nicht gestattet. Reist der neue Besitzer allein und findet auch niemanden, der zuverlässig auf das Tier achtet, ist somit auch ihm der Aufenthalt im Speisewagen nicht möglich. Also an entsprechenden Proviant denken!

Ideal ist es, wenn der Welpe mit dem Auto abgeholt werden kann. So kann man öfter eine Pause machen und den kleinen Vierbeiner nach draußen setzen, um ihm Gelegenheit zu einem Geschäftchen zu geben. Holt eine Person ihn allein ab und muß also fahren, wird das Hundekind in einem festen Behältnis am besten aufgehoben sein. Es muß so befestigt sein, daß es auch bei plötzlichem Bremsen nicht verrutscht oder gar vom Sitz fällt. Am zweckmäßigsten ist es, eine Kiste oder eine Tasche auf den Boden vor den so weit wie möglich zurückgestellten Beifahrersitz zu stellen. Dort kann am wenigsten passieren. Fährt noch jemand mit, sollte er den Welpen auf den Schoß nehmen, das gibt ihm das größte Gefühl der Geborgenheit. Trotzdem schon der kleinste Welpe darauf bedacht ist, sein Nest und sich selbst nicht zu beschmutzen, sollte man vorsichtshalber ein dickes Tuch auf den Schoß legen, bevor man das Hundekind nimmt. Wenn es vor der Abreise viel getrunken hat, kann es doch einmal ein kleines Rinnsal geben, aber es kann auch vorkommen, daß ihm auf dieser ersten schaukeligen Autofahrt einfach übel wird und es sich übergeben muß.

Oft wird Hunden die Begeisterung am Autofahren für ihr ganzes Leben verdorben, wenn sie auf der ersten Fahrt die Erfahrung machen, daß ihnen dabei schlecht wird. Sie verbinden dann Autofahren mit Übelkeit. Deshalb sollte der Hund vor der Abreise nichts mehr fressen, sondern nur einige Stunden vorher eine kleine leichte Mahlzeit bekommen, die schnell verdaut wird.

Wenn man den Welpen schon sehr klein ausgesucht hat und ihn zwischendurch nicht mehr besucht hat, wird man freudig überrascht sein, wenn einem der Züchter beim Abholen die acht Wochen alte Neuerwerbung präsentiert. Es wird ein unerwartet großes Hundekind sein, das da in den vier oder fünf Wochen seit dem Aussuchen aus dem kleinen Wuselchen geworden ist, und man wird einen atemlosen Moment der Begeisterung durchleben, wenn man den tapsigen Burschen mit dem seidig glänzenden schwarz-weißen Fellchen, den großen Augen und der riesigen schwarzen Nase sieht. Als ich meinen ersten Bobtail abholte, war ich minutenlang fassungslos vor Glück, daß dieses entzückende Wesen mir gehören sollte.

Trotzdem darf man das Hundekind jetzt nicht mit Zärtlichkeit überschütten und gleich durchknudeln wollen. Es wird nach einer Weile der Begutachtung aus der Ferne von selbst auf einen zukommen. Erst einmal wartet man ab, was es tut. Zeigt es sich zum Spielen aufgelegt, macht man behutsam und vorsichtig mit, keinesfalls so wild, daß es erschrickt. Aufstampfen mit dem Fuß, plötzliches Ausstoßen angsteinflößender Laute oder Scheuchbewegungen können ein tiefes Mißtrauen des Welpen hervorrufen, Vorsicht also vor solchen unbedachten Spielen, wie sie erschreckenderweise viele Leute lieben. Auch, wenn der kleine Wicht recht rauhbautzig wird, der Mensch darf es erst werden, wenn ein festes Vertrauensverhältnis geschaffen ist.

Man sollte sich nach Möglichkeit eine ganze Weile intensiv mit dem Welpen beschäftigen, so daß er seinen neuen Herrn schon kennt, wenn es an die Heimreise geht.

Aber darüber darf das Gespräch mit dem Züchter nicht vergessen werden. Er muß befragt werden, welche Impfungen der Welpe schon bekommen hat (in der Regel besitzt er schon einen Impfpaß, in den der neue Besitzer auch alle Folgeimpfungen eintragen lassen sollte), ob und wann er entwurmt wurde, wie das Tier bisher ernährt wurde usw. Viele Züchter geben den Käufern für ein paar Tage das Futter mit, an das die Kleinen gewöhnt sind. Ansonsten sollte man versuchen, zuhause ein möglichst gleichartiges Futter aufzutreiben, denn ein Welpenmagen verträgt einen abrupten Futterwechsel nicht, und es kann zu anhaltenden Durchfällen und Erbrechen kommen. Es muß nach der Ahnentafel gefragt und vereinbart werden, wohin sie geschickt werden soll, wenn sie noch nicht ausgestellt ist. Dieses wertvolle Dokument sollte unbedingt als Wertbrief versandt werden. Der Ordnung halber sollte man sich eine Quittung über den bezahlten Kaufpreis geben lassen und auch alle weiteren Absprachen schriftlich niederlegen, z.B. was Zuchtabkommen anbelangt. Der Züchter kann vielleicht daran interessiert sein, daß ein besonders vielversprechender Rüde einmal eine seiner Hündinnen decken soll oder er kann den Wunsch haben, einen Welpen von einer guten Hündin zu erhalten, wenn diese einmal Junge werfen sollte. Er kann sich auch ausbedingen, daß er den Hund einmal mit zu einer Ausstellung nehmen darf, vor allem, wenn er den ganzen Wurf als Gruppe präsentieren möchte. Solche Absprachen und gegebenenfalls deren finanzielle Regelung schriftlich festzuhalten, kann Mißverständnisse und Ärger ersparen helfen.

Unbedingt erfragen sollte man auch, wie und wo der Welpe bisher geschlafen hat. In der Regel wird er zusammen mit der Mutterhündin und den Geschwistern in der Wurfkiste genächtigt haben. Schauen Sie sich diese Kiste und ihren Standort an. Ist es dort warm oder eher kühl, ist es dunkel, oder auch nachts schwach beleuchtet? Man sollte dann dem Welpen, zumindest in der ersten Zeit, ähnliche Schlafbedingungen bieten. Ein Hund, der bisher im Freien genächtigt hat, kann sich, seinem Besitzer und der ganzen Nachbarschaft schlaflose Nächte bereiten, wenn er in einem geheizten Zimmer mit trockener Luft schlafen soll. Dann muß eben in einem Zimmer die Heizung abgedreht werden und vor dem Schlafengehen das Fenster geöffnet werden, aber so, daß das Tier keinem Zug ausgesetzt ist. Es wird oft empfohlen, sich vom Züchter ein Stück Decke aus der Wurfkiste mitgeben zu lassen. Aber wenn er das bei jedem Hund machte, müßte er laufend neue Decken kaufen. Man sollte das nicht vom Züchter verlangen. Wenn man sich an diesen Rat halten will, sollte man lieber vorher dem Züchter eine solche Decke zur Verfügung stellen und sie beim Abholen des Welpen wieder mitnehmen. Wahrscheinlich wird es aber stark überbewertet, daß der Welpe etwas mitbekommt, was ihm heimatlichen Duft sichert. Er soll ja seine alte Heimat möglichst schnell vergessen und sich an den neuen Herrn anschließen. Ich glaube nicht, daß ein Welpe, der die erste Nacht allein in einem neuen Bettchen verbringt, von einem Stück Tuch getröstet wird, das nach Mutter und Geschwistern riecht, es dürfte das Alleinsein eher noch schwerer machen.

Vor der Abfahrt sollte man sich das Tier auch noch einmal genau anschauen, ob es einen gesunden Eindruck macht. Manche Züchter geben eine Gesundheitsgarantie und sichern einen neuen Hund zu, wenn dem gekauften innerhalb einer gewissen Zeit etwas zustößt, für das man den Züchter verantwortlich machen könnte. Auch diese Zusage sollte man sich schriftlich geben lassen und genau fixieren, unter welchen Umständen man darauf zurückkommen kann. Leicht entzündete Augen und auch mal ein Schniefnäschen können bei jedem Welpen einmal vorkommen, sind die Augen aber ganz rot und geschwollen und läuft das Näschen in Strömen, sollte man überlegen, ob man das Tierchen in diesem Zustand mitnimmt. Tut man es, sollte der erste Weg zum Tierarzt führen, um feststellen zu lassen, wie ernsthaft die Erkrankung ist. Vom Züchter muß man sich zusichern lassen, daß man den Hund zurückgeben kann, wenn er ernsthaft krank ist und intensiver Pflege bedarf und ihn erst dann abholen, wenn er wieder ganz gesund ist. Ein junges, krankes Tier wird besser und schneller genesen, wenn es in der gewohnten Umgebung bleibt und das Eingewöhnen in ganz andere Umstände ihm nicht die Energie raubt, die der kleine Körper zum Bekämpfen der Krankheit braucht.

Auch ein Blick in die Ohren darf nicht unterlassen werden, um festzustellen, ob sie sauber und gesund sind. Bei einer energiegeladenen, quirligen Welpenschar kommt es schon einmal vor, daß einer die anderen mit seinem Geschäftchen beschmutzt. Ist der Welpe, der abgeholt wird, aber ganz schmutzverkrustet, empfiehlt es sich, doch einmal einen Blick in die Wurfkiste zu werfen. Ist sie sehr schmutzig, lassen die hygienischen Bedingungen zu wünschen übrig. Das junge Tier kann dann leicht einen Krankheitskeim in sich tragen. Hier sollte man auf einer schriftlichen Garantieerklärung des Züchters bestehen. Man kann diese Erklärung auch anders nennen, wenn man das Wort „Garantie" als nicht sehr angebracht für ein lebendes Wesen empfindet, es umschreibt jedoch unzweifelhaft den Tatbestand, daß der Züchter sich verantwortlich für das Tier fühlt und bei einem von ihm verschuldeten Schaden auch dafür grade steht.

Vor allem bei einem älteren Bobtail sollte man sich eingehend nach bestimmten Eigenschaften erkundigen, die er an den Tag legt, wie Ängstlichkeit, Rauflust, besondere Vorlieben und Abneigungen. Das Wissen darum macht Herrn und Hund das Aneinandergewöhnen leichter und angenehmer.

Fragen Sie auch offen und ungeniert den Züchter nach allen Dingen, die Ihnen nicht ganz klar sind, auch wenn Ihnen die Fragen noch so dumm vorkommen. Es ist besser, auch die seltsamsten Fragen auszusprechen, als nachher gravierende Fehler in der Hundehaltung zu machen. Noch kann man den Welpen tragen, lassen Sie sich zeigen, wie man ihn am besten hochhebt. Eine Hand schiebt man dabei unter seine Brust, aber so, daß man ihm nicht den ganzen Mageninhalt herausdrückt, mit der anderen stützt man den Popo ab. Beim Halten sitzt der Kleine dann mit dem Hinterteilchen auf dem einen Arm, und die Vorderpfoten liegen über dem anderen Arm, dessen Hand die Seiten des Hundes abstützt, so daß er nicht seitlich herunterfallen kann. Solange man das Tier noch so tragen kann, ist es relativ leicht, sein Gewicht festzustellen. Man wiegt sich selbst einmal ohne und einmal mit dem Hund auf dem Arm und die Differenz zwischen beiden Gewichten ist das Gewicht des Bobtails. Um den ausgewachsenen Bobtail zu wiegen, braucht man eine große Waage und viel Geduld, ihn dazu zu bringen, draufzusteigen und einen Augenblick stillzustehen.

Vor der Abfahrt gibt man dem kleinen Burschen noch einmal Gelegenheit, ein Geschäftchen zu verrichten, dann wird er in sein Transportbehältnis gepackt oder im Auto auf den Schoß genommen. Die Fahrt sollte so ruhig wie möglich verlaufen, im Auto ist es angebracht, nicht zu rauchen und auf laute Musik zu verzichten, im Zug sollte man sich ein ruhiges Nichtraucherabteil suchen und darauf dringen, daß nicht jeder Mitreisende ihn anfaßt und ihn mit lauten Bewunderungsrufen erschreckt. Um ein eventuelles plötzliches Ausreißen im Zug zu verhindern, etwa wenn der Schaffner die Abteiltür mit einem Ruck öffnet, sollte man hier dem Welpen Halsband und Leine anlegen und die Leine festhalten oder irgendwo befestigen. Das darf aber das Tier keinesfalls beim Schlafen stören, die Leine darf also nicht straff gespannt sein und das Halsband soll nicht zu eng sitzen. Wenn man vor der Abreise ausgiebig mit ihm gespielt hat, wird er jetzt wahrscheinlich müde sein und schlafen wollen. Fassen auch Sie selbst ihn nicht ständig an, sondern belassen Sie es dabei, ihn ab und zu freundlich anzusprechen, wenn er wach ist oder winselt. Unruhiges

Tätscheln tröstet ihn nicht, wenn er schon gestreichelt wird, dann in langen, ruhigen Bewegungen. Je ruhiger die Fahrt verläuft, desto weniger nervös wird er in sein neues Heim einziehen. Dies ist auch ein Grund, warum ihn möglichst nicht mehr als zwei Personen abholen sollten und man auch Kindern den Wunsch mitzukommen ausschlagen sollte. Ein acht Wochen alter Bobtail ist ein bezauberndes Lebewesen und kleinere Kinder können nur schwer an sich halten, ihre Begeisterung offen zu zeigen, laut zu jubeln und das Tier immer wieder anfassen zu wollen, vor allem, wenn es während der Fahrt wenig anderes Interessante für sie gibt.

Bei einer Autofahrt ist es unproblematisch, etwa alle zwei Stunden eine kurze Pause zu machen, damit der Kleine ein paar Schritte läuft, sich gehörig streckt und eine Pfütze machen kann. Hat man eine längere Zugfahrt vor sich, muß man das Pfützenproblem so elegant wie möglich lösen. Vielleicht ergibt sich unterwegs eine Möglichkeit, bei einem längeren Halt ein paar Schritte auf dem Bahnsteig zu gehen. Macht der Hund dort ein kleines Rinnsal, ist es immer noch weniger peinlich, als wenn es im Zug geschieht. Ist das nicht zu vermeiden, wischt man das Malheur so unauffällig wie möglich mit den mitgebrachten Papiertüchern auf, die in einem Plastikbeutel verschwinden und in die Toilette gebracht werden. Im allgemeinen darf man davon ausgehen, daß Mitreisende und Zugpersonal Tierfreunde sind und humorvoll ein Auge zudrücken. Bekommt man Schwierigkeiten mit einem Hygienefanatiker, der weder Tiere noch Menschen und wohl auch nicht sich selber ausstehen kann, ist es klüger, lieber das Abteil zu wechseln, als sich in einen lautstarken Disput einzulassen. Meist gibt es aber sowieso weniger Probleme als man vorher fürchtet.

5.3 Die Eingewöhnung des Welpen

Zuhause angekommen, gibt man dem Kleinen noch einmal Gelegenheit, draußen ein Geschäftchen zu verrichten, bevor man ihn mit in die Wohnung nimmt. Dort ist dafür gesorgt, daß die Familienmitglieder ihn mit möglichst wenig Aufruhr empfangen. Kinder sind kaum noch wiederzuerkennen, wenn ihnen richtig erklärt wird, was für eine riesige Umstellung der junge Hund zu bewältigen hat. Aus den wildesten Rangen werden besorgte Kinder, die sich behutsam bewegen und keinen lauten Ton von sich geben. Man kann ihnen etwa folgende Geschichte erzählen: „Stellt euch vor, so ein kleines Tier kann gar nicht richtig denken und erkennen, was mit ihm passiert. Es war bisher nur mit seiner Mutti und seinen Geschwistern zusammen in einer großen Kiste und hat nur ein paar tapsige Schritte in dem Zimmer gemacht, in dem diese Kiste stand. Da war es acht Wochen lang glücklich und geborgen und sein ganzes Leben bestand aus Fressen, Schlafen und Spielen mit seinen Geschwistern. Die einzigen Menschen, die es kannte, waren der Züchter und seine Familie. Und nun sind wir heute gekommen, ganz fremde Leute, haben es eingepackt und fortgebracht aus seiner gewohnten Umgebung, weg von seiner Mutter und von seinen Geschwistern. Im Zug oder im Auto hat es dann die fremden Fahrtgeräusche gehört und mußte das Hin- und Herruckeln ertragen und am Ende ist ihm von der Fahrt vielleicht sogar schlecht geworden. Und jetzt ist es hier und sieht euch, also noch mehr fremde Menschen für ihn, und es ist in einer ganz neuen Umgebung, die ihm riesig groß erscheinen muß. Es versteht gar nicht, was das alles bedeuten soll. Und weil es unsere Sprache nicht versteht, können wir ihm auch gar nicht begreiflich machen, daß wir es liebhaben und es gut mit ihm meinen. Deshalb wird es seine Angst nicht dadurch verlieren, daß wir es laufend anfassen und uns um es kümmern. Das flößt ihm vielleicht sogar noch mehr Schrecken ein. Wir sollten es jetzt erst einmal in Ruhe lassen, damit es merkt, daß hier nichts mit ihm passiert, was es nicht mag. Und da kleine

Hunde von Natur aus neugierig sind, wird er nach einer Weile schon zu uns kommen und uns kennenlernen wollen. Dann kümmern wir uns um ihn und spielen mit ihm, aber nicht so wild, daß er davon erschrecken könnte. Und nur so lange, wie er mag. Er ist so wie Kinder auch: er will nur spielen und schmusen, wenn er Lust dazu hat. Und solange er so klein und hilflos ist, müssen wir darauf auch unbedingt Rücksicht nehmen, denn so ein kleines Tier braucht noch viel Schlaf. Denn, denkt einmal, daß ihr genauso behandelt werden wolltet, wenn bei uns plötzlich Wesen auftauchen würden, die viel, viel größer sind als ihr, euch einpacken und mit in eine ganz, ganz fremde Umgebung nehmen würden, fort von Eltern und Geschwistern, wenn ihr die Sprache dieser Wesen nicht verstehen könntet und die euch dauernd anfassen würden. Welche Angst hättet ihr da und wie dankbar wärt ihr, wenn die euch so weit wie möglich in Ruhe lassen würden, bis ihr euch an alles gewöhnt habt."

In einer großen Wohnung sollte man dafür sorgen, daß der Welpe die einzelnen Räume erst nach und nach erkundet, er wird sich in der ersten Zeit sowieso nur zögernd in der Wohnung bewegen und sich immer wieder auf den Platz zurückziehen, den er zunächst einmal als den sichersten und vertrautesten betrachtet.

Nach der Ankunft bietet man dem Tier zunächst einmal ein Schälchen mit frischem Wasser zum Trinken an. Trinkt er nicht gleich, bleibt das Schälchen in Sichtweite stehen. Viele junge Hunde suchen in der neuen Umgebung erst einmal Schutz in einer Ecke oder an einem Ort, der höhlenartigen Charakter hat, also etwa unter einem Tisch. Dort sollte man sie zunächst auch einmal lassen. Versuchen Sie nicht, das Tierchen mit allen Mitteln dort herauszulocken oder gar mit Gewalt herauszuzerren. Nach einer Weile wird es sich immer ein Stückchen weiter hervortrauen. Kommt es in Ihre Nähe, sprechen Sie es an und hocken Sie sich nach ein paar freundlichen Worten auf den Boden, die Hände zu ihm ausgestreckt, aber fassen Sie es nicht gleich an. Hat es schon Zutrauen gefaßt, wird es von selbst näherkommen und sich liebkosen lassen. Ist es noch mißtrauisch, sollte man nach einer Weile wieder aufstehen und seiner gewohnten Beschäftigung nachgehen. Der Welpe faßt am ehesten Vertrauen, wenn er merkt, daß um ihn herum Dinge geschehen, die ihn nicht direkt und vor allem nicht in schlimmer Weise angehen, und er ist jetzt noch in einer Phase, in der übertriebene Zuwendung ihn verängstigt. Aufstampfen mit dem Fuß, scheuchende Laute und Bewegungen werden ihn später bei wilden Spielen faszinieren, jetzt würden sie sein Urvertrauen erschüttern.

Soll der Hund von Anfang an an einen festen Platz gewöhnt werden, trägt man ihn immer wieder dorthin, legt ihn hin, streichelt ihn und bedeutet ihm, daß er dort bleiben soll. Diesen Vorgang sollte man gleich mit dem Befehl koppeln, den man später geben wird, etwa „Geh auf Deinen Platz!" Dieser Platz muß dann aber auch strikt eingehalten werden, man darf ihn nicht nach Lust und Laune heute hier, morgen dahin verlegen.

Auch der Trink- und Freßnapf sollten an einem festen Platz stehen, damit der Hund jederzeit weiß, wo er seinen Durst stillen kann. Freß- und Trinknäpfe brauchen nicht unbedingt beide am gleichen Ort zu stehen. Zum Fressen braucht der Hund vor allem Ruhe, daher sollte der Napf an einem Ort stehen, an dem nicht jeder laufend vorbei muß und den fressenden Hund stört. Nach dem Fressen kann der Napf dann wieder weggeräumt werden. Der Trinknapf dagegen sollte jederzeit für den Hund erreichbar sein, stets mit frischem Wasser gefüllt (etwa 2–3mal täglich den ganzen Inhalt weggießen und neu füllen, ab und zu vor der neuen Füllung mit einem Reinigungsmittel auswischen und gut nachspülen). Oft wird geraten, auch den Wassernapf nur von Zeit zu Zeit anzubieten, vor allem wenn der Welpe viel trinkt. Ich halte das für eine Quälerei. Jedes gesunde Tier weiß, wieviel es fressen und trinken muß. Welpen haben normalerweise großen Durst und schlabbern öfters. Wirklich unmäßiges Trinken kann auf eine Krankheit hinweisen. Dann ist der Weg zum Tierarzt die richtige Maßnahme und nicht das Vorenthalten von Flüssigkeit! Man überschätzt aber leicht die getrunkene Menge, wenn man das eindrucksvolle und ausgiebige Geschlabbere hört, die kleine Zunge kann noch nicht so sehr viel Wasser transportieren und vieles geht auch daneben. Daran muß man sich gewöhnen, auch beim erwachsenen Bobtail: um den Trinknapf wird immer eine kleine Pfütze sein und eine feuchte Tropfspur von den triefenden Barthaaren kann man auch noch ein paar Meter verfolgen. Daher sollte das Trinkgefäß an einer Stelle stehen, an der die Pfütze nicht den normalen „Durchgangsverkehr" der Familie stört und der Napf nicht versehentlich umgestoßen werden kann. Direkt neben einer Heizung ist aber auch nicht der rechte Platz für Trinkwasser, das stets angenehm kühl sein sollte.

Es ist ratsam, den Welpen zunächst an die Räume zu gewöhnen, in denen sich sein Fressen und Schlafen abspielen soll, damit er vor allem für die erste Nacht sich dort schon ein wenig eingelebt hat.

Etwa jede Stunde sollte man den Kleinen in den ersten Tagen hinausbringen, um ihn möglichst schnell stubenrein zu bekommen. Aber reißen Sie ihn nicht aus dem Schlaf, nur weil wieder eine Stunde um ist! Wenn er schläft, lassen Sie ihn, aber sofort nach dem Aufwachen muß er hinaus. In der Regel ist bei jungen Hunden gleich nach dem Aufwachen und bald nach dem Fressen ein Geschäftchen zu erwarten, und das gilt es abzupassen. Hat man – vor allem in Mietwohnungen – einen längeren Weg durch den Flur zurückzulegen, sollte man ihn dort tragen, damit nicht unterwegs im Treppenhaus ein Malheurchen geschieht. So erspart man sich verärgerte Nachbarn. Haben Sie den Kleinen auf dem Arm, setzt bei ihm der gleiche Mechanismus ein, der im allgemeinen in der Wurfkiste gilt: das Nest wird nicht beschmutzt, auch auf dem Arm hält der Welpe instinktiv sein Bedürfnis zurück. Es darf natürlich nicht zu lang dauern. Sollte das Tierchen Sie wider Erwarten doch einmal beschmutzen, dürfen Sie keinesfalls Ihren – verständlichen – Ärger an ihm auslassen. Dann konnte das kleine Lebewesen einfach nicht mehr anders, dafür darf man es nicht bestrafen, noch nicht einmal ausschimpfen. Draußen setzt man den Welpen an einem ruhigen Ort ab und läßt ihn herumschnüffeln oder geht ein wenig auf und ab. Kommt ein Geschäftchen, wird sofort nach der Verrichtung gelobt, immer mit den gleichen Worten und im herzlichen Tonfall, etwa „So ein braver Hund!" und dazu gestreichelt. In der Stadt ist der empfohlene ruhige Ort nur schwer zu finden. Hier muß es halt der Rinnstein sein, und vorbeitosender Verkehr kann das junge Tier ganz schön verschrecken, aber das muß dann eben durchgestanden sein. Keinesfalls sollte man den Bürgersteig als ,,Toilette" benutzen. Hundekot auf dem Gehsteig regt auch Hundefreunde auf, um wieviel mehr erst hundefeindlich eingestellte Menschen. Der Hund muß hier natürlich von Anfang an an der Leine geführt werden, damit vorbeifahrende Autos keine kopflose Flucht bewirken. Das Halsband muß so fest sitzen, daß es unmöglich ist, daß der Welpe nach hinten mit dem Kopf herausschlüpfen kann.

So nett es manchmal auch ist, es kann einem aber auch auf die Dauer auf die Nerven gehen, wenn Passanten immer wieder in Ausrufe des Entzückens über den reizenden Welpen ausbrechen. Vor allem Kinder werden sich begeistert auf das Tier stürzen und es unbedingt streicheln wollen. Doch achten Sie darauf, daß nicht jeder das Tier anfaßt. Es ist lästig und außerdem soll der Hund von Anfang an dazu erzogen werden, sich Fremden gegenüber reserviert zu verhalten, so daß Sie später nicht Gefahr laufen, daß er mit jedem Unbekannten mitgeht. Auch beim Kontakt zu anderen Hunden seien Sie zunächst vorsichtig. Ganz davon abgesehen, daß der Welpe im Alter von acht Wochen noch sehr empfänglich für Krankheitskeime ist, gibt es bedauerlicherweise viele Hunde, die so verdorben sind, daß sie das natürliche Verhaltensmuster, Jungtiere zu schonen, nicht mehr einhalten und ohne Warnung zubeißen. Machen entgegenkommende Hunde einen schlechten Eindruck (eingekniffener Schwanz, aufgestellte Haare, Zähnefletschen, Knurren etc.), halten Sie lieber gebührenden Abstand. Zu freundlichen und gesunden Hunden aber sollte der Welpe stets Kontakt haben dürfen. In verkehrsreichen Gegenden gilt aber auch hier: nie ohne Leine! Der Welpe, der ja noch keine Verkehrserziehung kennt und nicht weiß, daß Autos gefährlich sind, kann im ausgelassenen Spiel auf die Straße rennen und überfahren werden.

Das Gehen an der Leine wird sowieso ein Kapitel für sich sein. Bis Ihr Bobtail gesittet neben Ihnen hergeht, wird es noch eine Weile dauern. Im allgemeinen wird er sich Halsband und Leine ohne Sträuben anlegen lassen, nur das Gehen in die Richtung, aus der die Leine zieht, wird ihn zunächst einmal irritieren. Wenn es irgend möglich ist, gehen Sie selbst zunächst einmal in die Richtung, in die der Hund geht, lassen Sie sich quasi von ihm Gassi führen, falls er überhaupt geht. Manche Welpen setzen sich auch erst einmal hin und sind nicht dazu zu bringen, sich zu bewegen. Dann muß er herangelockt werden, vielleicht mit einem Leckerbissen. Ein sanftes Anrucken mit der Leine schadet nichts, es sollte nur nicht zum wild entschlossenen Hinter-sich-Herzerren werden. Ist das Tier absolut nicht zum Laufen zu bringen, läßt man es – wenigstens in den ersten Tagen – zunächst einmal gewähren und geht wieder in die Wohnung. Vielleicht klappt es beim nächsten Gassigehen besser, wenn der natürliche Bewegungsdrang eher durchbricht. Energisch werden sollte man erst, wenn der Hund nach Tagen noch immer stur dasitzt und keinen Schritt an der Leine geht. Dann kommt man nicht umhin, ihn ein Stück hinter sich herzuziehen, bis er merkt, daß es doch viel angenehmer ist, aus eigenem Willen mitzulaufen. Aber auch diese Maßnahme sollte nicht so roh durchgeführt werden, daß man dem Tier fast das Genick bricht. Vor allem darf man sich seinen Ärger nicht anmerken lassen. Das Tier will ja nichts Böses, es hat nur Angst oder kann nicht verstehen, was man von ihm erwartet. Wer ein Tier deswegen schimpft oder gar schlägt, disqualifiziert sich selbst als Hundehalter. Selbstverständlich muß sein, daß jeder kleine Fortschritt sofort gelobt wird. Lob ist immer wieder ein Zaubermittel, mit dem Hunde (und nicht nur sie!) gern und viel lernen. Dieses Lernen wollen wir als „positives Lernen" bezeichnen, der Hund tut es, weil es ihm angenehm ist und er merkt, daß er seinem Herrn Freude macht. Das Lernen durch Schimpfen oder gar Schläge nennen wir „negatives Lernen", der Hund verbindet die Dinge, die er so lernt, mit etwas Unangenehmen, er hat Angst. Deswegen muß man versuchen, dem Hund möglichst viel auf dem Weg des positiven Lernens beizubringen. Man kann ohne viel Einfühlungsvermögen feststellen, welcher Hund freudig und willig gehorcht und welcher verängstigt und eingeschüchtert Befehle ausführt, und mich packt immer die kalte Wut auf die Besitzer, wenn ich solche bemitleidenswerten Tiere sehe, die verkrampft und geduckt neben ihren Herren dahinvegetieren, die noch stolz sind, daß ihr Hund so gut dressiert ist und sie ihn „im Griff" haben.

Manches kann man dem Hund aber leider nicht über das positive Lernen beibringen, dazu gehört vor allem, daß er begreift, daß die Wohnung nicht der richtige Ort zum Verrichten seiner Geschäfte ist. Das einzige Mittel, das hier hilft, ist Schimpfe unmittelbar nach erfolgter Untat, auch hier jedesmal wieder mit den gleichen Worten, etwa „Pfui, so ein böser Hund!" in scharfem Tonfall. Schläge – auch die umständliche und lächerliche Prozedur mit der zusammengerollten Zeitung (woher immer so schnell eine Zeitung kriegen?) – oder gar das barbarische Hineinstoßen mit der Nase sind indiskutabel. Der Hund weiß ja noch nicht, daß das, was er tut, verboten ist. Sobald er das weiß, wird er es ja nicht mehr tun. Schlagen – ich meine damit einen einzigen, zwar spürbaren, aber doch leichten Klaps, der den Hund wieder auf den Boden der Tatsachen bringt – ist nur dort angebracht, wo der Hund „bewußt" etwas tut, von dem er weiß, daß es grundsätzlich und immer verboten ist, er sich also „vergißt". Und das wird selten genug der Fall sein. Absoluter Grundsatz bei jeder Strafe muß sein, daß sie der Tat unmittelbar folgt, damit der Hund Strafe und Tat miteinander in Verbindung bringt. Entdeckt man die Untat erst später, geht man am besten wort- und tatenlos darüber hinweg, um nicht zu riskieren, daß der Hund eine falsche Verbindung knüpft. Kommt das Tier Ihnen z.B.

freudig entgegen, wenn Sie das Zimmer betreten und sehen Sie auf den ersten Blick, daß auf dem Teppich eine Pfütze ist, dürfen Sie keinesfalls im ersten Ärger jetzt strafen. Die Strafe würde das Tier auf das beziehen, was es im Augenblick tut, also auf das freudige Zu-Ihnen-Hinlaufen, und das liegt ja sicher nicht in Ihrer Absicht.

Zumindest in der ersten Zeit sollte der Welpe das Futter erhalten, das er bisher bekommen hat. Wenn Sie umstellen wollen, sollte das ganz allmählich geschehen, damit die Verdauung nicht überbeansprucht wird. Wenn der Hund Durchfall bekommt, ist das ein Hinweis darauf, daß seine Verdauung die angebotene Nahrung nicht richtig bewältigen kann. Hält der Durchfall längere Zeit an, ist es besser, nicht darauf zu vertrauen, daß sich mit der Zeit die Verdauung schon der Nahrung anpaßt, sondern man sollte versuchen, das Fressen so zusammenzustellen, daß der Hund es optimal verdauen kann. Schon allein die unappetitliche Verschmutzung des langen Fells ist beim Bobtail Grund genug, jeden Durchfall möglichst zu umgehen; gravierender ist aber, daß der Hund mit der Zeit Mangelerscheinungen bekommt, wenn der Körper die Nahrung nicht ausreichend verwerten kann.

Ich persönlich halte immer noch die Kombination von rohem Fleisch, Getreideflocken und Gemüse für das beste Futter, trotz aller angepriesenen Dosen- und Trockennahrung. Sicher ist es etwas bequemer, einfach eine Dose Hundefutter aufzumachen, aber es ist auf die Dauer bei einem so großen Hund wie dem Bobtail, der doch einen beträchtlichen Appetit entwickelt, auch ein sehr kostspieliges Vergnügen. Wenn man es richtig organisiert, macht das Verfüttern von frischer Nahrung auch wenig Arbeit. Ich kaufe immer frisches Fleisch in größeren Mengen beim Fleischer im Supermarkt oder in der Markthalle ein. Abwechslung muß auch im Hundespeiseplan sein, deswegen wechsle ich öfter die Fleischsorten. Dabei kann man sich auch nach günstigen Sonderangeboten richten. Geeignet sind Backenfleisch oder Innereien wie Leber, Pansen, Herz, aber auch Kopffleisch wird gern genommen, ab und zu sollte man auch einmal eine Portion knackigen Schlund verfüttern. Von nährstoffarmem Fleisch wie z.B. Lunge sollte man aber absehen. Am geeignetsten ist sicher alles Fleisch vom Rind, bei Schweinefleisch sollte man sehr zurückhaltend sein, da es öfter Parasiten enthält. Jeder Hund wird mit der Zeit eine Vorliebe für bestimmte Fleischsorten entwickeln. Bei meinen Bobtails war bisher immer Rinderherz das Leibgericht. Wenn es gerade günstig ist, kaufe ich gleich 10 oder 20 Kilo ein und zerschneide die ganzen Herzen zu Hause mit dem Elektromesser (eine sehr empfehlenswerte Anschaffung für die Bereitung von Hundefutter) in Würfel, die portionsweise (jeweils etwa ein gutes Pfund, je nach Größe, Gewicht und Belastung des Bobtails) eingefroren werden. Abends wird immer ein Beutel aus dem Gefrierschrank genommen und ist bis zum nächsten Mittag aufgetaut. Mit warmem Wasser oder Fleischbrühe wird es mit Hundeflocken vermischt und so verfüttert. Es ist wichtig, daß das Fressen insgesamt etwa Körperwärme hat, die Flüssigkeit zum Anfeuchten der Flocken soll also warm sein. Das Verfüttern kalter Nahrung oder noch nicht ganz aufgetauten Fleisches kann auch eine Ursache für Durchfall sein. Es gibt Hundeflocken, denen getrocknetes Gemüse beigegeben ist, so daß es sich erübrigt, dem Futter ab und zu etwas gekochtes Gemüse beizufügen.

Einmal in der Woche sollte das Fressen durch Zugabe eines rohen Eigelbs, von Quark oder Käse verfeinert werden. So bekommt der Organismus noch einmal zusätzlich Eiweiß zugeführt. Beim Welpen gehört auch die regelmäßige Zugabe eines guten Kalkpräparates dazu, damit das Tier einen kräftigen Knochenbau und gute Zähne bekommt. Bevor der Hund nicht anderthalb Jahre alt ist, sollte man nicht mit der Gabe von Kalk aufhören. Auch ein wöchentlicher Löffel Lebertran oder Speiseöl, der in aller Regel gern genommen wird, ist angebracht. Wer besonders besorgt ist, kann mit der zusätzlichen Gabe eines Vitaminpräparates nichts falsch machen, obwohl es sich bei vernünftiger, abwechslungsreicher Nahrung eigentlich erübrigen dürfte. Vitaminhefe fördert das Wachstum des Haarkleides und Seetang wirkt sich günstig auf die Pigmentbildung und die Blautönung des Felles aus.

In der neuen Umgebung wird der Welpe sich wahrscheinlich nicht gleich hungrig auf seinen Freßnapf stürzen, wenn man ihm Futter anbietet. Daher sollte man jetzt in der ersten Zeit eine Ausnahme machen und das Futter einmal eine Weile stehen lassen. Vielleicht marschiert der Kleine erst nach einer Weile von alleine zum Napf, um sich gütlich zu tun. Um im Fall hartnäckiger Futterverweigerung am Anfang nicht zuviel Futter wegschütten zu müssen, sollte man zunächst einmal nur kleine Portionen anbieten. Keinesfalls darf das Futter über Nacht aufgehoben werden, auch nicht im Kühlschrank. Denn wenn der Kleine in seinen ausgehungerten Magen angesäuertes Fressen bekommt, kann das Erbrechen oder Durchfall zur Folge haben. Beides erleichtert ihm das Eingewöhnen nicht. Im allgemeinen ist aber kein Grund zur Sorge gegeben, wenn der Welpe ein oder zwei Tage lang jede Nahrungsaufnahme verweigert. Ein gesundes Tier hat genug Reserven, um das zu verkraften. Und sobald der natürliche Überlebenstrieb einsetzt und das Tier anfängt zu fressen, ist der Gewichtsverlust schnell wieder aufgeholt.

Kurz vor der Schlafenszeit ist es empfehlenswert, dem Kleinen Gelegenheit zu geben, sich müde zu toben. Wenn er müde ist, wird er keine Energie mehr haben, in der Nacht zu jaulen. Hat sich der Welpe schon etwas an Sie gewöhnt, raufen Sie jetzt noch ein bißchen mit ihm um einen Ball, ein Stück Stoff oder ein anderes Spielzeug. Wenn er im wahrsten Sinne des Wortes „hundemüde" ist, wird die Wahrscheinlichkeit am größten sein, daß die Nacht ruhig und ohne Jammern vorübergeht. Vor dem Schlafengehen wird noch einmal Gassi gegangen und dann wird der kleine Kerl in sein Bettchen verfrachtet. Eine ganz geschlossene Kiste, die er nicht verlassen kann, halte ich nur für gut, wenn man auch nachts ein- oder zweimal mit ihm auf die Straße geht, damit er seine Geschäftchen verrichten kann. Kann man sich dazu nicht überwinden – und es ist eine harte Anforderung an die eigene Disziplin! –, kann es geschehen, daß das junge Tier, das ja nur eine beschränkte instinktmäßige Kontrolle über seine Ausscheidungsorgane hat, einfach nicht mehr anders kann als sein Bettchen zu beschmutzen. Der Instinkt, das eigene Nest nicht zu verunreinigen, kann ja logischerweise nur solange wirken, wie es die Verdauung äußerstenfalls mitmacht. Und ich halte es für bedenklich, wenn ein Tier dann praktisch von der Natur dazu gezwungen wird, einem Instinkt zuwiderzuhandeln. Besser ist es, den jungen Hund auch nachts in seiner Kiste mit Einstieg zu lassen, aber in einem Zimmer, dessen Boden leicht zu reinigen ist. So wird ein unvermeidbares Pfützchen immer außerhalb der Kiste plaziert werden.

Es gibt eine Unmenge von Empfehlungen, wie man dem Welpen die erste Nacht so angenehm wie möglich machen kann. Es wird geraten, ein Kleidungsstück auf sein Lager zu legen, das nach dem neuen Besitzer riecht. Wer mag, soll es tun; ob es aber wirklich die Einsamkeit des kleinen Vierbeiners lindert, bezweifle ich. Ablehnend bin ich gegenüber dem Wecker eingestellt, den man unter die Matratze legen soll. Ich meine eher, daß das Ticken das Tier beunruhigt und ängstigt, als daß es das Vorhandensein eines anderen Lebewesens vorspiegelt. Sinnvoll kann dagegen – aber auch nur bei kalter Witterung – eine gut verschlossene und in Tücher gewickelte, mit nicht zu heißem Wasser gefüllte Wärmflasche sein. Sie wird aber auch bei kaltem Wetter mehr dem Zweck der bloßen Wärmespendung dienen als einen lebenden, warmen Bettgenossen ersetzen.

Ich halte es für viel wichtiger, darauf zu achten, daß alle natürlichen Bedürfnisse des kleinen Bobtails befriedigt sind, und habe immer wieder die Erfahrung gemacht, daß Welpen, die Hunger und Durst gestillt hatten, noch ein Geschäftchen erledigen konnten und halbwegs müde waren, im allgemeinen die erste Nacht recht gut überstanden. Ich konnte es immer so einrichten, daß in unmittelbarer Nähe des Bettchens ein Napf mit einer kleinen Portion Fressen und eine Schale mit frischem Wasser standen, daß im Zimmer noch eine abgedunkelte

Lampe brannte, damit der Kleine sich auf nächtlichen Streifzügen zurechtfand, und ich vom Schlafzimmer aus hören konnte, was er machte. Kam dann einmal ein jämmerliches Fiepen, genügten meistens ein paar beruhigende Worte, um es wieder verstummen zu lassen. Um diesen Sprechkontakt zu haben, ließ ich die Schlafzimmertür und die Tür des „Welpenzimmers" offen und stellte vor diese ein Gitterteil eines auseinandergenommenen alten Kinderlaufstalls, damit nächtliche Ausflüge in teppichbelegte Zimmer unterbunden waren, solange der neue Hausgenosse noch nicht so weit war, eine ganze Nacht mit Sicherheit trocken zu überstehen.

Kommt es wirklich zu jämmerlichem Wehklagen, muß man eben versuchen, durch Zureden und Streicheln beruhigend zu wirken. Hilft es nicht, bleibt nichts anderes übrig, als es sich anzuhören und eine schlaflose Nacht zu verbringen. Auch der jämmerlichste Welpe gehört nicht in Frauchens Bett! In diesem Fall ist es gut, wenn die Nachbarn schon vorher informiert wurden, daß ein junger Hund einzieht. Die Entschuldigung am nächsten Morgen, vielleicht verbunden mit einer kleinen Aufmerksamkeit, wird dann im allgemeinen freundlicher aufgenommen. Nachbarn und frischgebackener, übernächtigter Hundebesitzer müssen sich dann eben damit trösten, daß die nächste Nacht in aller Regel friedlicher verläuft. Gerade beim Bobtail als sehr anpassungsfähigem Hund dürfte es aber im allgemeinen keine größeren Eingewöhnungsschwierigkeiten geben.

6. Die Ernährung des Bobtails

Eine alte Züchterweisheit besagt, daß ein Hund das wird und das ist, was er frißt. Und in der Tat liegen die Ursachen für viele Krankheiten und Schwächen des Hundes in einer falschen Ernährung. Die Einstellung, am Fressen des Hundes zu sparen, kann genauso fatale Folgen haben wie der Grundsatz, alles an guten Sachen in den Hund hineinzustopfen, was nur hineingeht.

Beim Fressen hört die Regel auf: was Herrchen Spaß macht, ist auch für den Hund nicht schlecht. Die Ernährung des Hundes muß sich an seiner Abstammung vom Wolf ausrichten, denn seine Verdauung funktioniert noch immer wie die des Wolfes, d.h., der Verdauungstrakt ist darauf ausgerichtet, große, heruntergeschlungene Stücke zu verarbeiten, die hauptsächlich aus Eiweiß bestehen. Kommt etwas Unverdauliches in den Magen, wird es wieder erbrochen, meist mit Hilfe von gefressenem Gras. Darum lasse man seinen Vierbeiner immer gewähren, wenn er anfängt, „auf der grünen Wiesen zu äsen", er hat seinen guten Grund und sein Instinkt sagt ihm, welches Gras für ihn genießbar und zweckdienlich ist.

Die Nahrung des erwachsenen Bobtails sollte etwa zur Hälfte aus Eiweiß bestehen, der Rest aus Fett und Kohlehydraten. Das Futter des Welpen und Junghundes dagegen muß bis zu zwei Dritteln aus Eiweiß bestehen. Beim ausgewachsenen Hund rechnet man täglich einen Bedarf von etwa 88 Kalorien (oder 370 Joule) pro Kilo Körpergewicht, der Junghund dagegen braucht etwa das Dreifache, um gut gedeihen zu können. Wenn man sicher ist, daß man den jungen Bobtail richtig, d.h. mit nicht zuviel Fett und Kohlehydraten ernährt, ist es völlig unbedenklich, wenn er von Zeit zu Zeit einmal etwas pummelig wirkt. Ein Welpenbäuchlein soll immer hübsch prall und rund sein. Auch Bobtails wachsen in Schüben, d.h. sie wachsen nicht langsam und konstant, sondern sie haben Phasen starken Wachstums, denen sich Phasen sehr viel langsameren Wachstums anschließen. Die angesetzten Babypölsterchen in den Ruhephasen werden beim nächsten Wachstumsschub schnell wieder aufgebraucht, der Welpe hat sie dann sogar unbedingt nötig. Gerade beim Bobtail, der in diesem Alter wegen seines noch sehr kurzen Fells viel von seiner Figur herzeigt, sieht es hinreißend aus, wenn so ein kleines Bobtailkind beim Laufen mit dem charakteristischen Paßgang sein wohlgerundetes Bäuchlein hin und her schwenkt. Erst beim etwa einjährigen Bobtail muß man anfangen, auf Figur zu achten, was nichts anderes bedeutet, als daß Herrchen oder Frauchen den bis dahin schon recht zotteligen Burschen ab und zu abtasten, ob die Rippen an den Seiten noch fühlbar sind. Die Kruppe dagegen soll schön gerundet sein, denn ein Bobtail soll und darf nicht gar so mager sein wie z.B. Afghanen, bei denen man zwei Finger in die Höhlung zwischen den beiden oberen Beckenknochen auf der Kruppe legen können soll.

Der Bobtail-Welpe bekommt bis zum dritten Lebensmonat täglich fünf Mahlzeiten, bis zum fünften Monat vier, bis zum achten Monat drei und bis zum zwölften Monat zwei Mahlzeiten täglich in etwa gleichgroßen Abständen und jeweils zur gleichen Zeit. Der erwachsene Hund wird nur noch einmal täglich gefüttert und sollte sein Fressen täglich etwa zur gleichen Zeit erhalten. Eine geregelte und gesunde Verdauung kann sich nur entwickeln, wenn sie auf einem regelmäßigen Magenfahrplan basiert. Es kann gar nicht oft genug betont werden, daß im Welpenalter und beim Junghund der Grundstein dafür gelegt wird, wie das erwachsene Tier werden wird. Dies trifft auch und insbesondere auf die Ernährung zu. Keineswegs sollte am Futter des Junghundes gespart werden, was die Qualität betrifft und bis zu einem gewissen Grad auch die Menge. Übertrieben werden darf aber auch hier nicht und überfettete Welpen sind den gleichen Gefahren ausgesetzt wie überfettete Babies.

Welpen werden in der Regel vier bis sechs Wochen von der Mutter gesäugt, wobei in der letzten Zeit, wenn die Muttermilch weniger wird, schon zugefüttert wird. Geeignet dazu ist

Haferschleim, klare Fleischbrühe oder Haferschleim mit Milch. Kuhmilch bietet dem Welpen in diesem Alter noch zu wenig Nährstoffe, es sei denn, man reichert sie noch zusätzlich mit Kondensmilch an, um sie dem Fettbedarf des Welpen anzupassen. Auch Babynahrung ist nicht das Rechte, am besten hält man sich an die handelsübliche Welpen-Trockennährmilch (Ipevet-Milchpulver, Welpi-sal), die genau den Bedürfnissen der kleinen Hunde entspricht. Wolfsmütter geben ihren Jungen ab der sechsten Woche etwas von ihrer eigenen vorverdauten und wieder erbrochenen Nahrung. Diesem Instinkt folgen aber nur noch wenige Bobtail-Mamas. Deshalb bietet der Züchter den Welpen etwa ab der sechsten Woche sehr kleine Mengen rohen Pansens an, der ab und zu mit einem rohen Eigelb angereichert wird. Bis zur achten Woche sollte der Welpe ganz auf feste Nahrung umgestellt werden, so daß der neue Besitzer keine Umstellungen mehr vornehmen muß, wenn er den Welpen zu sich holt. Er sollte jedoch die Fütterungsart, an die der kleine Bursche nun eben erst gewöhnt wurde, zunächst unbedingt beibehalten, damit nicht mit dem Eingewöhnen in die neue Umgebung auch noch eine erneute Nahrungsumstellung einhergeht. Der kleine Knirps hat sowieso genug damit zu tun, die räumliche Trennung von Mutter und Geschwistern zu verkraften.

Die Energie, die ein Hund aus seiner Nahrung beziehen muß, gliedert sich in vier Teilbereiche. Zunächst braucht er mechanische Energie, um sich bewegen, um atmen und bellen zu können. Chemische Energie ist nötig für das Wachstum und die Zellerneuerung, also hat der Welpe hier den größten Bedarf. Elektrische Energie gewährleistet das Funktionieren des Nervensystems und Wärmeenergie sorgt dafür, daß die Körpertemperatur konstant bleibt. Der Hund hat eine durchschnittliche Körperwärme von etwa 38,5 Grad, also eine weit höhere als der Mensch. Diese Energien bezieht der Körper aus der Verbrennung von Nahrungsmitteln. Ein Gramm Fett liefert etwa 9,3 Kalorien (39 Joule), ein Gramm Eiweiß und Kohlehydrate etwa 4,1 Kalorien (17 Joule). Überschüssige Brennwerte, die vom Körper nicht in Form von Energie verbraucht werden, werden in Form von Fettpolstern angelegt, der Hund wird dick. So ist es bei Menschen und so ist es beim Hund. Und auch beim Hund gilt: wenn auf die Dauer die Grundnährstoffe nicht in einem sinnvollen Verhältnis zueinander stehen und durch Mineralstoffe und Vitamine ergänzt werden, wird das Tier krank. Deshalb beachtet der verantwortungsvolle Hundebesitzer die anders gelagerten Nahrungsbedürfnisse seines Vierbeiners und er betrachtet diesen nicht als Abfalleimer und Resteverwerter. Abfälle vom Familieneßtisch gehören in den Müll und nicht in den Hundenapf, es sei denn, es handelt sich um nicht oder nur ganz leicht gewürztes angedünstetes oder rohes Gemüse. Soßen, stark gewürzte Speisen, Mehlspeisen und Süßigkeiten jedoch müssen tabu sein.

Den Eiweißbedarf des Hundes decken Nahrungsmittel wie Muskelfleisch, Knochen von Jungtieren (keine Röhrenknochen, erst recht nicht vom Geflügel), Innereien, Fisch, Eier, Milchprodukte wie Milch, Quark, Joghurt, Käse, Getreideflocken, Reis und gekochte Kartoffeln. Bei Eiweißmangel läßt die körperliche und geistige Leistungsfähigkeit nach, zu hohe Eiweißzufuhr dagegen belastet den Stoffwechsel unnötig.

Kohlehydrate sind vorwiegend in pflanzlichen Nahrungsmitteln enthalten, die der Hundemagen jedoch schlecht verwerten kann. Sie müssen also seinem Verdauungssystem entsprechend vorbereitet werden. Dies ist am besten der Fall bei den handelsüblichen Hundeflocken. Füttert man jedoch lieber Haferflocken, Reis und gekochtes Gemüse, müssen die Zellwände dieser Nahrungsmittel zerstört werden, indem sie zerkleinert und gekocht oder wenigstens überbrüht werden. Wichtig in diesem Zusammenhang sind die sogenannten Ballaststoffe (z.B. Naturreis und Ganzkorn-Haferflocken), die unverdaulich sind, aber die Darmtätigkeit anregen, so daß die übrige Nahrung besser genutzt werden kann. Indem sie die Kotmengen vergrößern, gewährleisten sie eine leichtere Verdauung, überdies beugen sie einer Reihe von Dickdarmerkrankungen vor. Im Übermaß gegeben belasten sie jedoch das Verdauungssystem zu sehr. Die übliche Regel sollte daher lauten: der erwachsene Bobtail bekommt etwa zwei Drittel eiweißreiche Nahrung und ein Drittel Hundeflocken. Dabei geht man von der volumenmäßigen Menge der trockenen Flocken aus, nicht etwa nach dem Gewicht, sonst entfiele auf ein paar Brocken Fleisch ja ein ganzer Sack der leichten Flocken.

Eine ausgewogene Hundenahrung sollte zwischen fünf und zehn Prozent möglichst cholesterinfreies Fett enthalten, je nachdem, wieviel der Hund an Bewegungsenergie verbraucht. Arbeitshunde, die sich viel bewegen, brauchen mehr Fett als Haushunde, die sich die meiste Zeit bequem irgendwo auf einem Teppich zusammenrollen. Man unterscheidet zwischen gesättigten, einfach ungesättigten und mehrfach ungesättigten Fettsäuren. Gesättigte und einfach ungesättigte Fettsäuren kann der Körper aus anderen Stoffen, etwa Kohlehydraten, selbst aufbauen. Mehrfach ungesättigte, auch „essentielle" Fettsäuren müssen dagegen von außen zugeführt werden, um bestimmten Herz- und Gefäßleiden vorzubeugen. Junge Hunde beziehen ihr Fett aus der Muttermilch, die etwa 8 % Fett enthält, also mehr als die Kuhmilch. Füttert man Kuhmilch zu, muß sie zusätzlich mit fetter Kondensmilch angereichert werden. Gibt man der Milch etwas Honig zu, käst sie nicht so leicht im Magen. Die Zufuhr von Fett liefert nicht nur wichtige Energie, sondern ermöglicht auch erst die Verwertung fettlöslicher Vitamine. Fett selbst wiederum kann aber nur verdaut werden, wenn eine ausreichende Kohlehydratezufuhr vorhanden ist. So greift in der Hundeernährung eins ins andere.

Ebenso wie der Mensch benötigt auch der Hund eine ausgewogene Zufuhr an Vitaminen, wenn er gesund bleiben soll. Viele Kalkpräparate, die es in Pulver- oder Tablettenform gibt, sind zusätzlich mit Vitaminen angereichert. Fisch (immer ohne Gräten) liefert ebenfalls Vitamine, vor allem Vitamin A, und enthält darüber hinaus viel Phosphor. Lebertran enthält Vitamin A und D und wird von den meisten Hunden gern genommen. Bei meinen Bobtails wende ich sogar den „Lebertran-Trick" an, wenn sie nicht so recht an ihr Futter wollen, weil es stark nach etwas duftet, was sie nicht mögen. Ein Eßlöffel Lebertran überdeckt den ungeliebten Duft und bewirkt, daß der Napf liebevoll ausgefressen und blankgeschleckt wird. Allerdings ist zu beachten, daß zuviel Lebertran ungesund ist.

Wie der Mensch bildet auch der Hund in seinem Organismus eine Vorstufe des Vitamins D, die durch Sonnenlichteinwirkung in die aktive Form überführt wird. Vitamin K ist ein Stoffwechselprodukt der Darmbakterien. Unter normalen Umständen müssen also weder Vitamin D noch Vitamin K dem Organismus von außen zugeführt werden. Alle anderen Vitamine müssen jedoch mit der Nahrung aufgenommen werden. Man unterscheidet die fettlöslichen Vitamine A, D, E und K von den wasserlöslichen, den Vitaminen des B-Komplexes und dem Vitamin C. Die fettlöslichen Vitamine können im Körper eine Zeitlang gespeichert werden (zu ihrer Verwertung braucht der Hund jedoch Fett), die wasserlöslichen Vitamine müssen dagegen laufend zugeführt werden.

Vitamin A kommt in reiner Form vor in Butter, Eigelb, Leber, Getreide- und Milchprodukten. Wie der Mensch kann jedoch auch der Hund die sogenannten Carotine – eine in pflanzlichen Nahrungsmitteln enthaltene Vorstufe des Vitamins A (in Blattgemüse, Karotten, Spinat, Paprikaschoten, Kräutern und gelben Früchten) – in unterschiedlichem Maße in Vitamin A umwandeln. Mangel an Vitamin A führt auch beim Hund zur Beeinträchtigung der Sehtüchtigkeit und des Zellwachstums, während überhöhte Zufuhr Stoffwechselstörungen zur Folge hat, die bis zu Knochenveränderungen und Gewebeschäden führen können.

Der Bedarf an Vitamin E ist unmittelbar mit dem Bedarf an mehrfach ungesättigten Fettsäuren gekoppelt. Wird deren Zufuhr erhöht, steigt auch der Bedarf an Vitamin E. Ein Überangebot an Vitamin E führt jedoch zu Stoffwechselstörungen.

B-Vitamine kommen in Fleisch und hauptsächlich in den äußeren Getreideschichten vor. Daher braucht der Hund ganze Getreideflocken oder unpolierten Reis. Die wichtigsten B-Vitamine sind B_1, B_2, B_6 und Niacin. Vitamin B_1 ist reichlich enthalten in dunklen Brotsorten, Haferflocken, Weizenkeimen, Schweinefleisch und Leber. Es ist sehr empfindlich gegen Kochen und Luftsauerstoff. Ein Mangel verursacht Störungen der Nervenfunktionen. Vitamin B_2 ist wichtig für das Wachstum, die Haut und die Krallen. Enthalten ist es in Getreide, Leber, Herz, Nieren, Schweinefleisch, Milch, Quark, Eiern, Gemüse und gekochten Kartoffeln. Unzureichende Versorgung hat oft krankhafte Schleimhautveränderungen zur Folge. Vitamin B_6 ist von Bedeutung für den Eiweiß- und Zellstoffwechsel. Der Hund bezieht es hauptsächlich aus Muskelfleisch, Leber, Nieren, Hirn, Eigelb, grünem Gemüse, Milch- und Getreideprodukten. Es ist empfindlich gegen starke Hitze beim Kochen und gegen Sonnenlicht. Niacin benötigt der Organismus, um die Hauptnährstoffe Eiweiß, Fett und Kohlehydrate optimal zu verwerten.

Vitamin C, das gegen Luftsauerstoff und Hitze empfindlich ist, ist wichtig für den Stoffwechsel. Es steigert die Leistungsfähigkeit und erhöht die Krankheitsresistenz. Da der Hund keine Zitrusfrüchte bekommen sollte, empfiehlt sich die Gabe von Vitamintropfen.

Ich habe ein paarmal versucht, einen wöchentlichen Fastentag für meine Bobtails einzuführen, weil es in Hundebüchern immer wieder empfohlen wird. Es scheiterte aber jedesmal daran, daß ich das fassungslose Betragen meiner Zottelviecher nicht ertragen konnte, wenn sie ihren Napf zur gewohnten Fressenszeit leer vorfanden. Immer wieder liefen sie in die Küche, schauten noch einmal in den Napf, kamen zu mir und sahen mich mit ihren großen dunklen Augen traurig und vorwurfsvoll an, als wollten sie sagen: ich bin hungrig und möchte was zu fressen, warum gibst Du mir nichts, was ist denn heute bloß los? Das ganze Weltbild schien ins Wanken zu geraten und jedesmal, wenn ich in der Küche zu tun hatte, kam ein hoffnungsvoller Bobtail hinterher, um sich mit jeder neuen Enttäuschung niedergeschlagener wieder zu verziehen.

Mögen Hundefachleute schreiben, was sie wollen, bei uns gibt es seither keinen reinen Fastentag mehr, an dem es überhaupt nichts zu fressen gibt. Dafür wird etwa alle zwei Wochen einmal statt des üblichen Fressens ein Schüsselchen lecker angemachter Quark serviert, und das ist eine höchst willkommene Abwechslung. Dazu verrühre ich ein halbes Pfund Magerquark mit etwas Milch, einem Eidotter und einem Löffel Honig. Meist wird noch etwas Obst untergemischt. Ist kein Quark im Haus, erfüllen zwei oder drei Becher Früchtejoghurt den gleichen Zweck.

Es ist sicher richtig, daß ein Fastentag ab und zu die Verdauung entlastet und den Organismus entschlackt. Ich halte es aber für schlecht, aus dieser Einsicht heraus regelmäßig den Hund hungern zu lassen. Ein gesunder Hund, dessen Instinkte funktionieren, weiß meines Erachtens selbst am besten, was ihm zuträglich ist. Meine Bobtails rühren von selbst ab und zu ihren Napf nicht an oder fressen nur ganz wenig. Dazu brauche ich ihnen keine Hungerkur aufzuzwingen. Sie bestimmen selbst, wann sie ihren Fastentag einlegen und sind glückliche, gesunde Hunde.

Als ich meine Judy mit sechzehn Monaten kaufte, litt sie unter fast chronischem Durchfall, wurde nur mit weichgekochter Nahrung gefüttert und mußte zu jeder Mahlzeit ein Medikament einnehmen. Ich stellte sie ganz allmählich auf eine ausgewogene Rohkost um und heute hat sie eine wunderbar funktionierende Verdauung, ohne daß sie irgendwelche Arzneien nötig hat. Sie frißt nur soviel, wie sie mag und ich lasse ihren Futternapf bis zu vier Stunden stehen, so daß sie bei Bedarf auch in Etappen fressen kann. Was dann nicht aufgefuttert ist, wird weggeschüttet, damit es nicht säuert.

Im allgemeinen enthält das Futter schon einen großen Teil der Feuchtigkeit, die der Hund braucht. Trotzdem sollte jederzeit frisches Wasser für den Hund bereitstehen. Wird das Tier mit Trockenfutter gefüttert, braucht es natürlich noch sehr viel mehr Wasser. Normales, kaltes Leitungswasser sollte das Standardgetränk sein. Schaden kann es zwar nicht, abgekochtes Wasser zu verwenden, aber es wird in der Regel unnötige Mühe sein, es sei denn, es handelt sich um einen sehr anfälligen Hund. Ist das Tier krank, vor allem im Magen-Darmtrakt, ist sehr dünner Kamillentee oder schwarzer Tee, der mit Honig oder Traubenzucker leicht gesüßt wird, das richtige Getränk. Vor allem bei Durchfall habe ich mit der Gabe von reinem Karottensaft, wie er für Babies in kleinen Fläschchen angeboten wird, die besten Erfahrungen gemacht. Die Barthaare von Bobtails sind danach allerdings leicht rot gefärbt und wenn so ein Bursche zwei Tage lang nur Karottensaft getrunken hat, hat er noch einige Tage lang rötlich angehauchten Bartflaum. Der Gesundheit zuliebe sollte man das aber hinnehmen.

Mit dem Verfüttern von kleinen Mengen gekochten Gemüses erreicht man, daß das Tier bei seiner überwiegend säurebildenden Eiweißnahrung ein alkalisches (basenbildendes) Gleichgewicht erhält, und nicht darauf angewiesen ist, seine Basen aus stark alkalischen Dingen wie Kot oder Aas zu beziehen. Schon mancher frischgebackene Hundebesitzer war erschüttert, als er bemerkte, daß sein Hund den eigenen Kot oder den fremder Lebewesen fraß und hielt das für eine Unart, die dem Tier schleunigst abgewöhnt werden müsse, ohne zu erkennen, daß der Hund lediglich ein wichtiges Bedürfnis auf die ihm im Augenblick mögliche Weise stillte. Wenn ein Hund, dem Gemüse und Gras zur Verfügung stehen, trotzdem noch Kot oder Aas frißt, kann man sich vom Tierarzt eine moorhaltige Flüssigkeit besorgen, die unter das Trinkwasser gemischt wird und so das – meist nur zeitweilige und bald vorübergehende – Bedürfnis des Hundes nach alkalischem „Schmutz" stillt.

Umstritten ist, ob man Hunden Salz geben soll oder nicht. Man übertrug früher die Erkenntnis auf den Hund, daß beim Menschen zu hoher Salzgenuß zur Nierenentzündung und letztlich zur Ödembildung führen kann. Inzwischen weiß man jedoch, daß es beim Hund anders ist. Man sollte dem Tier also ruhig ab und zu sehr geringe Mengen von Kochsalz geben, aber nicht zuviel, da Salz das Wasser im Körper bindet und der Hund kaum Schweißdrüsen besitzt, um es wieder auszuscheiden. Er „schwitzt" hauptsächlich mit der Zunge. Das erklärt das starke Hecheln mit heraushängender Zunge bei

Hitze. Im Sommer sollte man also ab und zu etwas Salz an das Fressen geben, das darüber hinaus ja auch einen anderen Geschmack bekommt, denn auch Hunde lieben die Abwechslung. Wird im Sommer weniger gefressen und dafür mehr Wasser getrunken, sollte man den Hund gewähren lassen. In diesem Fall empfiehlt es sich, etwas Traubenzucker zum Wasser zu geben, um dem Tier so mehr Nährstoffe und Vitamine zuzuführen.

Wir waren gerade dabei, daß Hunde Abwechslung lieben, und das trifft sicher für die meisten zu. Es geht hier aber nicht nur um die reine Abwechslung, sondern darum, daß ab und zu wechselnde Kost auch die Gewißheit bietet, das Tier ausgewogen und richtig zu ernähren. Ist man dagegen Besitzer einer Bobtail-Persönlichkeit, die Tag für Tag dasselbe auf ihrem Speisezettel wünscht, sollte man auch das akzeptieren und lediglich die Beigaben variieren, um so eine ausgewogene Ernährung sicherzustellen. Vorsicht ist allerdings bei der dauernden Gabe von Innereien wie Rinderherz, Leber und Nieren geboten. Diese bilden auf die Dauer Harnsäure, die die Bildung von Nierensteinen begünstigt. Auch, wenn diese Innereien Leib- und Magenspeise sind, sollten sie ab und zu durch anderes Fleisch ersetzt werden, etwa durch Muskelfleisch, Pferdefleisch, Köpfe und vor allem auch Pansen, möglichst, wenn er ungewaschen ist, obwohl er dann fürchterlich stinkt und in der Stadtwohnung eine Zumutung ist. Auch Gurgel oder Schlund sind sehr beliebt, weil sie sehr viel „Biß" haben. Euter kann ebenfalls auf dem Speisezettel stehen. Nährstoffarmes Fleisch, hauptsächlich Lunge, sollte nur kurze Zeit verfüttert werden, wenn der Hund ein bißchen abnehmen muß, auf dem normalen Speiseplan ist es unangebracht und reiner Ballaststoff. Wer Leber verfüttert, darf nicht erschrecken, daß sie einen sehr dunklen, schwarzen Kot verursacht. Hirn sollte nur in kleinen Mengen gegeben werden, da es sehr viel Cholesterin enthält.

Oft wird Fisch als Abwechslung gern akzeptiert, aber er sollte ungesalzen und vor allem grätenlos sein, am besten also Filet, was aber auf die Dauer ein teurer Spaß ist, vor allem beim Appetit eines Bobtails. Als Leckerei zwischendurch kann man aber den preiswerteren Trockenfisch geben. Für nierenkranke Hunde ist Fisch sehr empfehlenswert, da er wenig Eiweißschlacken bildet.

Knochen sind als Hundefutter ungeeignet, sie sollten nur den Zweck haben, daß der Hund zwischendurch etwas zu knabbern hat und beschäftigt ist. Beim Junghund erleichtern sie das Zahnen und den Zahnwechsel, obwohl Büffelhautknochen die gleichen Dienste tun. Wenn schon Knochen gegeben werden, dann roh und von Jungtieren, am besten vom Kalb mit möglichst viel Knorpel daran. Markknochen sind sehr beliebt, sollten dem Hund aber weggenommen werden, sobald er das Mark (Vorsicht, sehr fett!) aus der Mitte ausgeleckt hat, da der Knochen selbst zu hart zum Kauen ist. Röhrenknochen, besonders die von Geflügel, splittern und haben schon viele bösartige Verletzungen von Magen und Darm verursacht. Übermäßiger Knochengenuß führt überdies zu hartem, trockenem weißlichem Kot, der sogar Dickdarmverstopfung verursachen kann. Neben den bereits erwähnten inneren Verletzungen von Magen und Darm kann es auch zu Darmverschluß und Hämorrhoiden kommen. Feine Knochensplitter können sich auch schon im Zahnfleisch festsetzen und zu harte Knochen das ganze Gebiß schädigen. Knochen sollten also, so sehr sie geliebt werden, selten gegeben werden. Knochenfressende Bobtails haben oft ganz verkrustete Vorderpfoten vom Festhalten ihrer Schätze. Hier kann man Abhilfe schaffen, indem man aus alten Strümpfen eine Art Gamaschen zurechtschneidert, die man dem Hund überzieht. Die Füßlinge werden abgeschnitten und die verbliebenen „Röhren" über die Beine gestreift, so daß gerade noch die Ballen freibleiben, sonst rutscht das Tier beim Laufen auf glattem Boden aus. Bei Bobtails, die mit sehr weichem Kot ihr Fell beschmutzen, kann man versuchen, den Kot zu verfestigen (aber nicht bis hin zur Verstopfung!), indem man zu jedem Fressen einen weichen kleinen Kalbsknochen, etwas Knorpel oder einen Löffel Knochenmehl gibt.

Ab und zu weiß jeder Bobtail ein Stück Käse hoch zu schätzen, es sollte allerdings eine milde Sorte sein.

Für Bobtails, die oft im Freien sind, gilt in bezug auf rohe Knochen dasselbe wie für rohes Fleisch: wenn sie vergraben werden und nach Tagen in stinkendem Zustand wieder ausgebuddelt und gefressen werden, ist das keineswegs schädlich, sondern eine Gaumenfreude für den Hund, die man ihm gönnen sollte. Auch „Bruder Wolf" verscharrt seine Beutetiere, wenn er sie in einer Mahlzeit nicht auffressen kann und gräbt sie bei Bedarf wieder aus, um sich an ihnen gütlich zu tun. Für unsere menschlichen Nasen riecht das Ganze zwar entsetzlich, aber es handelt sich hier keineswegs um verdorbenes Fleisch, das dem Vierbeiner schaden könnte, es ist in der Erde vielmehr gereift wie etwa alter Käse. Schädlich für den Hund ist lediglich gekochtes Fleisch, das alt und verdorben ist.

Wurst sollte der Hund nicht bekommen, da sie im allgemeinen zu sehr gewürzt ist. Eine Ausnahme ist sparsam gewürzte Blutwurst, die stark eisenhaltig und damit blutbildend ist.

Das Futter sollte immer etwa Körperwärme haben. Wenn es zu heiß ist, verbrennt sich der Hund die sehr empfindliche Zunge, ist es zu kalt, muß es im Magen erst auf Körpertemperatur erwärmt werden, bevor die Verdauung einsetzt. Daher sollte nichts verfüttert werden, was gerade aus dem Kühlschrank kommt, und eingefrorenes Fleisch muß gut aufgetaut sein. Wasser, Brühe oder Milch zum Anrühren des Futters und Befeuchten der Hundeflocken muß leicht erwärmt sein.

Ich selbst halte nicht viel von Fertignahrung für Hunde, wer sie jedoch verwenden will, braucht kein schlechtes Gewissen zu haben. Das Futtermittelgesetz ist in vielen Bereichen strenger als unser Lebensmittelgesetz und zumindest guten Markenprodukten kann man unterstellen, daß sie voll den Bedürfnissen des Vierbeiners gerecht werden. Wer sich über die Qualität verschiedener Marken unterrichten will, wende sich an die Verbraucherzentralen oder an Zeitschriften, die verschiedene Produkte testen und bewerten. Ein Nachteil der Fertignahrung beim Bobtail ist zweifelsohne der Preis, denn von einer Dose wird ein Bobtail nicht satt. Zwar kann man Dosenfutter noch ein bißchen mit Hundeflocken „strecken", aber übertreiben darf man nicht, sonst bekommt der Hund zuviel Ballaststoffe. Manchmal kann man in Supermärkten preiswerte Sonderangebote einkaufen, wobei man allerdings auf das Verfallsdatum achten muß. Neben der Dosennahrung als sogenanntes Naßfutter gibt es noch das Trockenfutter. Es ist besonders haltbar und im allgemeinen entsprechen 150 Gramm einem Pfund Dosenfutter. Manche Hunde sind nicht dazu zu bringen, Trockenfutter anzurühren, andere wiederum vertragen es nicht oder reagieren auf die Umstellung mit anhaltendem Durchfall. Vergeht der Durchfall nach einigen Tagen nicht, sollte man vom Trockenfutter Abstand nehmen. Hat man dagegen Erfolg, muß zumindest bei der Trockenfütterung immer genügend Wasser vorhanden sein, da der Hund beim Fressen ja kaum Flüssigkeit aufnimmt. Ich bin sowieso der Meinung, daß dem Tier immer Wasser zur Verfügung stehen sollte; es ihm sogar bei Trockenfütterung nur ab und zu portionsweise anzubieten, halte ich für barbarisch.

Das Verweigern von Futter ist ohnehin ein Kapitel für sich. Es gibt auch unter Bobtails sehr mäkelige Esser, obwohl das meist eine Erziehungsfrage ist. Ein Bobtail, der von klein auf an regelmäßige Essenszeiten und etwas abwechslungsreiche Kost gewöhnt ist, ohne zwischendurch mit Leckerbissen verwöhnt zu werden oder erfolgreiches Betteln am Familieneßtisch zu praktizieren, wird kaum Probleme machen. Wer seinen „Old English" aber einmal mit puren Steaks, Tartar und anderen Schlemmereien verwöhnt hat, ihn bei allen Gelegenheiten mit Leckereien vollstopft und womöglich noch mit der Hand bröckchenweise alle Herrlichkeiten hinreicht, darf sich nicht wundern, wenn dieser es fortan als unmögliche Zumutung empfindet, aus einem einfachen Napf so banale Sachen wie Pansen und gar Gemüse fressen zu sollen.

Bei einem Rüden, der normalerweise gut frißt, kann Liebesdurst vorübergehend appetithemmend wirken. Ist eine läufige Hündin in der Nachbarschaft, hat der Romeo anderes im Sinn, als sich den Bauch vollzuschlagen. Die Versäumnisse holt er aber sicher mit gutem Appetit wieder auf, wenn die Angebetete ihre Hitze beendet hat.

Helfen bei andauernder Freßunlust auch ausgedehnte Spaziergänge und viel Bewegung nicht, und treten gar Erbrechen, Durchfall oder Verstopfung auf, muß der Tierarzt befragt werden.

Das andere Extrem ist der Hund, der beim Fressen kein Maß kennt. Es gibt Rassen, bei denen die sogenannte Hungerschwelle weggezüchtet wurde, wie z.B. beim Cocker Spaniel. Manche Cocker fressen und fressen, erbrechen sich und fressen wieder weiter und viele, vor allem ältere Hunde dieser Rasse sind total überfettet. Beim Bobtail, der noch kaum gravierenden züchterischen Eingriffen erlegen ist und (noch) nicht zu den hoch- und überzüchteten Rassen gehört, dürfte dies aber kaum zutreffen. Bei ihm deutet zu großer Appetit ebenfalls auf eine Krankheit hin, und der Hund sollte dem Tierarzt gezeigt werden.

Ist er schon zu dick geworden und trägt eine tüchtige Fettschicht auf den Rippen, sollte man so früh wie möglich mit einer allmählichen und vernünftigen Schlankheitskur beginnen. Wie beim Menschen sind auch hier Radikalkuren ungesund, und beim Hund darüber hinaus noch grausam, da er ja nicht verstehen kann, worum es geht und schlicht unter seinem Hunger leidet. Wie der Mensch nimmt auch der Hund ab, wenn die Kalorienzufuhr gedrosselt wird. Auch hier halte ich das völlige Fasten an einem Tag in der Woche für unangebracht. Besser ist es, dem Tier konstant weniger zu fressen zu geben, zunächst einmal etwa zehn Prozent weniger und noch konsequenter als sonst jegliche Leckerei nebenher einzustellen. Statt des wöchentlichen Fastentages kann allerdings ab und zu ein Tag eingelegt werden, an dem es nur Sauermilch mit eingebrocktem Hundekuchen gibt, das regt den Stoffwechsel an und beschleunigt den Fettabbau. Wasser sollte jedoch auch bei der Abmagerungskur immer vorhanden sein, es sei denn, der Hund stürzt sich nun mit übertriebener Gier darauf. Dann sollte es –

in Maßen – rationiert werden.

Übertriebenes Fressen und Trinken kann jedoch – wie auch beim Menschen – Zeichen einer Neurose oder eines nervösen Spannungszustandes sein. Hier muß sich der Besitzer fragen, ob er etwas falsch macht und gegebenenfalls versuchen, diesen Zustand zu ändern, um dem Hund ein ruhiges, ausgeglichenes Dasein zu verschaffen. Das erfordert sehr viel Geduld, Selbstbeherrschung und zunächst einmal Selbstkritik. Aber ein Bobtail, der sichtlich glücklich und zufrieden ist, ist der schönste Lohn dafür.

Grundsatz muß sein, daß der Hund nach dem Fressen Ruhe braucht. Dreht er von selbst erst noch ein paar Runden, läßt man ihn gewähren. Früher oder später rollt er sich zum Verdauungsschläfchen zusammen. Keinesfalls darf er jedoch zur Bewegung nach dem Fressen gezwungen werden. Im allgemeinen sollte der erwachsene Hund seine Mahlzeit abends erhalten. So kann er während der Nacht verdauen. Morgens zu füttern ist eine schlechte Lösung, weil der Hund nach der Nacht kaum Hunger hat, aber dagegen am Abend, wenn er sich den ganzen Tag über bewegt hat, ein großes Bedürfnis nach Nahrung haben wird. Die Düfte, die ihm dann mittags und abends vom Familieneßtisch her in die Nase wehen, sind so besonders schwer zu ertragen.

Es ist ein häufig betriebener Unfug, daß komplizierte Rezepte für ganze Hundemenüs aufgestellt werden. Wer Zeit und Lust hat, mag „Leberspätzle Bonzo" kochen oder seinem Liebling „Bobbies Schinkensülze" oder „Lumpis Spezialschmarrn" servieren, ich ziehe es vor, in den Futternapf von dem, was hineinsoll, das zu tun, was gerade da ist und renne nicht extra zum Kaufmann, um Eier zu kaufen oder gerade heute frische Leber zu bekommen – und trotzdem wird bei uns der Napf in aller Regel eifrig leergefressen. Daher werde ich im folgenden auch keine Spezialrezepte für Hundemahlzeiten angeben, sondern lediglich den Futterplan, nach dem die bekannte deutsche Bobtailzüchterin Cornelia Abicht ihre Hunde aufzieht.

8. – 12. Woche

7.30 Uhr	1/4 Liter warmes Wasser, 6 gestrichene Eßl. Ipevet-Milchpulver, 1 Handvoll Matzingerflocken
11.00 Uhr	1 Scheibe Toastbrot in ca. 1x1 cm große Würfel schneiden, 1 Eßl. Kalk, 1 Teel. Öl, abwechselnd Seetang oder Vitaminhefe, 1/4 Teel. Multivitamine, 1 Teel. Welpi-sal (Mengenangabe auf dem Etikett beachten), 1/2 Becher Sahnejoghurt, 2 Eßl. Ipevet-Milchpulver, 250–350 gr. grünen, klein geschnittenen Pansen, 1 Handvoll Royal Canin, alles mit warmem Wasser gut verrühren. 3–4 mal die Woche 1 Eigelb 3–4 mal die Woche etwas Wurzelsaft
14.30 Uhr	wie 7.30 Uhr
18.00 Uhr	wie 11.00 Uhr
21.30 Uhr	wie 7.30 Uhr

3. – 6. Monat

7.30 Uhr	1/2 Liter Ipevet-Milch, 1 Eßl. Traubenzucker, 2 Handvoll Matzingerflocken
12.30 Uhr	2–3 Scheiben Toast, 2 Eßl. Kalk, 1 Eßl. Öl, 1 geh. Teel. Welpi-sal (bis zu 1 geh. Eßl. steigern), 1/2 Teel. Multivitamine, Seetang oder Hefe, 1 Becher Sahnejoghurt, 500–750 gr. grünen Pansen, 1 Handvoll Royal Canin, mit warmem Wasser mischen 3–4 mal die Woche 1 Eigelb
17.30 Uhr	wie 7.30 Uhr
20.00 Uhr	1–2 Hundekuchen, Wasser Zwischen den Mahlzeiten reichlich Wasser anbieten.

6. – 12. Monat

7.30 Uhr	1 Brötchen mit Leberwurst, Wasser

12.30 Uhr	Wie sonst Hauptmahlzeit, evtl. Pansen bis zu 1 kg steigern, Welpi-sal auf Eßl. erhöhen, Wasser
17.30 Uhr	Hundekuchen, Wasser

Ab 1 Jahr reduzieren Sie den Pansen langsam auf 250–500 gr., da zuviel Fleisch dem Fell schadet. Füttern Sie nie Schwarz- oder Graubrot. Falls der Hund bei der guten Ernährung zu dick wird, reduzieren Sie die Mengen etwas. Normalerweise frißt der ca. einjährige Bobtail von selbst weniger.
Nun schreibe ich Ihnen die Verwendung der Präparate und die Bezugsquellen auf:

Welpi-Sal, Mineralsalzmischung für das gesamte Wohlbefinden und für den Knochenaufbau. Von Büttner-Tierkost, 4359 Sythen bei Haltern, Tel. 02364/6456, oder Diethelm Baumjohann, Postfach, 4835 Rietberg 2, Tel. 05246/3296, oder Phillips Vetzyme
Vitaminhefe, für dichtes volles Fell und gegen alle Mangelerscheinungen, Büttner-Tierkost
Seetang, fördert die Pigmentbildung und die blaue Farbe des Felles, Büttner-Tierkost
Speiseöl, für guten festen Kot
Multivitamine, für Kondition und Fell. Baumjohann oder Büttner-Tierkost
Ipevet-Milchpulver, für Welpen. Tierhandlung oder bei Baumjohann
Royal Canin, (evtl. auch Vipromix), Fertigfuttermischung, Royalin GmbH, Grabenstr. 5, 5441 Monreal, Tel. 02651/461. Vipromix von Baumjohann.
Kalk, für den Knochenbau, Baumjohann, Apotheke oder Tierhandlung
Falls Sie zusätzlich noch etwas ganz besonderes für das Fell tun möchten, kann ich Ihnen Esbilac oder Fur-Ton empfehlen. Esbilac bekommen Sie bei Ludger Salm, In die Stuwdos 9, 4240 Emmerich. Fur-Ton von U. Martin, 7142 Marbach/Neckar 3.

Pansen dürfen Sie nur in grünem, ungewaschenem Zustand verfüttern. Der weiße, gewaschene Pansen hat kaum noch Nährwerte für Ihren Hund. Multivitamine sollten Sie ab 1 Jahr nur noch abwechselnd füttern. Kalk benötigt der erwachsene Hund nicht mehr.

Wollen Sie Ihrem Hund etwas Abwechslung im Futter geben, können Sie ihm ab und zu ein Suppenhuhn kochen. Ansonsten bekommt der Hund alles roh. Natürlich müssen Sie ihm vom Huhn alle Knochen entfernen, da diese Knochen sehr splitterig sind und den Magen verletzen können.

Nun folgt eine Tabelle, in der für die gängigsten Nahrungsmittel die Kalorienzahl angegeben ist. So kann der Bobtailbesitzer ausrechnen, was an Nährwerten in die Futterschüssel wandert, möge er nun Rindfleisch mit Äpfeln kombinieren oder Leber mit Reis und Spinat, das sei seine Sache oder vielmehr die seines Bobtails, denn der wird letztendlich entscheiden, was ihm schmeckt und sehr deutlich zeigen, wenn das nicht der Fall ist: er wird entrüstet schnaufen und sich demonstrativ von dem ihm angebotenen ,,Hundefraß" entfernen.

Die in der Tabelle angegebenen Werte beziehen sich auf jeweils 100 Gramm des genannten Nahrungsmittels. Angegeben wird der Gehalt an Eiweiß, Fett, mehrfach ungesättigten Fettsäuren, Kohlehydraten und Wasser. In der ersten Spalte ist grob zusammengefaßt, welche Nährstoffe hauptsächlich enthalten sind, dahinter findet sich die Angabe der in 100 Gramm enthaltenen Kalorien bzw. Joule, mit denen heute gerechnet wird. Die Abkürzungen besagen:

E	=	Eiweiß
F	=	Fett
K	=	Kohlehydrate
Kcal	=	Kalorien
Kj	=	Joule
M	=	Mineralstoffe
MuFS	=	mehrfach ungesättigte Fettsäuren
V	=	Vitamine

Nahrungsmittel pro 100 g	Reich an	Kcal	Kj	Eiweiß in g	Fett in g	MuFS in g	Kohlehydrate in g	Wasser in g
1. FLEISCH								
1.1 Rindfleisch								
Ganze Hälften – mager	E,F,M,V	198	832	18,8	13,7	0,5	–	66,0
– mittelfett	E,F,M,V	265	1113	17,5	21,7	0,8	–	60,0
– fett	E,F,M,V	323	1357	16,3	28,7	1,0	–	55,0
Reines Muskelfleisch	E,M,V	122	512	21,3	4,1	–	–	73,3
Hackfleisch	E,F,M	296	1243	18,8	24,5	–	–	53,5
Herz	E,M,V	124	521	16,8	6,0	0,2	0,6	75,5
Leber	E,M,V	137	575	19,7	3,8	0,7	5,9	69,9
Lunge	E,M,V	98	412	18,1	2,9	–	–	77,5
Niere	E,M,V	116	487	5,1	5,1	–	0,9	76,1
Zunge	E,F,M,V	209	878	15,9	15,9	0,2	0,4	66,8
Hochrippe	E,F,M,V	223	937	18,6	16,5	–	–	63,7
Kamm (Hals)	E,M,V	133	559	19,4	6,2	–	–	73,0
1.2 Kalbfleisch								
Ganze Hälften – mager	E,M,V	92	386	20,7	1,0	–	–	76,9
– mittelfett	E,M,V	111	466	20,4	3,3	0,2	–	75,0
– fett	E,M,V	138	580	20,0	6,5	0,5	–	72,2
Reines Muskelfleisch	E,V	101	424	21,9	1,5	–	–	75,1
Herz	M,V	121	508	12,2	7,6	0,5	1,0	78,3
Leber	E,M,V	124	521	18,0	4,0	0,6	4,0	72,0
Lunge	E,M,V	90	378	17,5	2,0	–	–	79,2
Niere	E,M,V	128	538	16,7	6,4	0,2	0,8	75,0
Zunge	E,M,V	128	538	17,1	6,2	–	0,9	76,4

1.3 Hammelfleisch								
Ganze Hälften – mager	E,F,M,V	185	777	18,2	12,5	0,5	–	69,0
– mittelfett	E,F,M,V	303	1273	16,4	26,4	1,1	–	56,3
– fett	E,F,V	403	1693	13,0	39,0	1,6	–	46,4
Herz	E,V	157	659	16,8	10,0	0,4	–	72,0
Leber	E,M,V	121	508	21,2	4,0	–	–	71,4
Lunge	E,M,V	94	395	18,4	2,3	–	–	78,0
Zunge	E,F,M,V	187	785	13,5	14,8	–	–	69,2
1.4 Sonstiges								
Huhn	E,M,V	133	559	20,6	5,6	1,2	–	72,7
Pferdefleisch	E,M,V	109	458	20,6	2,7	–	0,6	75,1
Schaffleisch	E,F,V	221	928	17,6	16,6	–	0,3	63,9
Blutwurst (Rotwurst)	F,M	452	1898	14,0	44,0	4,0	–	42,0

Schweinefleisch ist nicht für die Hundeernährung geeignet.

2. FISCH								
Kabeljaufilet	E,M,V	68	286	17,0	0,3	–	–	–
Rotbarschfilet	E,M,V	105	441	18,2	3,6	0,4	–	76,9
Schellfisch	E,M,V	72	302	17,9	0,1	–	0	80,8
Scholle	E,M,V	76	319	17,1	0,8	–	0	80,7
3. GETREIDEERZEUGNISSE								
Haferflocken	E,K,M,V	402	1680	14,0	7,0	3,0	66,0	10,3
Hirsekörner	E,K,M,V	382	1604	10,6	3,9	–	71,0	12,1
Mais, Korn	E,K,M,V	355	1491	9,2	3,8	1,6	71,0	12,5

Nahrungsmittel pro 100 g	Reich an	Kcal	Kj	Eiweiß in g	Fett in g	MuFs in g	Kohlehydrate in g	Wasser in g
3. **GETREIDEERZEUGNISSE** (Fortsetzung)								
Roggenkorn	E,K,M,V	338	1420	11,6	1,7	–	69,0	13,7
Weizenkorn	E,K,M,V	342	1436	11,7	2,0	–	69,3	13,2
Weizengrieß	K	350	1470	10,3	0,8	–	75,3	13,1
Reis gekocht	E,K,M,V	106	445	2,0	0,2	0,1	24,0	73,0
Roggen-Vollkornbrot	E,K,M,V	226	949	7,3	1,2	–	46,4	42,0
Weizen-Vollkornbrot	E,K,M,V	229	962	8,0	1,0	–	47,0	41,7
Sojabohnen	E,F,M,V	418	1756	37,0	18,0	10,9	27,0	8,5
Sojamehl halbfett	E,M,V	380	1596	43,4	6,7	–	36,6	8,0
Sojamehl vollfett	E,F,M,V	440	1848	37,3	20,6	12,1	26,4	9,1
Zwieback	K	380	1596	10,0	4,0	–	76,0	8,5
Bierhefe		355	1491	48,0	1,3	–	38,0	7,5
4. **GEMÜSE**								
Blumenkohl, gekocht	M,V	23	96	2,1	0,2	–	3,2	93,0
Erbsen, gekocht	M,V	68	285	5,4	0,5	–	10,4	81,5
Kartoffeln, gekocht	M,V	72	301	1,9	–	–	16,0	78,0
Knollensellerie, gekocht	M	33	138	1,4	0,3	–	6,1	90,0
Kohlrabi, gekocht	M,V	25	105	1,7	0,1	–	4,3	92,2
Kohlrübe, gekocht	V	34	142	0,9	0,2	–	7,1	90,2
Möhren, gekocht	M,V	30	126	0,9	0,2	–	6,1	91,2
Rote Beete, gekocht	M	31	130	1,1	0,1	–	6,4	90,9
Spinat, gekocht	M,V	27	113	3,0	0,3	–	3,0	92,0
Zuckermais	M,V	103	431	3,0	1,2	–	20,0	74,2

5. OBST								
Äpfel		57	238	0,3	0,4	–	13,1	85,2
Aprikosen	M,V	55	230	1,0	0,2	–	12,3	85,3
Bananen	M,V	96	402	1,1	0,2	–	22,5	74,8
Birnen		60	251	0,6	0,4	–	13,4	83,8
Brombeeren	V	49	205	1,2	1,0	–	8,7	84,6
Erdbeeren	V	37	155	0,8	0,5	–	7,3	89,7
Heidelbeeren	V	63	264	0,7	0,6	–	13,7	84,1
Himbeeren	M,V	46	192	1,3	0,4	–	9,3	84,4
Johannisbeeren	M,V	45	188	1,1	0,2	–	9,7	84,7
Kirschen	M,V	72	301	1,1	0,4	–	16,1	81,6
Mirabellen	M	67	280	0,7	0,2	–	15,5	82,4
Pfirsiche	M,V	43	180	0,7	0,1	–	9,8	88,3
Pflaumen	M	67	280	0,6	0,1	–	16,0	82,4
Stachelbeeren		38	159	0,8	0,2	–	8,3	88,1
Weintrauben		73	305	0,7	0,3	–	16,9	81,3
6. MILCHPRODUKTE UND EIER								
Trinkmilch 3,5% Fett	E,F,M,V	64	269	3,3	3,6	0,1	4,7	87,7
Trinkmilch 1,5% Fett	E,M,V	47	197	3,4	1,6	0,1	4,7	89,6
Joghurt 3,5% Fett	E,F,M	68	286	3,9	3,8	0,1	4,6	87,0
Joghurt 1,5% Fett	E,M	48	202	3,6	1,6	–	4,7	89,4
Quark 40% Fett i.Tr.	E,F	171	718	12,0	12,1	0,3	3,5	71,8
Quark 20% Fett i.Tr.	E	118	496	12,6	4,9	0,1	6,0	75,7
Edamerkäse 45% Fett i.Tr.	E,F,M,V	369	1550	24,8	28,3	–	3,9	39,0
Emmentaler 45% Fett i.Tr.	E,F,M,V	398	1672	27,4	30,5	0,9	3,4	34,9

Nahrungsmittel pro 100 g	Reich an	Kcal	Kj	Eiweiß in g	Fett in g	MuFs in g	Kohlehydrate in g	Wasser in g
6. MILCHPRODUKTE UND EIER (Fortsetzung)								
Goudakäse 45% Fett i.Tr.	E,F,M,V	384	1613	25,5	29,2	–	4,7	36,4
1 Hühnerei, 48 Gramm, Gew.Kl. 6	V	75	315	6,1	5,5	1,1	0,4	35,5
1 Eidotter, 17 g		60	252	2,8	5,4	1,1	0,1	8,5
7. FETTE UND ÖLE								
Butter	F,V	754	3167	0,7	83,2	2,7	0,7	15,3
Gänseschmalz	F	900	3780	–	100,0	10,0	0	–
Hammeltalg	F	747	3137	3,9	81,3	3,3	0	14,7
Rindertalg	F	872	3662	0,8	96,5	3,3	0	2,0
Schweineschmalz	F	898	3772	0,1	99,7	10,0	0	0,2
Lebertran	F	898	3772	–	99,8	–	0	–

Es hätte zu weit geführt, in der Tabelle noch den Gehalt an Mineralstoffen und Vitaminen aufzuführen. In der ersten Spalte wurde daher nur aufgeführt, an welchen Stoffen das genannte Nahrungsmittel besonders reich ist.

Wer Hundeernährung hochwissenschaftlich betreiben will, kann genauere Werte den handelsüblichen Nährwerttabellen entnehmen, die im Rahmen der Literaturfülle zur Schlankheitsdiät angeboten werden. In einigen Fällen dürfen die Empfehlungen, die dort für Menschen angegeben sind, nicht ohne weiteres auf den Hund übertragen werden, dessen Verdauungssystem ja anders arbeitet. In Zweifelsfällen wird jeder Tierarzt gern Auskunft geben.

Ein Strich in der Tabelle bedeutet, daß keine genauen Zahlen bekannt sind. Der Wert 0 besagt, daß das entsprechende Nährmittel überhaupt nicht oder nur in sehr geringem Maße enthalten ist.

Ein normal beanspruchter Bobtail frißt täglich insgesamt etwa 1400 Gramm und braucht ungefähr 1700 Kalorien bzw. 7116 Joule. Diese Menge wird reduziert, wenn er sich sehr wenig bewegt, und erhöht, wenn er sehr viel leisten muß.

Zum Kapitel Ernährung gehört auch die Gewichtskontrolle. Beim Junghund ist sie noch sehr einfach: man wiegt sich selbst einmal allein und einmal mit dem Hund auf dem Arm. Die Differenz ergibt das Gewicht des kleinen Bobtails. Einen ausgewachsenen Bobtail auf den Arm zu nehmen dürfte ein recht aussichtsloses Unterfangen sein. Und selbst wenn es klappt, kann es sein, daß die Personenwaage nicht mehr mitspielt. Wenn man keine Möglichkeit hat, das Tier ab und zu auf einer großen Waage zu wiegen (etwa einer Paketwaage oder einer der großen, alten Personenwaagen, wie sie auf manchen Bahnhöfen noch stehen, und auf denen der Bobtail zumindest sitzen kann), muß man versuchen, mit einer normalen Personenwaage und einem Brett zu operieren. Das Brett wird wie eine Wippe auf die Waage gelegt und der Bobtail muß dazu gebracht werden, auf das Brett zu steigen und im Gleichgewicht so lange ruhig zu stehen, bis man das Gewicht ablesen kann. Das Ganze ist jedoch eine sehr wacklige Angelegenheit, und man darf es dem Bobtail keinesfalls übelnehmen, wenn er es nicht sehr schätzt, auf dieser unsicheren Unterlage herumzubalancieren. Ab und zu ist der Gang auf die Waage aber einfach nötig, denn das Abtasten auf Fettpölsterchen allein ist doch recht unsicher und ungenau.

Unter dem Thema Fressen sollte man auch kurz das Gegenteil abhandeln: normaler Hundekot ist braun, weich und wurstförmig. Die Farbe und die Konsistenz ändert sich teilweise aber in Abhängigkeit vom Gefressenen. Zum Beispiel verursacht Leber einen sehr dunklen, übermäßiger Knochengenuß dagegen einen harten, weißlichen Kot.

Leidet das Tier unter Verstopfung, hilft oft ein Löffel Lebertran oder Paraffinöl besser als jedes Medikament. Tritt Durchfall auf, wird zunächst einmal gefastet, reichlich zu trinken angeboten und erst am nächsten Tag mit leichtverdaulicher Kost begonnen, bevor zum normalen Fressen zurückgekehrt wird. Genaueres wird unter dem Stichwort Durchfall im Kapitel über die häufigsten Hundekrankheiten gesagt.

Findet sich Blut im Kot, kann das ein Hinweis auf innere Verletzungen durch Knochensplitter sein. Dann dürfen keine Knochen mehr gegeben werden. Sind solche Splitter nicht als Ursache anzusehen, muß unverzüglich der Tierarzt aufgesucht werden. Man bringt ihm möglichst gleich eine Probe des blutigen Kots mit, damit er ihn untersuchen kann. Ebenso unerläßlich ist der Gang zum Tierarzt, wenn der Hund sich über längere Zeit hinweg nicht löst, obwohl er normal gefressen hat. Das kann unter anderem auf Darmverschluß hinweisen oder auf eine andere Krankheit, die eine sofortige, fachgerechte Behandlung erfordert.

Bei Bobtails mit ihrem langen Fell kommt es manchmal vor, daß die Haare um den After herum verkleben und den Ausgang versperren. Wenn der Hund sich spannt und drückt, und es kommt nichts, kann das diesen einfachen Grund haben. Eine ausgiebige Dusche und das vorsichtige Lösen der verklebten Haare mit einem grobzinkigen Metallkamm schaffen hier Abhilfe.

7. Die Pflege des Bobtails

Es kann nicht oft genug gesagt werden, daß der Bobtail ein sehr pflegeintensiver Hund ist. Wer einen prächtigen Bobtail mit gepflegtem Fell haben will, muß dafür einiges tun – und zwar regelmäßig und sorgfältig. Man muß täglich fünf Minuten für eine schnelle Morgentoilette und einmal wöchentlich etwa zwei Stunden für eine ausgiebige Fellpflege einplanen. In dieser Zeit sollte man möglichst ungestört sein und sich ausschließlich mit dem Hund beschäftigen. So können die Pflegestunden zu einem kostbaren Erlebnis zwischen Herrn und Hund werden, und der Hund wird es genießen, daß sein Herr sich ihm so intensiv zuwendet. Damit der Bobtail die unumgängliche Pflege so intensiv erleben kann, sollte man den Welpen schon früh spielerisch an Kamm und Bürste gewöhnen.

Die Pflege wird für Herrn und Hund umso einfacher sein, wenn sie regelmäßig praktiziert wird und der Bobtail zwischendurch nicht so sehr verkommt, daß das Entfernen von Filzstellen schmerzhaft und unangenehm wird. Kämmen und Bürsten ist unumgänglich und es lohnt sich wirklich, diese Prozeduren dem Hund so angenehm wie möglich zu machen, denn ein Bobtail, der sich willig und gern kämmen läßt, ist für den Pflegenden viel einfacher als einer, der sich beim Anblick der Bürste verschreckt in die Ecke drückt und dann verkrampft und oft auch widerborstig alles über sich ergehen läßt. Einen Bobtail zu bürsten, der sich dagegen sträubt, ist ein Kunststück, das man nicht bewerkstelligen kann, wenn nicht mindestens eine zweite Person dabei ist, die den Hund festhält. Durch solche, fast schon gewaltsame Pflegeerlebnisse wird das Tier nur noch mehr verängstigt und wird sich immer verzweifelter wehren. Dagegen ist es eine helle Freude, einen Bobtail zu bürsten, der sich willig hinlegt, umdreht, die Pfoten hinreicht und entspannt still liegt. Ich habe mir angewöhnt, meine Bobtails morgens vor dem ersten Gassigehen kurz überzubürsten, damit das Fell wieder locker und durftig fällt und bisher kam noch jeder freudig angesaust, wenn er sah, daß ich die Bürste in der Hand hatte. Die Bürste signalisierte somit gleich zwei positive Aspekte: eine angenehme Körpermassage und die Aussicht auf das anschließende Spazierengehen.

Den Welpen gewöhnt man ganz allmählich an die Bürste, indem man sie ihm zunächst einmal als seinen „Privatbesitz" zum Spielen überläßt. Wegen der Verletzungsgefahr darf auf keinen Fall eine Drahtbürste genommen werden, sondern eine mit mittelharten Borsten und einem möglichst massiven Holzgriff. Wenn sie herumgeschleppt und bekaut wird, leidet sie zwangsläufig, daher braucht es nicht gleich eine teure Luxusausführung zu sein, sie dient ja primär erst einmal zum Üben. Nachdem sie, wie zum Beispiel Bälle und Kauknochen, als Spielzeug akzeptiert worden ist, um das man raufen kann, das mit großer Aufregung und viel Geknurre bekämpft werden kann, das sich herumtragen und schütteln läßt, bringt man beim Spielen ab und zu ein paar sanfte Bürstenstriche an, am besten, wenn der kleine Bursche schon ausgetobt und müde ist, er wird die leichte Massage sicher genießen und wohlig über sich ergehen lassen. Allmählich geht man dann dazu über, vor dem ersten morgendlichen Spaziergang regelmäßig das Fell leicht überzubürsten, so daß es dem Bobtail zur routinemäßigen Selbstverständlichkeit wird. Das feine, kurze Babyfell hat das Bürsten zwar noch nicht unbedingt nötig, aber schaden kann es auch nicht und die Massage tut dem ganzen Organismus gut. Die zwei, drei Minuten, die man dazu täglich aufwendet, machen sich später mit Sicherheit bezahlt, wenn es darum geht, Fellpflege ernsthaft zu betreiben. Für den Bobtail ist das dann nur eine Fortführung einer altbekannten Gewohnheit und nicht eine plötzlich auftretende Tortur, die ihm Angst und Schrecken einjagt, weil sie ungewohnt ist und mitunter auch mal ein bißchen weh tun kann, wenn es aus Versehen ziept.

Der Welpe hat ein kurzes, seidenweiches Fell, und die Partien, die später grau werden, sind noch tiefschwarz. Es ist ganz unterschiedlich, wie schnell der Bobtail umfärbt und man kann auch schwer vorhersagen, ob sein Fell später relativ dunkel oder sehr hell werden wird. Um nach Möglichkeit ein schönes, mittleres Blaugrau zu erzielen, ist man in Züchterkreisen darauf bedacht, die Elterntiere so auszuwählen, daß sich die Grautöne ergänzen, man wird also in der Regel einen sehr hellen Bobtail gern mit einem dunkleren paaren.

Der Haarwechsel beginnt etwa zwischen dem dritten und achten Lebensmonat und mit etwa achtzehn bis vierundzwanzig Monaten hat der Bobtail seine endgültige Farbe angenommen. Meist beginnt das Umfärben am Nacken und an der Hinterhand. Dort färbt sich stellenweise das Haar zunächst am Ansatz heller, die Spitzen bleiben dunkel. Der Bobtail kann in dieser Phase leicht ein bißchen scheckig aussehen. Totes Haar, das sich in den Spitzen leicht bräunlich färbt, sollte stets sorgfältig entfernt werden, damit das neue nachwachsen kann und sich kein Filz bildet. Erfahrene Bobtailbesitzer können totes Haar sogar mit den Fingern auszupfen. Aber Vorsicht: wenn gesunde Haare dazwischenkommen, wird der Hund lebhaft protestieren, denn das tut ihm weh. Angebrachter ist es, den Kamm zu benutzen. Zum Pflegeset gehören in dieser Zeit eine Bürste mit kräftigen Nylonborsten, eine mit Drahtborsten, die aber vorne unbedingt abgerundet sein müssen, damit sie die Haut nicht verletzen, ein grob- und ein etwas feinzinkigerer stabiler Kamm mit Holzgriff. Einmal in der Woche wird der ganze Hund sorgfältig mit der Nylonbürste durchgebürstet, die alles tote Haar und überflüssige Unterwolle mitnimmt. Filzknötchen und -matten werden vorsichtig zunächst mit den Fingern auseinandergezogen und dann mit dem grobzinkigen Kamm ausgekämmt. Dabei wird das Haar mit einer Hand am Ansatz festgehalten, damit die Haut nicht zu sehr gespannt wird und nicht zuviel gesundes Haar mit ausgeht. Nach dem Kämmen wird noch einmal mit der Nylonbürste übergebürstet, damit das Fell duftig fällt.

Verfilzte Stellen sollte man – wenn es irgend geht – immer auf die oben beschriebene Weise lösen und möglichst nicht zur Schere greifen; man sieht es nämlich sehr genau, wenn

Löcher in das Fell geschnitten sind. Wenn man frühzeitig mit der Fellpflege beginnt und sie regelmäßig betreibt, wird man keine Probleme mit Verfilzungen haben. Ist der Hund aber doch zu sehr verkommen, ohne daß man es so recht gemerkt hat, hilft nur das Scheren. Es ist ein Armutszeugnis für den Besitzer, wenn es so weit kommen muß, aber in diesem Fall ist es wirklich besser, wenn der Hund ein schönes Fell bekommen soll. Ich halte es für einen massiven Eingriff in die Persönlichkeit des Hundes, wenn man ihm sein Fell nehmen muß, es bleibt jedoch die einzige Möglichkeit, bei einem verfilzten Junghund dem nachwachsenden Erwachsenenfell Platz zu schaffen und die Bildung einer guten Unterwolle zu gewährleisten. Wer dann seinen Hund aber wieder verkommen läßt, der verdient es nicht, einen Bobtail zu besitzen, sondern sollte sich lieber gleich einen kurzhaarigen Hund zulegen oder ganz darauf verzichten. Wenn man nicht genug Zeit hat, die ganze Fellpflege selbst zu betreiben, sollte man den Hund wenigstens regelmäßig in einen Hundesalon geben. Das ersetzt zwar nicht ganz die sorgfältige Pflege zuhause, beugt aber zumindest einem völligen Verwahrlosen vor.

Am bequemsten für den Pflegenden ist es, wenn der Hund zum Bürsten auf einem Tisch liegt und er selbst im Sitzen arbeiten kann. Es muß aber ein großer, stabiler Tisch sein, der fest steht. Auch dann noch ist es mühsam, den Hund daran zu gewöhnen, hinaufzuspringen und sich still hinzulegen, und man muß sehr viel Geduld und liebevolles Zureden aufwenden. Nachdem man dem jungen Hund schon die Angst vor Kamm und Bürste genommen hat, wäre es schade zu riskieren, daß das Liegen auf dem Tisch ihm das Kämmen verleidet. Auch wird es in vielen Haushalten ein Problem sein, einen geeigneten Tisch aufzutreiben, wenn nicht gerade der Eßtisch dafür herhalten soll. Ich selbst setze mich daher immer zu dem Hund auf den Boden. Vielleicht ist das für mich etwas unbequemer, aber es macht mehr Spaß, wir haben beide mehr Bewegungsfreiheit, auch zum Schmusen zwischendurch, und der Hund ist sicher entspannter, als wenn er in ungewohnter Höhe auf einer beengten Fläche liegen müßte. Tut mir der Rücken zwischendurch wirklich einmal weh, stehe ich einfach für ein paar Minuten auf, und auch dem Bobtail ist eine Pause zwischendurch nicht unlieb.

Selbstverständlich kann man den Bobtail aber auch daran gewöhnen, sich zum Kämmen auf einen niedrigen Tisch zu stellen, damit man es selbst etwas bequemer hat.

Bevor man beginnt, sollte man alles heranräumen, was man braucht, damit man zwischendurch nicht immer wieder unterbrechen muß. Kämme, Bürsten, ein Papierkorb oder ein ähnliches Behältnis für das ausgekämmte Haar, eventuell Scheren, ein sauberes Tuch oder Watte und ein Schälchen Wasser, Salbe für die Pfoten usw.

Dem Haushund wird man – vor allem im Sommer – in der Regel etwas Unterwolle auskämmen. Bei einem Hund, der überwiegend draußen lebt, läßt man dagegen mehr Unterwolle stehen, damit er vor Nässe und Kälte geschützt ist. Ein Bobtail, der sich meist im Freien aufhält, wird ohnehin ein dichteres Fell entwickeln als ein Haushund, der sich in geheizten Räumen bewegt und auch dort schläft. Auch der Ausstellungshund sollte Unterwolle behalten, damit sein Fell dichter und voller wirkt. Einen solchen Bobtail zu pflegen bedarf besonderen Fingerspitzengefühls, denn einerseits soll ja die Unterwolle eine Art Schutzschicht für den Hund bilden, andererseits darf sie nicht zu dicht sein, um nicht zu verfilzen.

In welcher Reihenfolge man die einzelnen Körperteile bearbeitet, ist im Grunde egal, jedoch sollte man nach einem festen Schema vorgehen. Man sollte dem Hund aber die Freiheit lassen, sich zwischendurch einmal umzudrehen. Wenn man zum Beispiel eine halbe Stunde lang intensiv die rechte Bauchseite gekämmt hat und der Bobtail dann ungnädig wird und sich auf die andere Seite dreht, sollte man nicht unbedingt darauf bestehen wollen, nun doch noch gleich die rechte Hinterhand zu bearbeiten, sondern sich der nun dargebotenen anderen Seite widmen. Es darf nur nicht so weit ausarten, daß das Tier alle zwei Minuten aufspringt und sich anders hinlegt und man selbst beim Kämmen kaum ein Stück weiterkommt. Dann muß man energisch darauf dringen, daß liegengeblieben wird. Ideal ist es natürlich, wenn man eine Seite auf einmal durcharbeiten kann; ob man an der Hinterhand anfängt und sich allmählich zum Kopf vorarbeitet oder umgekehrt, ist dabei gleichgültig. Damit man nicht immer am Hund „entlangrutschen" muß, ist es angebracht, nicht in einer Linie von vorn nach hinten bzw. umgekehrt vorzugehen, sondern nur abschnittsweise. Wichtig ist vor allem die Art, wie man kämmt: das Fell wird mit einer Hand, bei Rechtshändern also mit der linken, gegen die Wuchsrichtung nach oben geschoben, so daß der Haaransatz freiliegt. Die andere Hand, also in der Regel die rechte, kämmt eine kleine Menge Haar vom Ansatz ab nach unten zur Haarspitze hin. Man sitzt also vor dem Bauch des liegenden Hundes, nicht vor seinem Rücken, so daß einem die Haarspitzen näher sind als der Ansatz. Auf diese Weise kämmt man nämlich auf sich selbst zu und nicht von sich weg. Ich halte das für die bequemere Lösung, außerdem hat man so einen besseren Blick auf den Haaransatz und die Haut, als wenn man gegen die Wuchsrichtung des Fells sitzt.

Ich gehe meist in folgender Reihenfolge vor: der Bobtail liegt zunächst auf der rechten Seite, so daß die linke Körperseite gekämmt werden kann. Ich beginne unten an der linken Vorderpfote und arbeite mich in Querreihen bis zur Schulter hoch. Um die Pfote nicht so hochreißen zu müssen, lasse ich zunächst die Innenseite unberücksichtigt. Bei den meisten Bobtails wird sich das im Bereich des weißen Haares abspielen, das man gut als Markierung nehmen kann, wie weit man gekommen ist. Anschließend kommt die dargebotene Innenseite der rechten Vorderpfote an die Reihe, wie nachher, wenn der Hund auf der linken Seite liegt, von dort aus die Innenseite der linken Vorderpfote mühelos erreicht werden kann. Hier geht es allerdings nur bis zum Bauchansatz hoch. Nun geht es in den dunkleren Teil des Fells. Der Bauch wird wiederum in Querreihen vom Ansatz der Vorderhand bis zum Ansatz der Hinterhand behandelt, bis ich oben am Rücken angekommen bin. Es folgt die Außenseite der linken Hinterhand von der Hinterpfote ausgehend nach oben zum Rücken hin, vom Ansatz der Hinterhand ab bis zur Mitte des Popos in Querreihen. Anschließend wieder die bequem erreichbare Innenseite der rechten Hinterhand.

Dann wird der Pflegling auf den Rücken gedreht, damit der Bauch bearbeitet werden kann. Die Wuchsrichtung des Fells verläuft hier von der Brust in Richtung Hinterteil. Ich beginne also am Hinterbauch und arbeite mich allmählich bis zur Brust vor. Am Bauch ist der Hund besonders empfindlich, hier muß also sehr behutsam vorgegangen werden. Ein entspannter Bobtail, der willig seinen Bauch hinstreckt, ist der schönste Lohn dafür. Vorsicht geboten ist vor allem bei den Geschlechtsorganen und bei Hündinnen außerdem bei den Zitzen. In der Regel hat die Hündin zehn Zitzen, die paarweise am Bauch entlang angeordnet sind bis zur Höhe der Vorderfüße. Sind die Haare an den Geschlechtsteilen zu lang, kürzt man sie von Zeit zu Zeit etwas, damit sie nicht zu sehr vom Urin verkleben. Besonders sorgfältig werden die Beugen der Hinterläufe gekämmt, hier bilden sich zuallererst meist mattenförmige Verfilzungen, die vorsichtig aufgelöst werden müssen.

Anschließend liegt der Hund auf der linken Seite und die rechte Körperhälfte wird analog der linken behandelt: rechte Vorderpfote über die Schulter bis zur Rückenhöhe, Innenseite der linken Vorderpfote bis zum Beinansatz, Bauch bis zur Rückenhöhe, rechte Hinterhand und Popo bis zum Rücken, Innenseite der linken Hinterpfote.

Nun setzt sich der Hund auf, und die Brust wird von den Vorderpfoten aufwärts bis zum Kopf gekämmt. Auch hier noch einmal besondere Sorgfalt an den Beugen der Vorderbeine walten lassen!

Der Kopf kommt bei uns meist zuletzt dran, weil er wegen seiner Empfindlichkeit die größte Geduldsprobe für den Hund darstellt. Es spricht aber auch nichts dagegen, den Kopf zuallererst zu behandeln. Man kann sich auch jeweils die entsprechende Seite im Zusammenhang mit der Vorderhand vornehnehmen. Auch hier ist es am zweckmäßigsten, wenn der Bobtail auf der Seite liegt. Damit die Haut um das Maul und um die Augen nicht gezerrt wird, arbeitet man besonders sorgfältig und schützt die Haut mit der freien Hand, indem man sie knapp über dem Haaransatz der jeweils behandelten Haarsträhne festhält. Vom Fressen verkrustete Haare an den Lefzen lassen sich meist leicht mit dem Kamm auseinanderzupfen. Man löst zuerst ein kleines Stück an der Spitze und arbeitet sich stückweise bis zur Haarwurzel hoch, die immer mit der freien Hand geschützt wird. An den Backen und am Hals, wo ja das Halsband sitzt, bilden sich gern Filzknoten, die man leicht übersieht, also genau und zentimeterweise vorgehen. Auch die Haut um die Augen herum muß behutsam vor Überdehnung geschützt werden. Die Innenseiten der Ohren bedürfen ebenfalls besonderer Vorsicht. Sind ein paar Strähnen vom Ohrenschmalz verklebt, werden sie vorsichtig mit dem Kamm aufgekämmt. Zu tief ins Ohrinnere wachsendes Haar wird sorgfältig abgeschnitten. Keinesfalls darf man mit irgenwelchen Instrumenten – auch mit Wattestäbchen nicht – zu tief ins Ohr eindringen, das kann schlimme Verletzungen zur Folge haben. Ein gesundes Hundeohr reinigt sich von selbst und nur das vorsichtige Entfernen von Ohrschmalz, der sich ganz außen in der Ohrmuschel abgesetzt hat, mit einem angefeuchteten Wattestäbchen oder einem sauberen Tuch ist erlaubt. Ich hatte bisher immer Glück, und meine Bobtails hatten kaum Absonderungen aus den Ohren. Es soll allerdings Bobtails geben, die eine starke Produktion von Ohrenschmalz haben. Hier hilft dann nur öfteres Säubern des äußeren Ohrs. Entwickeln die Absonderungen einen unangenehmen Geruch, sollte der Tierarzt befragt werden, ob nicht vielleicht eine Krankheit vorliegt, denn die normalen Absonderungen sind absolut geruchsfrei. Erkrankungen der Ohren werden leider allzuoft nicht ernst genug genommen. Je schneller der Arzt aufgesucht wird, desto eher und leichter wird das Tier geheilt und die Gefahr abgewendet, daß es an der schmerzenden Stelle kratzt und sich noch mehr infiziert. Man tut sich damit auch selbst einen Gefallen: das Zusammenleben mit einem Hund, der schlecht oder gar nicht mehr hören kann, ist nämlich sehr problematisch, man hat dann kaum noch Möglichkeiten, sich ihm verständlich zu machen.

Beim wöchentlichen Bürsten sollte gleich der ganze Hund gepflegt werden, d.h., es gibt noch mehr zu pflegen als nur das Fell. Von den Ohren sprachen wir bereits. Aber auch die Augen müssen beachtet werden. Es sollte bei der täglichen Morgentoilette zur Gewohnheit werden, die „Sandmännchen" aus den inneren Augenwinkeln vorsichtig zu entfernen. Meist kann man es mit der Hand machen, ansonsten nimmt man ein angefeuchtetes Tuch. Watte fusselt zu sehr. Mitunter kommt es vor, daß ein Haar ins Auge gerät und es reizt, es wird dann ebenfalls vorsichtig mit dem Zipfel eines feuchten Tuches entfernt. Der Hund schließt automatisch die Augen, also müssen Ober- und Unterlid mit der Hand auseinandergezogen werden. Das Tier liegt dabei am besten auf der Seite, weil es so mit dem Kopf die geringsten Ausweichmöglichkeiten hat und am ruhigsten liegt. Wachsen vom inneren Augenwinkel her Haare direkt vor den Augen hoch, werden sie mit einer an den Spitzen abgerundeten Schere gekürzt.

Viele Bobtails haben keine Probleme, durch ihren Pony hindurchzugucken. Vor allem Bobtails mit einem nicht sehr ausgeprägten Stop, denen die Haare sehr dicht vor den Augen hängen, sind in ihrer Sicht jedoch manchmal beeinträchtigt. Hier muß man also Abhilfe schaffen. Schneidet man die Haare vor den Augen weg, sieht das oft sehr häßlich aus. Dann gilt der Grundsatz: was weg ist, ist weg, und Nachwachsen dauert eine ganze Weile. Manchmal hilft schon das Ausdünnen mit einer Ausdünnschere, wie sie der Friseur benutzt. Nutzt auch das nichts, sollte man die Haare hochbinden. Das muß keineswegs so „putzig" aussehen wie beispielsweise bei Yorkshire-Terriern. Das Bobtail-Zöpfchen braucht ja nicht unbedingt mit einem roten Samtschleifchen verziert zu werden. Am unauffälligsten und auch am praktischsten sind längliche Zopfspangen, wie es sie aus braunem Horn gibt und die hinten kleine Kammzähnchen haben. Mit einer solchen Spange befestigt übersteht das Zöpfchen auch die wildeste Toberei, während ein einfaches Gummiband oder eine Schleife laufend aufgehen. Man nimmt die Haare oberhalb der Augen bis zur Stirn zusammen, dreht sie etwas, damit sie gut zusammengebunden werden können und befestigt die Zopfspange. Das Ganze darf aber nicht zu stramm sitzen, der Bobtail muß noch bequem die Augen schließen können, ohne daß die Haare spannen.

Wenn ich mit meiner bezopften Judy spazierengehe, werde ich oft darauf angesprochen, Bobtails hätten doch so empfindliche Augen und sie könnten sogar blind werden, wenn man ihnen die Haare vor den Augen wegnehme. Darauf ließe sich eine ganze Menge erwidern. Zunächst einmal ist es Unfug, daß ein Bobtail erblindet, wenn man ihm freie Sicht schafft. Ich würde viel eher behaupten, daß ein Hund, der die Welt nur stückchenweise und verhangen hinter einem dichten Haarteppich wahrnimmt, in seiner Sehtüchtigkeit beeinträchtigt wird. Auch empfindliche Augen sind keine bobtailspezifische Eigenschaft. Es liegt nur auf der Hand, daß ein Hund, dessen Augen bisher hinter dichtem Fell geschützt werden, und dem man plötzlich diesen schützenden Vorhang nimmt, empfindlicher auf Zug reagiert und dann vielleicht wirklich entzündete Augen bekommt, die dann natürlich entsprechend mit Augensalbe oder Augentropfen behandelt werden müssen. Wenn man also feststellt, daß der eigene Bobtail mit Pony nicht sehr gut sieht und manchmal gegen Hindernisse läuft, sollte man konsequent die Haare vor den Augen entfernen, um ihn daran zu gewöhnen und abzuhärten, und nicht einmal die Haare hochbinden und dann wieder hängenlassen. Wer überängstlich ist und sich für ein Zöpfchen entscheidet, kann jedoch bei windigem und feuchtem Wetter dazu übergehen, zwar ein Zöpfchen zu machen, aber trotzdem noch ein paar kleine Haarsträhnen vor den Augen hängen zu lassen, durch die der Hund mühelos hindurchsehen kann, die seine Augen aber doch etwas vor Zugluft schützen. Außerdem darf man sich nicht erschrecken lassen, wenn der Bobtail um die Augen nicht ganz pigmentiert ist, d.h. die Haut nicht durchgehend schwarz gefärbt ist, sondern rosa geblieben ist. Durch diese rosige Farbe können die Augen manchmal entzündet aussehen, obwohl sie es gar nicht sind. Entzündet sind sie erst, wenn die Haut roter ist als sonst, die Augen auch innen gerötet sind und eventuell sogar tränen. Dann muß sofort der Arzt aufgesucht werden und das Tier sorgsam vor Zugluft geschützt werden.

Bei der wöchentlichen Pflege bedürfen auch die Füße einer sorgfältigen Kontrolle. Die Haare zwischen den Fußballen verkrusten vom Schmutz und sind mitunter so hart, daß man sie im ersten Augenblick für einen weiteren Fußballen hält. Das ist für den Hund nicht nur unbequem, es kann auch schmerzhaft sein und zu Entzündungen führen, wenn beispielsweise Dornen oder andere scharfkantige Fremdkörper eingetreten sind und den Fuß verletzt haben. Daher sollte man die Haare zwischen den Ballen stets kurz geschnitten halten. Am besten eignet sich dazu eine kleine Schere, wie sie angeboten wird, um Babies die Fingernägel zu schneiden. Sie hat vergrößerte, abgerundete Spitzen, mit denen man das Tier nicht verletzen kann. Zum Herausschneiden von bereits verkrusteten Haarballen eignet sich dagegen eine leicht gebogene Nagelschere besser, mit der man aber sehr vorsichtig arbeiten muß. Voraussetzung ist, daß der Bobtail ganz still liegt. Ich habe anfangs immer jemanden gebeten, den Hund dabei festzuhalten, was aber dazu führte, daß er erst recht nervös wurde und anfing zu zappeln. Seither lasse ich den Hund auf dem Rücken liegen und streichle und schmuse so lange mit ihm, bis er ganz entspannt ist. Wenn ich dann die Pfote nur leicht festhalte (beim festen Zudrücken wird der Hund schon wieder unruhig) und sehr behutsam arbeite, ist der Erfolg am größten.

Der Pflege bedürfen auch die Krallen. Läuft der Bobtail viel auf hartem Boden, nutzt er die Krallen von selbst ab, so daß sie nicht gekürzt werden müssen. Es kann höchstens vorkommen, daß sie an den Enden etwas splittern, dann feilt man mit einer kräftigen Nagelfeile etwas nach. Bewegt sich der Hund dagegen vorwiegend auf weichem Boden, besteht die Gefahr, daß die Krallen zu lang wachsen, sie behindern dann nicht nur beim Laufen, sondern fördern auch die Entstehung von Spreizfüßen. Am sichersten ist es, von Zeit zu Zeit die Krallen dann vom Tierarzt kürzen zu lassen. Wer es selbst machen will, braucht dazu eine Spezialschere, keinesfalls eine normale Haushaltsschere, die die Kralle quetschen würde. Die Krallen des Bobtails sind meist hellgrau. In ihrem Inneren verläuft eine rote Blutbahn, die beim Schneiden nicht verletzt werden darf, also lieber mehrmals ein kurzes Stückchen abschneiden als gleich zuviel. Wird die Blutbahn wirklich verletzt und die Kralle blutet, muß sie sofort desinfiziert und mit einem Verband versehen werden, damit kein Schmutz eindringt. Wenn die Wolfskralle nachwächst, muß auch sie gekürzt werden.

Bei schlechtem Wetter oder in der Sommerhitze springt mitunter die Haut an den Ballen auf. Lanolin oder eine fetthaltige Heilsalbe hilft schnell, wenn sie täglich mehrmals aufgetragen wird. Ich habe auch gute Erfahrungen mit der Eight Hour Creme gemacht, die für Kosmetikzwecke angeboten wird.

Bobtails, die in der Großstadt leben, leiden im Winter oft unter dem Salz, das bei Glätte auf den Straßen und Gehwegen gestreut wird. Wenn der Hund viel auf gestreutem Boden läuft, wird sogar die harte Haut der Ballen angegriffen und kann regelrecht verätzt werden. Deshalb sollte man darauf achten, daß der Hund möglichst dort geht, wo noch etwas Schnee liegt. Mußte er größere Strecken auf gestreuten Wegen laufen, sollte man sich zuhause die Mühe machen, die Pfoten mit klarem warmem Wasser abzuspülen und nach dem Trocknen die Ballen einzufetten. Dazu muß der Hund nicht unbedingt in die Badewanne, ein kleiner Eimer Wasser, in den die Pfoten einzeln hineingesteckt und abgerieben werden, tut es auch.

Einmal wöchentlich sollte auch die Zahnpflege auf dem Programm stehen, damit Zahnstein erst gar nicht entstehen kann. In vielen Hundebüchern wird geraten, die Zähne mit einem feuchten Tuch und Salz oder Zitronensaft abzureiben. Von beidem halte ich nicht viel, denn wenn das Zahnfleisch verletzt wird, brennen Salz und Zitronensaft so fürchterlich, daß man es keinem Hund verdenken kann, wenn er sich gegen das nächste Zähneputzen energisch sträubt. Begeistert davon wird wohl nie ein Hund sein, aber es braucht auch nicht unbedingt dramatisch abzulaufen. Beim meiner Judy nutze ich vor allem aus, daß sie leidenschaftlich gern aus der Handbrause trinkt. Wenn ich im Bad zu tun habe, steht sie oft erwartungsvoll vor der Badewanne und sieht mich unverwandt an. Dann weiß ich schon, was sie will. Ich drehe die Brause nicht zu stark auf, halte sie dicht vor den Badewannenrand und Judy schlabbert genüßlich das eiskalte Wasser. Ich drehe die Brause dann so hin und her, daß nicht nur ihre Zunge, sondern auch ihr Zahnfleisch von den Wasserstrahlen massiert wird, und das scheint ihr sehr zu gefallen. So lasse ich sie auch immer vor dem Zähneputzen ein wenig trinken, damit ihr Maul innen richtig naß ist. Dann wird etwas Kinderzahncreme mit Himbeergeschmack (kann geschluckt werden, ohne daß Bauchweh die Folge ist) auf eine weiche kleine Kinderzahnbürste gestrichen und alle Zähne vorsichtig abgeschrubbt. Dazu ist es zweckmäßig, daß eine zweite Person ihr das Maul aufhält; wenn ich es allein mache, wird sie doch manchmal etwas ungnädig und macht schlicht „die Klappe dicht". Anschließend gibt es noch einen kräftigen Schluck aus der Brause, der den ganzen Schaum mit hinunterspült und ihn so auch noch verdünnt und für ihren Magen „genießbarer" macht. Frißt der Hund regelmäßig Hundekuchen, reinigt dieser im allgemeinen die Zähne, so daß sich das Zähneputzen erübrigt.

Hat sich erst einmal ein bräunlicher Zahnbelag gebildet, der sich nicht mehr wegbürsten läßt, muß er mit einem scharfen Gegenstand abgeschabt werden. Wenn man es selbst macht, läuft man erstens Gefahr, daß man den Zahn verkratzt und zweitens, daß man das Zahnfleisch verletzt, wenn man ausrutscht. Daher sollte man diese Prozedur lieber vom Tierarzt ausführen lassen.

Beim Thema Zahnpflege muß auch ein Wort zum Fressen und zum Spielzeug gesagt werden. Süßigkeiten und überhaupt

Zucker greifen auch Hundezähne an. Wer seinem Bobtail Pralinen, Schokolade und Pudding gibt, sollte daran denken, daß er damit nicht nur der Figur des Hundes, sondern auch seinen Zähnen schadet. Auch unsachgemäßes Spielzeug kann schlecht für Zähne und Zahnfleisch sein. Steine oder Gegenstände aus Metall sind kein Hundespielzeug, und ein Bobtail, der es liebt, mit seinem Herrchen um die Leine zu raufen, braucht statt einer Kette eine Leine aus massivem Leder. Die wird zwar mit der Zeit eine Reihe von Einbißspuren aufweisen, aber das ist immer noch besser als ein an einem Kettenglied abgebrochener Zahn. Auch splitternde Gegenstände wie harte Knochen oder trockenes Holz sind nichts für den Hund, denn ein ins Zahnfleisch eingedrungener Splitter kann üble Folgen haben. Man sollte schon das Geld ausgeben und spezielles Hundespielzeug kaufen, z.B. Büffelhautknochen, Beißringe aus Vollgummi, Quietschtiere aus weichem Plastik, Bälle in geeigneter Größe und was noch alles angeboten wird.

Den Abschluß der ganzen Pflegeprozedur bildet ein letztes „In-Form-Bürsten". Dazu steht der Bobtail und alles Fell wird leicht gegen den Strich gebürstet, also an den Beinen nach oben, am Rücken zum Kopf hin. Lediglich am Kopf und an der Brust wird mit dem Wuchs gebürstet. In der Regel wird sich der Hund anschließend schütteln, und danach fällt das Haar locker und duftig. Beim Ausstellungshund wird, um die überbaute Hinterhand noch deutlicher hervorzuheben, viel Mühe darauf verwandt, das Haar am hinteren Rücken sehr aufzuplustern und es wird energisch zum Kopf hin gebürstet – mit dem Erfolg, daß der Bobtail von der Seite gesehen sehr gut aussieht. Die Kehrseite der Medaille ist dann aber in diesem Fall auch die Kehrseite des Hundes: von hinten sieht so ein Bobtail unmöglich aus, wenn sein Popo so kreisförmig freigebürstet ist. Im Alltagsleben finde ich es daher vernünftiger, auf die Demonstration des Überbautseins zu verzichten und auch am Hinterteil lieber ein paar Bürstenstriche in Bodenrichtung zu tun.

Das i-Tüpfelchen der Bobtailpflege ist anscheinend für viele

Leute das Vollbad. Ich kenne Bobtail-Besitzer, die ihren Liebling alle zwei Wochen in die Badewanne stecken, mit teuren Shampoos bearbeiten und sich wundern, warum der Bobby so ein stumpfes, flaues Fell hat. Wenn solche Leute meinen Bobtail sehen, fragen sie manchmal „Baden Sie Ihren noch öfter. . .?" und staunen fassungslos, wenn ich sage, daß bei uns ein Vollbad mit Shampoo und allem Drum und Dran in der Regel höchstens jedes halbe Jahr auf dem Programm steht, es sei denn, das Untier wälzt sich zwischendurch mal in stinkender Materie und die penetrante Duftwolke ist anders nicht wegzukriegen. Wer einmal in die Nähe eines Bobtails gekommen ist, der sich beispielsweise gerade wonniglich am Seeufer in einem toten Fisch gewälzt hat, wird da unumwunden zustimmen. Ansonsten greift das Baden Haut und Haare des Hundes unnötig an und laugt deren natürliche Schutzschicht aus.

Der Bobtail-Anfänger erliegt oft dem Irrtum, daß ein Bobtail, der nach einem Spaziergang im Regen fürchterlich schmutzig aussieht, auch wirklich schmutzig ist. Dem ist aber nicht so. Ist das Zottelvieh unter Entwicklung eines penetranten Duftes – den strömt es immer aus, wenn sein nasses Fell trocknet – getrocknet und anschließend leicht übergebürstet, erstrahlt das so schmutzig erscheinende Fell wieder in makellosem Weiß. Anders liegt der Fall, wenn der Bobtail auch noch mit Schlamm und Schmutz in Berührung gekommen ist und das Fell nun schmutzverkrustet ist. Dann reicht es aber völlig, wenn in der Badewanne die verschmutzten Partien – meist sind es ja nur Beine und Bauch – mit lauwarmem Wasser abgebraust werden, und zwar ohne Zuhilfenahme von Seife oder Shampoo. Einschäumen ist nur nötig, wenn stinkender Schmutz entfernt werden muß oder in etwa halbjährlichen Abständen eine Generalreinigung ansteht.

Für das Badefest sollte man sich etwas Zeit nehmen und es nicht gerade unmittelbar nach einem Hausputz veranstalten, denn in aller Regel wird der Badejünger, sobald er der Wanne entstiegen ist, höchst lebhaft durch die Wohnung rennen und sich zwischendurch immer wieder kräftig schütteln, was Wasserspritzer an allen Wänden und Möbeln zur Folge hat. Das Badezimmer selbst wird sowieso total überschwemmt.

Ich stecke meine Herzenstierchen meist abends nach dem letzten Gassigehen in die Bütt, so können sie über Nacht trocknen und müssen nicht zwischendurch mit nassem Pelz ausgeführt werden, was erstens eine Erkältung zur Folge haben könnte und zweitens verhütet, daß sich schon wieder Schmutz im nassen Haar festsetzt.

Es ist sinnvoll, den Bobtail vor dem Bad sorgfältig und gründlich zu kämmen, denn wenn er zottelig und leicht angefilzt gebadet wird, kommt der reinigende Guß nicht an alle Stellen und angefilzte Stellen verfilzen nur noch dichter, so daß das Kämmen nach dem Bad noch viel beschwerlicher wird.

Bevor es in die Wanne geht, sollte dafür gesorgt sein, daß ein warmer, zugfreier Raum zum Trocknen zur Verfügung steht, und alles Nötige herangeräumt ist: Shampoo, einige alte Handtücher zum ersten Abrubbeln, eventuell etwas Watte zum Verstopfen der Ohren. Man selbst sollte nicht unbedingt die besten Kleider anziehen, die würden ziemlich ramponiert, denn spätestens beim erleichterten Sprung aus der Wanne wird das bademeisternde Herrchen oder Frauchen weitestgehend durchnäßt.

Entgegen dem Rat vieler Hundebücher, schon Wasser in die Wanne zu füllen, empfehle ich, den Hund in die leere Wanne einsteigen zu lassen. Ich meine, daß man es ihm so psychologisch einfacher macht, als wenn er gleich im feuchten Naß landet, zum anderen verhindert man, daß er, wenn er durstig ist, warmes Wasser trinkt, was im allgemeinen einen unangenehmen Durchfall zur Folge hat.

Doch das Einsteigen in die Wanne selbst kann schon eine Wissenschaft für sich sein. Wenn es nicht unbedingt nötig ist, sollte man einen Hund nicht baden, bevor er nicht mindestens etwa ein Dreivierteljahr alt ist. Ein Tier, das noch wächst, hat noch nicht sehr viele Abwehrkräfte gegen Erkältungen. Ist ein Bad jedoch unvermeidlich, muß beim jungen Hund ganz besonders darauf geachtet werden, daß er schnell an einem warmen, absolut zuggeschützten Ort trocknen kann – eventuell hilft man mit dem Fön nach, der aber nicht zu heiß eingestellt werden darf. Um dem Hund die Angst vor der Badewanne und vor Wasser zu nehmen, kann ich aus eigener Erfahrung nur anraten, auch hier, wie schon beim Bürsten, bereits das junge Tier spielerisch daran zu gewöhnen. Man setzt den jungen Bobtail, wenn er etwa ein halbes Jahr alt ist, ab und zu in die trockene Wanne, spricht mit ihm und streichelt ihn und bietet ihm aus der ganz schwach eingestellten Handbrause kaltes Wasser zu trinken an. Die Brause hält man dabei dicht über den Abfluß, damit die Füße des Badelehrlings möglichst trocken bleiben. Ist der Bobtail groß genug, übt er auch schon das selbständige Einsteigen in die Wanne. Zunächst hilft man ihm noch ein bißchen dabei. Er stellt sich auf die Hinterbeine, die Vorderpfoten auf dem Badewannenrand. Man steht links neben dem aufgerichteten Hund, schiebt den linken Arm unter seinen Vorderbauch und hievt mit dem rechten Arm das Hinterteil mit einer schwungvollen Drehung in die Wanne, während der linke Arm verhindert, daß das Tier ausrutscht. Es ist vorteilhaft, eine rutschfeste Einlage in der Badewanne zu haben, auf der der Hund sicher stehen kann, denn oft verängstigt der rutschige Boden ihn noch zusätzlich.

Später lernt der Badejünger, allein einzusteigen: wieder springt er zuerst mit den Vorderläufen auf den Wannenrand, dann setzt er ein Hinterbein ebenfalls auf und gleitet in die Wanne, indem er mit einem Schwung den anderen Hinterlauf nachzieht. Das Ganze darf nicht zu schwungvoll vor sich gehen, sonst kann er ausrutschen und sich die Schnauze an der Wand oder den Griffen und Hähnen aufschlagen. Ich genieße es immer, meiner Judy zuzusehen, wenn sie in der ihr eigenen bedächtigen Weise die Badewanne entert. Würdevoller könnte selbst die Queen es nicht tun.

Auch für das Baden gilt der altbewährte Grundsatz: je angenehmer man es dem Hund macht, desto lieber wird er es mögen oder doch wenigstens: desto williger wird er auch Unangenehmes über sich ergehen lassen. Wenn er bei der ersten Badeaktion Schaum in die Augen bekommt, Wasser in die Ohren kriegt, von zu heißem Wasser fast verbrüht wird oder von zu kaltem einen Kälteschock bekommt und wenn er zum krönenden Abschluß auch noch von der Seifenbrühe trinkt, braucht man sich nicht zu wundern, wenn er künftig der Baderei sehr skeptisch gegenübersteht.

Zu Beginn des feuchten Festes bietet man dem Hund noch einmal aus der kalt eingestellten Brause zu trinken an, damit er nachher nicht Seifenwasser schlabbert. Dann wird die Brause warm eingestellt (handwarm, auf keinen Fall heiß) und der Bobtail nun zunächst gründlich naß gemacht, d.h., man läßt nicht nur Wasser über den Rücken laufen, sondern führt die Brause auch an den Seiten entlang und unter dem Bauch durch. Der Kopf bleibt zunächst noch trocken, er ist in diesem Fall der empfindlichste Körperteil und man erspart dem Tier diese unangenehme Prozedur bis zuletzt. Dann wird die Brause abgestellt, das Fell gründlich mit einer speziellen Hundeseife oder gutem Hundeshampoo durchgerubbelt. Beim ersten Mal entsteht noch nicht viel Schaum, nichtsdestotrotz wird das ganze Tier gut durchmassiert, um allen Schmutz zu lösen. Die Zwischenräume der Fußballen werden besonders gründlich gesäubert. Anschließend wird mit warmem Wasser nachgespült und noch einmal eingeschäumt. Diesmal braucht man viel weniger Shampoo, denn beim zweitenmal entsteht sehr viel Schaum – ein Zeichen, daß der meiste Schmutz gelöst ist. Beim Nachspülen darf an Wasser nicht gespart werden, der Schaum muß restlos entfernt werden. Ganz zum Schluß wird der Kopf gesäubert. Wenn der Bobtail empfindliche Ohren hat, werden sie mit etwas Watte verstopft, die zu entfernen man nachher aber nicht vergessen darf. Auch der Kopf wird zuerst wieder gründlich naß gemacht und dann vorsichtig einshampooniert, so daß Augen, Nase und Ohrinneres weitestgehend von Schaum und Wasser verschont bleiben. Gründliches Nachspülen ist auch hier unerläßlich. Nach beendeter Dusche streift man mit der Hand so gut es geht erst einmal das Wasser vom Fell, dann tritt man so weit wie möglich beiseite und gibt das erlösende Kommando: Hopp! Den Sprung aus der Wanne schafft der Hund allein, ich habe noch von keinem Bobtail gehört, den man aus der Badewanne heben mußte. Wieder vertrauten Boden unter den Füßen wird nun erst einmal das große Schütteln losgehen, daß es nur so spritzt. Anschließend wird der arg zusammengeschrumpfte Bobtail ein paar mutwillige Ehrenrunden durch die Wohnung drehen, denn fast alle Bobtails scheinen sich nach dem Bad recht wohl zu fühlen. Selbst meine sonst so würdevolle Judy rast dann über Sessel und Tische, wälzt sich blaffend über Teppiche, beutelt knurrend ihre Handtücher und ist zu allen wilden Spielen bereit.

Wer noch nie einen nassen Bobtail gesehen hat, wird sich wundern, wie schlank und rank diese Burschen in diesem Zustand sind und wird – wenn er einigen Humor hat und seine Möbel nicht mehr liebt als seinen Hund – seine Freude daran haben, wenn dieser wie ein geölter Blitz hin und her saust. Nach dem ersten Austoben wird der feuchte Geselle mit alten Handtüchern noch kräftig abgerubbelt und dann sich selbst überlassen. Jetzt mit Kamm oder Bürste ans Werk zu gehen, bringt nichts. Wenn der Hund nach einigen Stunden (Eilige können mit dem Fön nachhelfen, wenn der Bobtail keine Abneigung dagegen hat) völlig trocken ist, wird er nur noch einmal kräftig übergebürstet, und sein Fell wird locker und duftig sein. Wenn der Hund abends gebadet wurde, findet das Durchbürsten am nächsten Morgen statt. Es ist eine wahre Freude, wenn dann so ein Pelztier mit seidig schimmerndem Fell gepflegt und duftend vor einem steht.

Es sind eine ganze Menge Sprays und Duftwässerchen für die Fellpflege im Handel, die ich jedoch weitestgehend für unnötig und teilweise sogar für schädlich halte. Ein Hund, der regelmäßig gebürstet und ab und zu mit einem guten Hundeshampoo gebadet wird, braucht keine zusätzliche Pflege. Weniger darf es aber auch nicht sein: wer seinen Bobtail mit normalem Haarshampoo, womöglich noch mit einem gegen fettiges Haar oder gegen Schuppen badet, darf sich nicht wundern, wenn das mit der Zeit dem Fell nicht gerade gut tut. Auch mit den vielerlei Cremespülungen, die für das menschliche Haar angeboten werden, ist da nicht viel gutzumachen. Wenn irgend möglich benutze man also ein Hundeshampoo, es ist eins der wenigen wirklich sinnvollen Hunde„kosmetika".

Wenn die weißen Fellteile zwischendurch einmal neuen Glanz bekommen sollen, etwa vor einer Ausstellung, kann man sie mit einem speziellen Kreidepulver einstäuben, das anschließend wieder gründlich ausgebürstet wird und dabei alle Schmutzpartikel aus dem Fell entfernt. Bobtailbesitzer, die ihren Hund oft ausstellen, werden dieses Pulver sehr zu schätzen wissen, wenn sie ihren Hund nicht vor jeder Ausstellung baden wollen, er jedoch immer einen sauberen, gepflegten Eindruck machen soll. Zu oft hintereinander ohne Vollbad sollte man das Pulver aber auch nicht anwenden. Noch ein Tip: wer seinen Bobtail vor einer Ausstellung naß baden will, erledige das nicht unmittelbar am Tage vorher, sondern zwei oder drei Tage vorher, denn sofort nach dem Baden fliegt das Haar noch zu sehr, was nicht unbedingt vorteilhaft sein muß. Nach zwei Tagen hingegen macht es einen optimalen Eindruck.

Wer alle diese Besonderheiten bei der Pflege seines Bobtails sorgsam beachtet, wird viel Freude an einem schönen, gepflegten Hund haben, und gerade einem Tier, das so sehr auch durch sein Äußeres wirkt, sollte man einen Halter wünschen, der es vernünftig pflegt, der also Pflege nicht übertreibt, aber auch nicht vernachlässigt. Wenn ich in arbeitsintensiven Phasen einmal nicht dazu komme, meinen Hund zu bürsten, lasse ich ihn eben einmal ein paar Tage verzottelt herumlaufen. Wenn ich mir dann aber einfach die Zeit nehme und die Pflege nachhole, bin ich hinterher doch noch ein bißchen stolzer, wenn ich auf der Straße jemanden sagen höre: ,,Was für ein schönes Tier – und so gepflegt!" Dieses Kompliment möglichst oft zu hören wünsche ich jedem Bobtail und seinem Besitzer.

8. Die Erziehung des Bobtails

Genauso wichtig wie sorgfältige Pflege und richtige Ernährung ist die gute Erziehung eines Bobtails. Was man einem kleinen Hund durchgehen lassen kann, kann einen bei einem Bobtail in hochnotpeinliche Situationen bringen. Den kleinen Hund kann man hochheben und im Notfall sogar in eine Tasche stecken – mit einem ausgewachsenen Prachtexemplar von Bobtail dürfte das jedoch auf Schwierigkeiten stoßen. Er soll also so erzogen sein, daß man ihn überall mit hinnehmen kann, ohne sich blamieren zu müssen.

Grundlage jeder Hundeerziehung muß sein, daß der Hund seinen Herrn als den „ranghöheren Rudelgenossen" anerkennt, in ihm den Leithund sieht und sich ihm unterwirft. Dieses Wissen, daß der Herr der Stärkere und der Hund der Schwächere ist, entspricht der Natur des Hundes als Rudeltier und nur, wenn er es bestätigt sieht, ist sein Weltbild im Gleichgewicht. Das steht keinesfalls dem Prinzip entgegen, daß man seinen Hund liebevoll behandeln soll! Man verunsichert ihn nur – und schadet seinem Seelenfrieden –, wenn man diese Liebe falsch versteht und sich vom Hund tyrannisieren läßt.

Ein Hund lernt nicht aus Überzeugung aufgrund vernünftiger Argumente, sondern nur aus Erfahrung. Er hat keine Wertvorstellungen, was wir Menschen als gut oder schlecht empfinden, er weiß von sich aus nicht, was erlaubt und was verboten ist. Seine einzigen Bestrebungen sind darauf gerichtet, seine Bedürfnisse zu befriedigen, also Hunger, Durst, Schlaf- und Geschlechtstrieb, und sich gemäß seiner Position im Rudel zu verhalten. Genau dort muß vernünftige Hundeerziehung ansetzen: hat der Hund als ganz natürlich akzeptiert, daß sein Herr ranghöher ist als er, wird er sich ihm willig unterwerfen – bis auf einige wenige Machtproben im Flegelalter, auf die ich später noch eingehe. Sein Herr muß ihm nun begreiflich machen, was erlaubt und was verboten ist, was er tun muß und was er nicht machen darf. Dabei lernt der Hund aus Erfahrung: wird er gelobt, verhält er sich richtig; wird er ausgeschimpft, hat er sich danebenbenommen. Diese Erfahrungen verinnerlicht er und verhält sich in Zukunft entsprechend. Ein wichtiger Grund also, sich dem Hund gegenüber immer konsequent zu verhalten. Man darf also nicht einmal etwas erlauben und sich darüber amüsieren und ein anderes Mal dasselbe verbieten und laut schimpfen, das verunsichert den Hund, stört seine Lernfähigkeit und beeinträchtigt auch das Vertrauen und den Respekt vor seinem Herrn.

Unter Hundeerziehung verstehe ich nicht nur das Erlernen und Ausführen der verschiedensten Kommandos wie „Sitz" und „Platz", Erziehung ist viel mehr, sie umfaßt eigentlich das ganze Verhältnis zwischen Herrn und Hund und beginnt schon im frühen Welpenalter mit der Sauberkeitserziehung, mit der Gewöhnung an regelmäßiges Fressen, das Hören auf den Namen usw.

Um den Bobtail richtig und für beide Teile befriedigend zu erziehen, braucht man viel Geduld, Selbstbeherrschung und eine gehörige Portion „Hundeverstand". Mit Hundeverstand meine ich die Fähigkeit, sich auf das Tier einzustellen und sich ihm verständlich zu machen. Der Hund kann ja nicht den Sinn unserer Sprache verstehen, er orientiert sich nur am Klang. Er muß die Stimme seines Herrn unterteilen können in hell und freundlich = loben; knapp und sachlich und immer dasselbe Kommando = Befehl; scharf und tief = Tadel. Wenn man dazu immer noch die gleichen Worte gebraucht, hat man die Gewähr, daß der Hund sehr schnell versteht, worum es geht. Später kann man auch versuchen, von diesen sogenannten Hörkommandos zu Sichtkommandos überzugehen oder beides zu verbinden. Unter Sichtkommandos versteht man Gesten und Bewegungen, auf die der Hund reagieren soll, etwa das deutliche Hinzeigen mit der Hand auf den Boden, wenn der Hund sich hinlegen soll.

Natürlich kann man von einem Hund nur das verlangen, was er entsprechend seinem Alter, seiner Größe und seines Wesens auch lernen können müßte. Aber ein einmal gegebener Befehl muß auch ausgeführt werden. Danach wird sofort gelobt. Bei einem Hund, der sich noch im Lernstadium befindet, sollte auch jeder kleine Schritt in Richtung auf das angestrebte Ziel gelobt werden, nicht nur das Endergebnis selbst. Soll der Welpe beispielsweise lernen, sich auf das Kommando „Platz!" hin niederzulegen, setzt sich aber erst einmal hin, lobt man „Ja, so ist es gut, aber nun Platz!" und drückt ihn in die Liegestellung, indem man seine Vorderläufe nimmt und das Tier behutsam ganz auf den Boden zieht. Danach wird wieder gelobt, als hätte er sich von allein hingelegt.

Nach Möglichkeit sollte man versuchen, dem Hund soviel wie möglich durch Loben beizubringen. Wir haben das früher schon einmal „positives Lernen" genannt. Mitunter kommt man aber um das „negative Lernen" durch Tadel nicht herum, wenn es gilt, dem Tier begreiflich zu machen, daß das, was es gerade tut, verboten oder falsch ist. Während man eigentlich nie genug loben kann, sollte man den Tadel nicht übertreiben. Auch hier ist es angebracht, immer die gleichen Worte zu verwenden, am gebräuchlichsten ist wohl das Wort „Pfui!", wenn erforderlich noch mit dem Zusatz „So ein schlimmer Hund!". Der Tadel muß immer unmittelbar der verbotenen Tat folgen, sonst hat er keinen Sinn und der Hund kann ihn nicht zuordnen – viel schlimmer noch, er bezieht ihn auf das, was er gerade tut, und das kann etwas durchaus Positives sein. Gerade Bobtails haben einen ausgeprägten Sinn für Gerechtigkeit, daher muß der Tadel in seiner Schärfe möglichst der Schwere der Untat angepaßt sein. Der Bobtail ist seiner Natur nach ja ein Arbeitshund, und wenn er erst einmal verstanden hat, was man von ihm erwartet, nimmt er seine Aufgaben auch sehr ernst. Um so verstimmter ist er, wenn er unverdient ausgeschimpft wird. Ich habe meine Judy einmal, als ich sehr nervös und in Eile war, angebrüllt, sie solle mir aus dem Weg gehen. Daraufhin sah sie mich unter ihrem Zöpfchen kühl an und legte sich würdevoll in eine Ecke, als wolle sie sagen: „Bitte sehr, das kannst Du haben, aber dann auch gleich für eine ganze Weile!" und schmollte stundenlang, indem sie mir auswich, mich keines Blickes würdigte und auf Ansprechen gar nicht reagierte. Ich mußte mich später, von meinem schlechten Gewissen geplagt, zu ihr auf den Boden setzen und mich im wahrsten Sinne des Wortes wieder einschmeicheln, bis sie mir großmütig verzieh. Da sage noch einer, Bobtails seien nicht sensibel! Dagegen weiß sie genau, wenn Schimpfe oder, was bei uns sehr, sehr selten vorkommt, ein leichter Klaps ihre Berechtigung haben, dann kommt sie zu mir, springt an mir hoch, streicht mir um die Beine, wackelt mit dem ganzen Hinterteil und bemüht sich rührend, ihr Vergehen wieder gutzumachen. Dann wird sie gestreichelt und gelobt und ich habe wieder einen entspannten, fast fröhlich wirkenden Hund, der sich in der nächsten Zeit sichtlich Mühe gibt, einen besonders guten Eindruck zu machen.

Wir sind hier mitten beim Thema Strafen. Ich mag das Wort Strafe im Grunde nicht, es hat so etwas von Rachegefühl an sich, mit dem man sich für eine absichtliche böse Tat revanchiert. Ein Hund, der richtig und artgemäß behandelt wird, benimmt sich jedoch niemals „böse", er macht höchstens einmal unbeabsichtigte Fehler, oder er hat keine Lust. Auch das sollte man in gewissen Grenzen respektieren, geht es uns Menschen doch auch manchmal so, daß wir ganz einfach einmal nicht zu etwas aufgelegt sind. Die Frage lautet also nicht „Wie strafe ich meinen Hund?", sondern „Wie mache ich meinem Hund begreiflich, daß er eben etwas Verbotenes getan hat?" Das klingt schon viel humaner und legt nicht gleich den Gedanken an Schläge nahe.

Wer seinen Hund buchstäblich verprügelt, disqualifiziert sich selbst als Hundehalter. Es gibt einige wenige Situationen, in denen ein zwar spürbarer, aber doch leichter Klaps berechtigt ist, aber das sind Ausnahmefälle und sie sollen es bleiben. Nun ist der Bobtail ja mit einem dicken Fell ausgerüstet und das, was man bei einem kurzhaarigen Hund als ausgleichenden Klaps betrachtet, spürt er wahrscheinlich kaum. Es gibt einen – allerdings zweifelhaften – Rat, und wer ihn befolgt, muß es sehr vorsichtig tun. Die empfindlichste Stelle eines Hundes –

und beim Bobtail die einzig unbehaarte – ist die Nase. Ein leichter Schlag mit der Hand, um Gotteswillen nicht mit der Leine oder einem harten Gegenstand, mit dem man kein Gefühl hat, kann in solchen Ausnahmesituationen Wunder wirken. Keinesfalls darf man aber so hart zuschlagen, daß etwa die Zähne aufeinanderschlagen. Wer zum Jähzorn neigt und eher unkontrolliert zulangt, sollte sich vielleicht doch lieber energisch an die hinterwärtige „Erziehungsfläche" halten. Nötig wird dieser Klaps im allgemeinen sowieso nur in den Augenblicken, in denen der Hund sich gegen seinen Herrn auflehnt, ihn anknurrt oder vielleicht sogar nach ihm schnappt. Dann bringt ihn dieser schnelle, kurze Schlag wieder auf den Boden der Tatsachen zurück. Diese Situation kann sich vor allem in der Zeit zwischen dem zwölften und achtzehnten Lebensmonat des Hundes ergeben, die etwa die „Flegeljahre" markiert. Öfter als zweimal habe ich sie noch bei keinem meiner Hunde erlebt. Lediglich bei meiner Judy, die die Leidenschaft mitbrachte, alles auch nur irgendwie Eßbare, was sie auf der Straße fand, zu fressen, als ich sie kaufte, waren mehrere Klapse notwendig, bis sie kapierte, daß sie sich dieses Laster abgewöhnen sollte. Auch heute noch kann sie es sich manchmal nicht verkneifen, eine besonders gut duftende Wurstpelle zu probieren. Zwar sind wir noch nicht soweit, daß sie sie nach dem obligatorischen Klaps auf die Nase wieder ausspuckt, aber sie läßt sich zumindest widerstandslos das Maul aufsperren und die Pelle aus dem Rachen ziehen und ist hinterher entsprechend zerknirscht. Seit wir in der Nähe einer Würstchenbude wohnen, entwickelt sie die Gewohnheit, kleinen Kindern, die dort friedlich an ihrer Bratwurst kauen, im Vorbeigehen blitzschnell die Wurst aus der Hand oder vom Pappteller zu nehmen. Da sie dann auf energisches Schimpfen nur noch genüßlicher ihre Beute verzehrt, bin ich zwangsläufig immer auf den heilsamen Klaps angewiesen, der allmählich auch schon Erfolg zeitigt, zumindest vergewissert sie sich jetzt immer mit einem schnellen Blick, ob ich sie wohl im Auge habe, wenn sie wieder so ein wurstessendes Opfer ansteuert.

Wenn sie mein warnendes „Juuudy. . . !" hört, schlendert sie auch betont gelassen an der Beute vorbei, aber nicht, ohne aus zehn Meter Entfernung noch einmal einen sehnsüchtigen Blick auf den entgangenen Genuß zu werfen.

Oft liest man in Hundebüchern, man solle Hunde nicht mit der Hand schlagen, weil sie dadurch handscheu würden, sondern lieber eine zusammengerollte Zeitung nehmen. Manchmal glaube ich, daß die Leute, die das schreiben, nie selbst einen Hund erzogen haben. Wer läuft denn ständig mit einer zusammengerollten Zeitung in der Hand herum? Und ein Schlag hat nun einmal nur dann die erwünschte Wirkung, wenn er unmittelbar auf die Missetat folgt. Bis erst eine Zeitung geholt und zusammengerollt wurde, tut der Hund längst etwas anderes und bezieht die Strafe dann darauf. Außerdem wird ein Hund nur handscheu, wenn er oft, unberechtigt und viel zu brutal mit der Hand verprügelt wird. Das sind dann auch die Hunde, die meist völlig falsch und lieblos behandelt werden und nicht nur gegen die menschliche Hand, sondern gegen den ganzen Menschen mißtrauisch gemacht werden. Auch das Argument, die Hand des Herrn solle nur Positives vermitteln, indem sie streichelt und das Fressen gibt, halte ich nicht für stichhaltig. Vielmehr meine ich, daß der Hund die Hand seines Herrn als Instrument der Gerechtigkeit betrachtet. Wenn er sich gut benimmt, gibt sie Zärtlichkeit, führt er sich schlecht auf, weist sie ihn in seine Grenzen zurück. Bei Hunden, die sich schon zusammenducken, wenn man nur die Hand hebt, kann man eindeutige Rückschlüsse auf das brutale Verhalten ihres Herrn ziehen. Judy, die in den acht Jahren, in denen ich sie habe, bei ihren verbotenen Beutezügen etwa ein Dutzend Klapse auf die Nase kriegte, zuckt dagegen mit keiner Wimper, wenn ich dicht vor ihren Augen Handbewegungen mache, als wolle ich sie auf den Kopf schlagen. Wenn ich diesen Test Bekannten vorführe, sitzt sie nur da und scheint zu überlegen, welchen Unfug ihr Frauchen da wohl wieder mit ihr treibt. Ein Zeichen dafür, daß sie die kurzen, schnellen Schläge wahrscheinlich gar nicht als von meiner Hand kommend erkennt oder aber sie voll akzeptiert, wenn sie sowieso weiß, daß sie etwas Verbotenes tut.

Es muß noch einmal gesagt werden, daß der Klaps auf die empfindliche Nase keinesfalls zu derb ausfallen darf und nur beim erwachsenen Bobtail angewendet werden darf. Beim Welpen hat man eine viel bessere Möglichkeit, die auch die Hundemütter bei ihren zu frechen Sprößlingen anwenden. Wenn sich eine Hundemama über ihr ungezogenes Kind ärgert, nimmt sie es schlicht am Nackenfell und schüttelt es kräftig durch. Diese Disziplinierungsmaßnahme sollte man auch beim jungen Bobtail anwenden, solange es aus Gewichtsgründen möglich ist.

Eine andere Art der Strafe ist ebenfalls aufs schärfste zu verurteilen: jede Art von Liebesentzug. Das Einsperren von Hunden, das Vorenthalten von Fressen und das Nichtbeachten sind Strafen, die weit über ihr Ziel hinausschießen und mehr Schaden in einer Hundeseele anrichten können als mancher wütende Hundebesitzer ahnt. Dabei gibt es einen sehr einfachen Weg, auch einem Hund, der sich gegen seinen Herrn auflehnt und sich selbst zum Leithund machen will, zu zeigen, wer das Sagen hat. Ein Hund macht naturgemäß nicht gern „Platz", er legt sich also nicht gern hin, wenn ihm nicht selbst danach zumute ist. Muckt der Vierbeiner also auf, muß er sich ein paarmal hintereinander hinlegen und wieder aufstehen. Wenn er so die Erfahrung macht, daß er ein dutzendmal flott hintereinander „Platz" und „Aufstehen" machen muß, wenn sein Herr es ihm befiehlt, wird er sich sehr reumütig zeigen und sich in den nächsten Stunden bemühen, ja recht folgsam zu sein. Normalerweise sollte diese Disziplinierungsmaßnahme eigentlich völlig ausreichen, um mit einem Bobtail glänzend über die Runden zu kommen.

Mancher hartgesottene „Hundesportler" wird vielleicht spöttisch über meine Auffassung lächeln, einem Hund nach Möglichkeit nicht weh zu tun und mich idealistisch und gefühlsduselig nennen. Soll er. Ich bin jedenfalls noch mit allen meinen Hunden glücklich geworden und hatte ein ungetrübtes, herzliches Verhältnis zu ihnen, ohne sie jemals ernsthaft zu schlagen, mit einer Wurfkette oder einem Stachelhalsband zu traktieren oder mit irgendwelchen anderen Instrumenten, die zur sogenannten „Willensbrechung" von Hunden angeboten werden, und ich meine, daß es auch jedem anderen gelingen kann, der sich auf das ihm anvertraute Tier einstellt und nicht den starken Mann markieren will. Der Wille eines Hundes braucht nicht gebrochen zu werden, mit Liebe, Geduld und Konsequenz kann man den Willen eines Bobtails so lenken, wie man ihn haben will. Und oft stellt man fest, daß in einem solchen, fast partnerschaftlichen Verhältnis auch der Vierbeiner bei einem selbst ganz erstaunliche Erziehungserfolge verzeichnen kann.

Die Erziehung setzt an dem Tag ein, an dem man sich den jungen Bobtail ins Haus holt. Er wird daran gewöhnt, seine Geschäftchen auf der Straße im Rinnstein zu verrichten, indem man ihn etwa alle zwei Stunden und immer sofort nach dem Fressen und nach dem Aufwachen hinausbringt und nach jedem Erfolg überschwenglich lobt. Sieht man, daß das Malheur in der Wohnung geschieht, wird der Übeltäter mit einem scharfen „Pfui, so ein schlimmer Hund!" ausgeschimpft — dann wird die Missetat weggewischt und alles ist vergessen. Schläge und erst recht das Hineinstoßen mit der Nase in die Pfütze oder das Häufchen sind grausam und nutzlos, ebenso jede Reaktion, wenn man das Ganze erst später entdeckt; das Tier kann dann Schimpfe und Geschäftchen überhaupt nicht mehr miteinander in Verbindung bringen, auch nicht, wenn man ihm seine Untat zeigt. Wenn man schnell reagiert, sobald der Welpe aufgeregt im Kreis herumläuft, mit der Nase am Boden, als suche er etwas, wird man in vielen Fällen sicher auch noch den Weg nach draußen schaffen. Dazu muß das Tier aber getragen werden, denn nur dann wirkt die natürliche „Bremse" noch und es plätschert nicht noch im Hausflur. Nach Möglichkeit sollte der Hund von Anfang an daran gewöhnt werden, in den Rinnstein zu gehen. In den allerersten Tagen der Sauberkeitserziehung muß aber auch dann gelobt werden, wenn das

Geschäftchen auf dem Gehsteig oder sonstwo verrichtet wird, wo es eigentlich nicht so recht hingehört. Erst, wenn der kleine Bobtail gelernt hat, daß er sich grundsätzlich draußen zu lösen hat, beginnt man mit der konsequenten Gewöhnung an den Rinnstein, vorher würde man das kleine Kerlchen nur unnötig verwirren, wenn man drinnen und draußen mit ihm schimpft und noch nicht richtig erkennen kann, daß er Lob nur im Rinnstein einheimsen kann. Sicher ist es eine unangenehme Situation, wenn der Kleine den Gehweg verunreinigt und Passanten einen ärgerlich darauf ansprechen, aber das sollte man die paar Tage in Kauf nehmen. Wenn es geht, sollte man sowieso immer dicht am Rinnstein gehen, dann kann man das Tier vielleicht doch noch rechtzeitig vom Gehweg herunter bugsieren. Manche Welpen reagieren aber verstört, wenn man sie ein Stück trägt oder hochhebt, wenn sie sich gerade „in Positur setzen". Hier muß man eben ausprobieren, wie der eigene Bobtail reagiert. Der „Hundeanfänger" darf sich übrigens nicht wundern, wenn auch junge Rüden in der ersten Zeit ihre Pfützen sitzend wie Hündinnen verrichten. Erst mit ein paar Monaten werden die ersten wackligen Versuche unternommen, das Bein zu heben.

Die meisten Hunde reizt es, in der Wohnung immer wieder an derselben Stelle ihr Geschäft zu verrichten. Das kann man ihnen dadurch abgewöhnen, indem man das Vorhergehende gründlich beseitigt und scharf riechende Reinigungsmittel verwendet, die den Geruch überdecken und dem Hund unangenehm sind. Es gibt im Fachhandel spezielle Mittel zur Sauberkeitserziehung, über deren Erfolg sich jedoch streiten läßt.

Mit der Sauberkeitserziehung bei jungen Hunden ist es dasselbe wie bei kleinen Kindern, der eine lernt es schnell, der andere braucht länger, es gibt Bobtails, die nach drei Tagen zuverlässig sauber sind, andere sind es nach drei Wochen noch nicht. Aber gelernt hat es bisher noch jeder. Gelegentlich kann es auch lange nach dem eigentlichen Sauberwerden noch einmal zu einem „Ausrutscher" kommen, wenn sich der kleine Kerl zum Beispiel beim vertieften Spiel einfach vergißt, wenn er ungewöhnlich viel getrunken hat, erkältet ist oder Durchfall hat. So etwas darf man dann nicht tragisch nehmen, auch bei Kindern kommt so etwas ja mitunter vor. Ich habe mit meiner kleinen Ghasra einmal eine hinreißende Situation erlebt. Mit etwa einem halben Jahr, als sie längst stubenrein war, tobte sie einmal mit viel Gebell und Geknurre mit einer Zeitung herum, die sie begeistert zerfetzte und schüttelte. Dabei gab es unvermutet einen kleinen See auf dem Teppich, wobei sie sich noch nicht einmal die Zeit nahm, sich richtig dazu hinzusetzen, das Rinnsal entstand praktisch im Laufen. Danach stoppte sie plötzlich, drehte sich mit affenartiger Geschwindigkeit um und stand dann einen Moment wie versteinert vor der Pfütze, die sie ganz verdutzt ansah. Mit einem Mal geriet wieder Leben in sie und sie raste wie ein geölter Blitz zur Tür und die Treppe hinab, so daß ich sie nur mit Mühe vor der Haustür einholte. Sie war offensichtlich fassungslos, daß ihr in ihrer Selbstvergessenheit beim Toben das Malheur passiert war und wollte das Ganze wohl durch schnelles Gassigehen wieder gutmachen. Ich habe kein böses Wort zu ihr gesagt und die Pfütze nachher stillschweigend beseitigt, zum einen, weil ich wußte, daß sie nichts dazu konnte, vor allem aber auch, weil ich gar nicht ärgerlich, sondern eher gerührt war über ihr Verdutztsein und ihr schlechtes Gewissen.

Ein wichtiges Kapitel in der Erziehung des Junghundes ist auch das Gewöhnen an regelmäßige Essenszeiten und daran, daß der Napf innerhalb von etwa einer halben Stunde leergefressen sein sollte. Beim erwachsenen Hund kann man das Fressen ruhig etwas länger stehen lassen, wenn er seine Mahlzeit lieber in mehreren Portionen frißt oder im Augenblick noch keinen Hunger hat, vor allem dann, wenn man ihm sein Fressen nicht täglich zur selben Zeit anbieten kann; da der junge Hund aber noch ein recht anfälliges Verdauungssystem hat, darf man nicht riskieren, daß sein Fressen durch zu langes Stehen sauer wird. Er muß also die Erfahrung machen, daß sein Napf sehr schnell wieder verschwindet, wenn er sich nicht gleich darüber hermacht. Das wird er sehr schnell verstehen und wenn man zeitlich in der Lage ist, ihm immer in gleichen Abständen und zu den gleichen Zeiten etwas zu geben, wird er sich sogar bald zur Fressenszeit am Ort des Geschehens einstellen, so daß man manchmal fast den Verdacht haben könnte, die kleinen Burschen hätten eine Uhr im Bauch.

Eins der ersten Erziehungsziele ist auch das Laufen an der Leine. Bis der Bobtail gesittet und brav bei Fuß neben einem hertrottet, wird noch eine Weile vergehen, und in der ersten Zeit sollte man sich ruhig ein bißchen auf den Hund einstellen, ihn schnuppern lassen und mit ihm stehen bleiben, wenn er fasziniert etwas beobachtet, einen auffliegenden Vogel etwa, dem er fassungslos nachsieht, einen anderen Hund oder sonst irgendwelche Dinge, die ihn interessieren. Es ist schön mitzuerleben, wie ein Bobtailkind die Welt entdeckt, und wenn es genug gestaunt hat, wird es auch wieder willig an der Leine mitzockeln. Vor dem ersten Spaziergang legt man dem Welpen schon einmal zuhause das Halsband um, damit er sich daran gewöhnt. Es darf nicht zu stramm sitzen, muß aber doch eng genug sein, so daß er beim Rückwärtslaufen nicht mit dem Kopf herausschlüpfen kann. Man kann auch ruhig in der Wohnung schon ein bißchen mit der Leine üben, manchmal klappt es dort sogar besser als wenn man es zum erstenmal im Freien versucht. Zunächst sollte man erst einmal dorthingehen, wo der Welpe hin will und erst allmählich dazu übergehen, den Weg selbst zu bestimmen, so daß das Tier nach und nach begreift, daß die Leine nichts Schlimmes ist und willig dahin geht, wo sie ihn hindirigiert. Bei den hartnäckigen kleinen Bobtails, die sich stur auf ihr Hinterteil setzen und nicht dazu zu bewegen sind, auch nur einen Schritt zu gehen, sollte man zunächst einmal kapitulieren, wenn auch das beste Zureden nichts nützt. Sie werden auf den Arm genommen und wieder in die Wohnung gebracht. Dort läßt man ihnen Halsband und Leine um und vertraut darauf, daß der kleine Revoluzzer ja nicht ewig auf seinen vier Buchstaben sitzen bleiben wird. Und siehe da, früher oder später wird er aufstehen und herumlaufen. Soll er ruhig einmal eine Weile die Leine hinter sich herziehen, so merkt er am ehesten, daß er keine Angst vor ihr zu haben braucht. Ganz allmählich geht man dazu über, die Leine kurz in die Hand zu nehmen und so kommt man Schritt für Schritt dazu, daß der erst so störrische Welpe willig neben einem herspaziert. Nutzt alles nichts, und der Vierbeiner sträubt sich erbittert, und alle Tricks und Locken mit Leckerbissen schlagen nicht an, dann gibt es allerdings keine andere Möglichkeit, als mit sanfter Gewalt ans Werk zu gehen und energisch an der Leine zu ziehen. Keinesfalls darf man plötzlich ruckartig an der Leine reißen, das kann unter Umständen zu inneren Verletzungen führen, sondern man muß dann ruhig und stetig ziehen, die Rutschpartie immer wieder unterbrechen und es noch einmal mit gutem Zureden versuchen. Irgendwann wird dann auch der bockigste Welpe kapieren, daß es doch erheblich angenehmer ist, auf seinen vier Beinen zu laufen, als auf Bauch und Popo zu schlittern. Ich meine jedoch, daß viele solcher Rutschpartien vermieden werden könnten, wenn man dem Welpen etwas mehr Zeit gäbe, sich an die Leine zu gewöhnen. Immer, wenn man selbst fast am Verzweifeln ist, weil sich das Tier keinen Zentimeter vorwärts bewegt, sollte man sich wieder ins Gedächtnis rufen, daß es sicher keine Böswilligkeit ist, die den Welpen dazu veranlaßt, sondern daß es nur Mißtrauen und Angst sind – und die bekämpft man immer besser mit Güte und Geduld als mit Strenge und Gewalt. Manche Welpen laufen auf ebenen Strekken schon hervorragend an der Leine, sind aber völlig fassungslos, wenn sie plötzlich vor einem neuen Problem stehen: Treppenstufen. Hier muß man noch einmal Geduld aufwenden und dem Tierchen Zeit lassen, seine Angst zu überwinden. Das Treppensteigen macht im allgemeinen keine Schwierigkeiten, wohl aber das Abwärtsgehen. Geübt wird zuerst von der untersten Stufe aus. Traut sich der Kleine nicht, auch nicht, wenn unten auf dem Boden ein Leckerbissen lockt, hilft man selbst nach. Man nimmt die Vorderläufe und setzt sie auf den Boden, dann schiebt man die Hinterhand nach. Nach ein paar Malen wird es auch der Ängstlichste selbst versuchen. Probeweise wird erst mal eine Pfote vorsichtig nach unten gesetzt, zurückgezogen und wieder heruntergesetzt, bis auch die zweite folgt und mit einem Zusammennehmen allen Mutes auch das Hinterteil noch ein bißchen ungeschickt herunterplumpst. Dann ist natürlich großes Lob fällig! Ist die erste Scheu überwunden, wird von der zweiten Stufe aus geübt und dann wird der Mut immer größer werden, bis es eines Tages so weit ist, daß der Bobtail viel schneller die Treppe unten ist als man selbst. Bei allem Üben gilt auch hier der Grundsatz: zuerst immer nur kurze Zeit üben und langsam die Übungszeit steigern, alles soll spielerisch geschehen und nicht in verbissenes Arbeiten ausarten. Merkt man, daß man selbst oder der Welpe nicht so recht bei Laune ist, bricht man ab und versucht es später noch einmal.

Es ist allerdings empfehlenswert, dem Bobtailwelpen bis etwa zum sechsten Lebensmonat das Treppensteigen zu ersparen, weil es sich negativ auf das Knochenwachstum auswirken und vor allem Kehhessigkeit der Hinterhand fördern kann.

An und für sich ist der Bobtail ein Hund, der Fremden gegenüber zwar nicht unfreundlich, aber doch recht reserviert ist. Im Welpenalter und auch noch als Junghund ist er aber so verspielt wie alle Hunde und neugierig auf alles, was um ihn herum passiert. Da junge Bobtails mit ihrem schwarz-weißen Plüschfellchen wunderhübsch anzusehen sind, wird so ein kleiner Kerl auf der Straße auch viel Aufmerksamkeit auf sich ziehen und viele Menschen, vor allem Kinder, werden sich begeistert auf ihn stürzen und ihn streicheln wollen. Ganz kann und sollte man das nicht unterbinden, es braucht aber auch nicht im Übermaß zu geschehen und man kann durchaus höflich und bestimmt sagen, daß man es nicht will, daß jeder das Tier anfaßt. Vor allem wenn man den erwachsenen Bobtail einmal als Wachhund einsetzen will, sollte man darauf achten, daß er Gelegenheit hat, ein gesundes Mißtrauen gegen Fremde zu entwickeln. Das kann er aber nicht, wenn er immer wieder die Erfahrung macht, daß jeder Fremde es gut mit ihm meint und ihn streichelt. Es sollte nicht so weit gehen, daß der Hund jeden Fremden anknurrt und die Zähne fletscht, der Idealfall ist der, daß der Bobtail sich neutral und uninteressiert verhält und jeden, der ihn anspricht, anschaut, als wolle er sagen: „Tut mir leid, ich hab schon einen Herrn, von dem ich meine Streicheleinheiten kriege. Mit uns beiden kann es daher leider nichts werden." Man kann davon ausgehen, daß nur ein Hund, der Fremden ein gewisses Mißtrauen entgegenbringt, das Eigentum seines Herrn bewacht und verteidigt, wenn er alleingelassen wird. Normalerweise wird sich aber sowieso eine gewisse Reserviertheit mit zunehmendem Alter etwa ab einem Jahr einstellen und man muß nicht gleich besorgt sein, wenn der Junghund noch begeistert mit Fremden spielt. Der „Ernst des Lebens" kommt auch bei ihm!

Noch etwas sollte der Welpe frühzeitig lernen, nämlich das Alleinbleiben. Viele Hunde jaulen jämmerlich, wenn sie alleingelassen werden, und das ist nicht nur unzumutbar für das Tier selbst, sondern auch für alle, die es mitanhören müssen. Wichtig ist, daß der Welpe sich nicht plötzlich alleingelassen sieht und dann vor Angst zu jammern anfängt. Er sollte es merken, wenn er allein bleiben muß, dann wird er mit seiner Angst eher fertig, weil er sie nicht schockhaft empfindet. Es ist sinnvoll, auch hier immer das selbe Wort zu benutzen, etwa „Warten!". Zunächst übt man ganz kurz. Man geht zur Tür, sagt „Warten", verläßt das Zimmer, schließt die Tür hinter sich und kommt gleich nach ein paar Sekunden wieder herein, möglichst noch vor dem ersten Jauler. Dann wird überschwenglich gelobt und gestreichelt. Jedesmal bleibt man ein paar Sekunden länger draußen. Ideal ist es, wenn man das Tierchen durch das Schlüsselloch beobachten kann. Merkt man, daß es unruhig wird, spricht man ein paar beruhigende Worte durch die Tür und betritt gleich danach wieder das Zimmer, um ausgiebig zu loben. Kann man schon ein paar Minuten wegbleiben, ohne daß lautes Wehklagen einsetzt, entfernt man sich mit lauten Schritten, um sich ganz leise wieder zurückzuschleichen. Setzt dann das Jammern ein, versucht man, mit ein paar Worten durch die Tür zu trösten. Nutzt das nichts, muß man das Zimmer wieder betreten. Macht der Welpe ein paarmal die Erfahrung, daß Herrchen trotz des offensichtlich lauten Weggehens ja immer noch präsent ist, wird er seine Angst vor dem Alleinsein verlieren. Man muß sich nur bemühen, sich wirklich leise wieder anzupirschen und dabei bedenken, daß ein Hund etwa sechzehnmal so gut hört wie ein Mensch!

Ansonsten braucht der normale Haushund nur ein bestimmtes Pensum an Kommandos zu kennen, die er allerdings zuverlässig befolgen muß. Dies sind im einzelnen „Pfui!" für alles, was verboten ist, „Sitz", „Platz" oder „Nieder", „Aufstehen" oder „Hoch", „Halt" oder „Stop", „Lauf" oder „Los", „Komm" oder „Hier" und eventuell „Warten", „Aus", „Nimm" und „bei Fuß". Kunststückchen wie beispielsweise Pfotegeben sind eine reine Spielerei, die man einem Tier – falls überhaupt – erst beibringen sollte, nachdem es alle wichtigen Kommandos auszuführen gelernt hat.

Die obengenannten Kommandos sollte man nach Möglichkeit seinem Bobtail selbst beibringen. Ich halte es überhaupt für schlecht, seinen Hund fremden Leuten zur Erziehung anzuvertrauen, auch dann, wenn dies erfahrene Hundefachleute sind. Das Verhältnis zum Hund wird mit Sicherheit inniger, wenn man ihn selbst erzieht, jeden Tag gemeinsam übt und sich über jeden kleinen Erfolg freut. Außerdem lernt man auf diese Weise sehr viel über die persönliche Eigenart des eigenen Bobtails.

Zunächst sollte immer dieselbe Person mit dem Welpen üben, immer nur kurze Zeit, damit das Tier nicht überfordert wird. Man beginnt mit etwa fünf Minuten. Mit zunehmendem Alter kann man allmählich auf eine Viertelstunde steigern. Niemals darf aber gleich nach dem Fressen geübt werden. Dann ist der Hund träge und lustlos und er sollte schlafen können, zumindest aber eine Stunde in Ruhe gelassen werden. Wenn man nahe daran ist, die Geduld zu verlieren und Gefahr läuft, ungerecht zu werden, bricht man am besten das Training ab, das ja Herrn und Hund gemeinsam Spaß machen sollte.

Vieles kann der Welpe lernen, ohne daß eigens dafür angesetzte Trainingszeit aufgewendet wird. Wenn man ihn aufmerksam beobachtet, gibt man einfach immer das Kommando für das, was er gerade tut. Läuft er auf einen zu, sagt man „Komm!", setzt er sich gerade hin, sagt man „Sitz!", legt er sich, sagt man „Platz!", steht er auf, sagt man „Aufstehen!". Hört er also immer wieder die gleichen Worte, verbindet er sie früher oder später mit seinem Tun, und dann ist das eigentliche Üben nicht mehr schwer.

Ein paar Gepflogenheiten aus dem traditionellen Hundesport sollte man ruhig in sein Erziehungskonzept einbeziehen. Zum Beispiel die, daß der Hund sich stets auf der linken Seite seines Herrn befinden soll. So hat man jederzeit die rechte Hand frei und wenn der Hund weiß, daß er sich immer an einer bestimmten Seite zu halten hat, läuft er einem nicht ständig kreuz und quer vor den Füßen herum. Eine andere sinnvolle Gewohnheit ist es, den Namen des Hundes stets nur dann dem Kommando anzufügen, wenn das Tier aktiv werden soll, also etwa nach „Lauf!".

Eine der einfachsten Übungen ist das „Sitz!". Man steht rechts vom stehenden Hund, gibt das Kommando „Sitz!" und drückt dabei die Kruppe des Tieres nach unten. Schafft man es mit der flachen Hand nicht, verstärkt man den Druck mit den Fingerspitzen. Sobald der ABC-Schütze sitzt, wird überschwenglich gelobt. Gewöhnt er es sich an, sich gleich auch noch hinzulegen, nimmt man ihn beim Üben an die Leine und zieht sie straff an, wenn er Anstalten macht, sich niederzulassen.

Bleibt er jedoch einen Augenblick sitzen, bevor er sich legt, kann man das Kommando „Platz!" gleich anschließen. Vielleicht lernt er so, welche Bedeutung dieser Befehl hat. Muß man „Platz!" separat üben, läßt man den Welpen erst niedersitzen, gibt dann das Kommando „Platz!" und drückt ihn entweder am Rücken unterhalb des Genicks nieder oder nimmt seine Vorderläufe in die Hand und zieht ihn so behutsam zu Boden. Wenn man ihn lieder niederdrückt, darf man nicht zu hoch am Hals drücken, um keine inneren Verletzungen zu verursachen, wenn das Tier Widerstand leistet. Die richtige Stelle ist die, wo beim Pferd der Widerrist sitzt. Vor dieser Übung sollte man den Welpen beobachten, in welcher Stellung er normalerweise liegt. Es gibt Bobtails, die beim Liegen ihre Keulen nach links und rechts ausklappen und aussehen wie ein ägyptischer Sphinx, wieder andere liegen nur auf der Seite. Diese persönliche Eigenart sollte man auch beim Üben respektieren und den Bobtail nicht zwingen, in einer ihm unangenehmen Liegestellung zu verharren.

Wenn man den Hund in der Wohnung auf einem eigens ihm zugewiesenen Platz halten will, auf dem er immer liegen soll, ist es eventuell sinnvoll, ihn mit dem Kommando „Geh auf Deinen Platz!" dorthin zu schicken und dafür ein anderes Wort als Befehl für das Hinlegen zu verwenden, etwa „Leg Dich!" oder „Nieder!", damit das Tier nicht durch das zweimalige Vorkommen des Wortes „Platz" irritiert wird.

Im Anschluß an Sitzen und Hinlegen bietet sich die Übung „Aufstehen!" an. Das Kommando wird dem sitzenden oder liegenden Hund mit heller, aufmunternder Stimme gegeben. In den meisten Fällen wird er folgen; tut er es nicht, hilft es oft, sich einige Schritte von dem Tier zu entfernen, sich etwas vorzubeugen und ermunternd gegen die eigenen Schenkel zu klopfen. Die meisten Hunde verstehen dies als Signal zum Spielen und werden freudig aufspringen.

Diese Übungsfolge sollte man jeden Tag einige Male durchtrainieren, dem Hund aber nach jedem Kommando genügend Zeit lassen, den Befehl in Ruhe auszuführen und nicht zu schnell hintereinander die Kommandos herunterschnurren. Die rasche Folge von „Platz! Aufstehen! Platz! Aufstehen!" ist nur angebracht, wenn der Hund diszipliniert werden soll, nachdem er sich schlecht benommen hat. Solange die Übungen noch nicht perfekt beherrscht werden, wird nach jedem Teilerfolg gelobt, aber auch später, wenn das Tier sie zuverlässig befolgt, tut ihm ab und zu ein Lob gut.

Manche Hundebesitzer meinen, ihrem Liebling etwas besonders Gutes zu tun, wenn sie ihn immer mit einem Leckerbissen belohnen. Das schadet aber zum einen der Linie, zum anderen läuft man Gefahr, daß der Hund sich zu sehr auf die Leckereien fixiert und auf dem Wege der Selbstbedienung sogar seine Schnauze in Herrchens Tasche steckt, wenn dieser das Leckerle nicht schnell genug zur Hand hat. Ein Hund soll gehorchen, um seinem Herrn eine Freude zu machen. Daß er das getan hat, merkt er aber am ehesten daran, daß dieser ihn mit Worten und Streicheln lobt. Ich muß immer lächeln, wenn ich so ein übendes Paar sehe und das Herrchen nach jedem Erfolg verzweifelt in der Tasche wühlt, während der Vierbeiner geifernd darauf lauert, bis der leicht zerkrümelte Brocken zum Vorschein kommt. Wehe, die Happen gehen einmal aus, dann wird der arme Zweibeiner aber mit Todesverachtung bestraft!

Vor allem, wenn der Bobtail später einmal ohne Leine laufen soll, muß er zuverlässig das Kommando „Halt!" oder „Stop!" befolgen. Im Straßenverkehr darf er erst frei laufen, wenn er dann auch ohne dieses Kommando vor jedem Straßenübergang stehen bleibt. Deshalb bietet es sich an, diese Übung beim Gassigehen vor jedem Bordstein durchzuführen; so erspart man sich das Üben in der eigentlichen Trainingszeit. Der Hund geht an der kurzen Leine eng neben seinem Herrn. Unmittelbar vor dem Bordstein erfolgt das Kommando „Halt!", mit einem kurzen Ruck an der Leine verbunden. Nach und nach läßt man den Ruck an der Leine schwächer werden, bis der Hund nur noch auf das verbale Kommando hört. Dann wird an der langen Leine geübt und schließlich beim Freilaufen. Marschiert der Vierbeiner seelenruhig weiter, muß er unbedingt zurückgerufen und das Ganze wiederholt werden, sonst nimmt er diese Übung nicht mehr sehr ernst. Immer bleibt man einen Augenblick stehen, läßt dann die Leine locker und geht auf das Kommando „Lauf!" wieder los. Beim Überqueren der Straße soll der Hund immer dicht neben seinem Herrn bleiben, erst danach darf er wieder ein Stück vorlaufen. Mit dem freilaufenden Hund wird nur in stillen, verkehrsarmen Gegenden geübt. Im Großstadtverkehr darf er erst dann ohne Leine laufen, wenn es ihm in Fleisch und Blut übergegangen ist, ohne jedes Kommando seines Herrn vor jedem Bordstein auf ihn zu warten, um dann dicht neben ihm die Straße zu überqueren, wenn dieser losgeht. Bevor das Tier nicht mindestens ein Jahr alt ist, sollte man es aber lieber angeleint lassen, es drohen ihm ja nicht nur auf der Straße Gefahren, schon mancher Hund wurde in Grundstückseinfahrten gefährlich verletzt, wenn Autos sehr schnell herausfahren, was ja leider oft der Fall ist. Darauf zu achten, kann man auch vom intelligentesten Hund nicht erwarten. Auch eine Katze oder ein Hund auf der anderen Straßenseite, ein lautes Geräusch, das ihn erschreckt, können bewirken, daß der Hund unvermittelt losrennt. Mit einigem Glück kann ihn ein durchdringend gebrülltes „Halt!" seines geistesgegenwärtigen Herrn noch stoppen, aber dieses Wagnis sollte man lieber nicht eingehen.

Das Kommando „Bei Fuß!" ist immer dann sinnvoll, wenn man den Hund in belebten Gegenden mitnimmt, so daß man ihn dicht bei sich haben muß. Geübt wird zu Anfang immer dann, wenn der Hund schon ausgetobt ist, so hat er weniger Lust auszubrechen. Ideal ist das Üben auf einem Weg, der an einer Seite von Mauern oder Zäunen begrenzt ist. Das Tier geht dann zwischen Mauer und linkem Bein seines Herrn. Ausgangsstellung ist „Sitz". Dann erfolgt das Kommando „Bei Fuß!" und man beginnt, mit dem linken Fuß zuerst, vorwärtszugehen. Dieses Vorsetzen des linken Fußes wird der Hund bald als zusätzliches Signal dafür erkennen, daß er losgehen soll. Die Leine wird kurz gehalten, aber nicht sehr straff angezogen. Sobald der Hund zurückbleibt oder vorauslaufen will, wird energisch daran geruckt und wieder das Kommando „Bei Fuß!" gegeben. Er geht richtig, wenn sein Kopf auf der Höhe des jeweils vorgestreckten Knies seines Herrn ist und er sich dicht an dessen Bein hält. Nachdem die Übung entlang der Mauer klappt, wird „geradeaus" ohne Mauer trainiert, und später kommen Kurven und Wendungen hinzu. Beendet wird das Programm immer mit dem Abnehmen der Leine und dem Kommando „Lauf!".

Wenn man jedesmal, wenn der Welpe freiwillig auf einen zumarschiert kommt, „Komm!" oder „Hier!" sagt, wird man es wahrscheinlich kaum noch üben müssen. Erweist es sich doch als notwendig, übt man zunächst an der langen Leine und läßt den Hund sich ein Stück entfernen. Reagiert er auf das Kommando „Komm!" nicht, wird er an der Leine geruckt und jedesmal mit einem neuen Ruck nachgeholfen, wenn er wieder stehenbleibt. Nähert er sich nur zögernd, wird jeder Schritt, den er auf einen zu macht, gelobt. Jeder Schritt in der entgegengesetzten Richtung wird mit einem „Pfui! Halt!" verdonnert. Niemals sollte man dem Tier entgegengehen, sonst endet man noch da, daß der Vierbeiner der Meinung ist: Wenn Herrchen „Komm" sagt, muß ich nur stehenbleiben, er kommt dann schon zu mir! Verweigert er den Gehorsam, wenn er ohne Leine läuft, geht man von ihm weg. Dann wird der Hüteinstinkt des Bobtails durchbrechen und er wird eilig hinter einem herkommen. Auch das muß dann natürlich mit Lob honoriert werden.

Zwei weitere wichtige Kommandos sind „Aus!" und „Nimm!". Der Hund muß seinem Herrn alles geben, auch den schönsten Knochen. Niemals sollte ihm jedoch plötzlich und unvorbereitet etwas fortgenommen werden. Vorher muß immer das Kommando „Aus!" erfolgen. Dann weiß der Hund, daß er seinen Besitz hergeben muß. Greift man dagegen einfach zu, kann es passieren, daß der Hund ganz verständlich und natürlich reagiert: er hat ein ausgeprägtes Besitzbewußtsein, sieht sein Eigentum bedroht und verteidigt es auf die naheliegendste Weise, er beißt zu. Zum Üben gibt man dem Tier einen großen Gegenstand ins Maul, der noch an den Seiten herausschaut, etwa einen Ast oder eine zusammengerollte Zeitung. Man sagt „Aus" und zieht daran. Läßt der Hund los, wird gelobt. Tut er es nicht, faßt man von oben mit einer Hand über seine Schnauze, drückt seine Lefzen gegen die Zähne und schüttelt ihn solange, bis er den Gegenstand fallen läßt. Auch dann muß er gelobt werden, als hätte er freiwillig losgelassen. Mit etwas Freßbarem, z.B. einem Knochen, sollte man erst üben, wenn die Übung schon gut klappt. Es ist sehr mühsam, den Hund daran zu gewöhnen, auf Wunsch seinem Herrn den strittigen Gegenstand brav vor die Füße zu legen. Wenn es sehr große Probleme macht, sollte man diese Übung vielleicht auch nicht unbedingt bis zur Perfektion treiben, für den normalen Haushund reicht es eigentlich aus, wenn man sicher sein kann, daß er sich widerstandslos das Maul aufsperren und den Gegenstand herausnehmen läßt, ohne böse zu werden.

Es ist ein großer Vorteil, wenn ein Hund von Fremden nur dann etwas zu Fressen nimmt, wenn sein Herr es ihm ausdrücklich erlaubt und das entsprechende Kommando „Nimm!" gibt. Ausgangspunkt dazu ist, daß das Tier weiß, alles was „Pfui!" ist, ist verboten. Man hält ihm einen Leckerbissen vor die Nase und sagt „Pfui!". Schnappt der Hund trotzdem danach, bedeckt man den Bissen mit der freien Hand und sagt nochmal „Pfui!". Das wird solange wiederholt, bis es klappt und der Happen nur noch mit einem sehnsüchtigen Blick bedacht wird. Auf Schwierigkeitsstufe zwei wird der Happen auf den Boden gelegt und der Prüfling angeleint ganz nahe daran vorbeigeführt. Schnappt er danach, ruckt man kräftig an der Leine und sagt wieder „Pfui!". Gelingt es ihm sogar, ihn aufzunehmen, wird er ihm mit „Aus!" wieder fortgenommen. Hat er begriffen, hält man ihm den Brocken wieder vor die Nase und sagt aufmunternd „Nimm!". Jetzt kann es natürlich sein, daß er mißtrauisch geworden ist. Dann hilft nur gutes Zureden, indem man immer wieder das Wort „Nimm" betont, bis er zögernd den Happen aus der Hand nimmt. Dann ist großes Lob fällig. Danach sollte man unbedingt noch einmal die ganze Übung mit mehrmaligem „Pfui!" und abschließendem „Nimm!" absolvieren, damit der Hund ganz klar den Sinn beider Kommandos versteht. Fortan wird er sowohl an Freßbarem, das auf der Straße liegt, achtlos vorbeigehen, als auch von Fremden nur etwas annehmen, wenn sein Herr es ihm mit „Nimm!" erlaubt. Wer Wert darauf legt, daß sein Bobtail dieses Kommando exakt befolgt, sollte frühzeitig mit dem Üben anfangen, sonst fällt es dem Hund gar zu schwer, auf die liebgewordene Gewohnheit zu verzichten, jeden Leckerbissen „am Rande" mitzunehmen. Bei meiner Judy, die ich im Alter von sechzehn Monaten kaufte, war diese Unart schon so verfestigt, daß ich sie ihr bis heute nicht abgewöhnen konnte. Wenigstens habe ich erreicht, daß sie sich willig das Maul aufsperren und sich ihre Beute wegnehmen läßt. Mehr könnte ich wahrscheinlich nur mit Gewalt erreichen, aber auch da habe ich Zweifel, und ich möchte nicht das gute Verhältnis zu ihr aufs Spiel setzen. Dagegen ist es einfach, einen Welpen von Anfang an daran zu gewöhnen, daß er nur aus seinem Napf und aus der Hand seines Herrn fressen darf. Ein solcher Hund wird dann auch niemals bei Tisch betteln. Er wird im Restaurant sofort unter dem Tisch verschwinden und erst wieder auftauchen, wenn er dazu aufgefordert wird.

Das sogenannte „Ablegen", das Warten ohne sich zu rühren, ist meines Erachtens eine fragwürdige Angelegenheit. Zwar kann man einen Bobtail daran gewöhnen, eisern an einem bestimmten Platz auszuharren und zu warten oder auf etwas aufzupassen, aber ein Unsicherheitsfaktor ist immer dabei. Der Hund kann vor etwas erschrecken oder er kann ein Reizsignal empfangen, das stärker ist als sein Gehorsam, zum Beispiel wird ein Rüde auf eine unzumutbare Probe gestellt, wenn eine läufige Hündin an ihm vorbeigeht, während er regungslos auf seinen Herrn warten muß. Wenn hier beispielsweise der stärkere Urtrieb durchbricht und er seinen Platz verläßt, um der Hündin zu folgen, kann es sein, daß das zurückkehrende Herrchen seinen Hund weit und breit nicht mehr sieht. Wenn man seinen Hund irgendwo warten lassen muß, wo man ihn nicht im Auge haben kann, sollte man ihn auf alle Fälle anleinen, auch wenn gerade der Bobtail als Hütehund besonders zuverlässig ist. Aber wie gesagt, man kann nie wissen, was passiert.

Wer es seinem Bobtail trotzdem beibringen will, leint ihn locker an, läßt ihn niederliegen und entfernt sich langsam immer weiter, mehrmals das Kommando „Warten!" gebend. Immer, wenn das Tier Anstalten macht, aufzustehen, wird es mit einem scharfen „Pfui! Warten!" verwarnt. Wenn man wiederkommt, sollte man ihn nicht schon aus der Entfernung zu sich rufen, sondern ihn abholen. Zuerst wird er gelobt, aufstehen darf er aber erst auf das Kommando „Aufstehen!". Jedem Hund – und gerade dem Bobtail mit seinem ausgeprägten Hüteinstinkt – fällt das Warten leichter, wenn er auf etwas aufpassen kann, das seinem Herrn gehört. Dazu kann noch zusätzlich das Kommando „Aufpassen!" gegeben werden. Bevor man aber nicht sicher ist, daß der Hund den Gegenstand wirklich gegen Fremde verteidigt, sollte man natürlich nichts Wertvolles bei ihm lassen.

Mit den genannten Befehlen kommt man normalerweise aus, mehr braucht ein Haushund nicht zu können. Wer seinen Bobtail weiter ausbilden will, kann sich in einschlägigen Büchern informieren, sollte sich aber immer der ausgeprägten Persönlichkeit des Bobtails gegenwärtig sein und behutsam mit ihr umgehen. Vieles läßt sich mit etwas mehr Geduld und Einfühlungsvermögen lernen, ohne dem Tier auf die Weise weh zu tun, in der es oft in solchen Büchern beschrieben ist. Auch, wenn man in einem Verein oder auf einem Hundeplatz übt, sollte man sich nicht scheuen, sich gegen altgediente Hundesportler zu behaupten und zu sagen: „Ich tu meinem Hund nicht weh, wenn es nicht unbedingt sein muß – und hier muß es nicht sein!" Bei meinen Hundeplatzbesuchen habe ich ein feines Gespür dafür entwickelt, welche Hunde auf die „Nullachtfünfzehn-Tour" trainiert wurden – sie wirkten immer etwas verängstigter und verkrampfter, wenn sie prompt gehorchen. Hunde, die liebevoll und einfühlsam trainiert sind, wirken dagegen viel gelöster. Ein Bobtail muß sich auf „Platz!" nicht unmittelbar hinplumpsen lassen – soll er sich doch geruhsam mit einem gemütlichen Brummen niederlassen und in seinem ganzen Wesen demonstrieren: Ich gehorche ja, nur halt nicht auf die Zack-Zack-Tour. Und Herrchen und ich sind glücklich dabei!

In der Fachliteratur stehen unter dem Stichwort „Erziehungsmittel" meist: Wurfkette, Stachelhalsband und lange

Leine. Über den Sinn solcher Erziehungsmittel läßt sich natürlich streiten. Die Wurfkette, eine massive kurze Metallkette, die fast wie ein Halsband aussieht, soll nach dem Hund geworfen werden, wenn man frei laufend mit ihm übt, ihn also selbst nicht erreichen kann, wenn er einen Fehler macht. Sicher wird er daraufhin einen Schreck bekommen, aber ich bin der Meinung, daß ein laut gebrülltes „Pfui" den gleichen Zweck erfüllt. Nachdem ich einmal erlebt habe, daß ein Hund mit der Kette am Kopf getroffen wurde und eine schlimme Verletzung erlitt, lehne ich die Wurfkette energisch ab. Wer sie anwenden will, muß sicher sein, daß er sie so wirft, daß sie das Tier nicht am Kopf treffen kann. Aber wer ist schon so treffsicher, daß er aus zwanzig, dreißig Meter Entfernung einen laufenden Hund an einer bestimmten Stelle treffen kann?

Auch dem Stachelhalsband als Erziehungsmittel stehe ich skeptisch gegenüber. Gemeint ist damit ein Kettenhalsband nach Art der Würgebänder, dessen nach innen gebogene Glieder sich beim Zuziehen so zusammendrücken, daß sie die Halshaut des Hundes in Falten legen und zusammenquetschen. Wenn es weit und locker angelegt ist, ist es wie jedes andere Halsband, wird es zusammengezogen, bereitet es dem Hund starke Schmerzen. Es wird von professionellen „Hundesportlern" oft bei jedem Üben an der Leine angewandt und verführt dann leicht zum Benutzen. Es ist ja so einfach, mal kurz zu ziehen und zu wissen: jetzt tut es dem Hund weh und er verbindet es (hoffentlich!) mit seinem augenblicklich falschen Verhalten. Als ob es ein scharfes „Pfui" nicht genauso täte! Für angebracht halte ich das Stachelhalsband – aber auch hier mit großen Vorbehalten – nur bei Hunden, die an der Leine so stark ziehen, daß man sie nicht mehr halten kann. Bei einem Hund mit der Kraft eines Bobtails kann das durchaus vorkommen. Zunächst sollte man es allerdings dann erst einmal mit einem normalen Würgehalsband versuchen, das dem Tier lediglich den Hals zuzieht, ohne es gleich noch mit stärkeren Schmerzen zu traktieren. Dieses Würgehalsband sollte aus rund verarbeitetem Leder sein, eine grobgliedrige Kette geht auch.

Es empfiehlt sich auch zu beobachten, ob der Hund immer oder nur bei bestimmten Gelegenheiten zieht. Eine solche Situation habe ich in der ersten Zeit mit Judy erlebt. Normalerweise ging sie sehr schön an der Leine, nur beim täglichen Spaziergang in den Park zerrte sie mich hechelnd hinter sich her, sobald sie merkte, daß es in Richtung Park ging. Auch das Würgehalsband nutzte nichts, sie schnaufte und röchelte zwar fürchterlich, kam aber nicht auf die Idee, langsamer zu gehen. Fast hätte ich vor Verzweiflung schon ein Stachelhalsband gekauft, da überlegte ich mir, daß sie eigentlich nur dann zog, wenn es in Richtung Park ging, also konnte sie es nicht erwarten hinzukommen und mit den anderen Hunden zu spielen. Schlicht: sie freute sich, und ich ging für ihren Geschmack zu langsam. Die Frage war nun, wie schnell ich hätte gehen müssen bzw. würde sie schnurstracks mit einem Affenzahn losrennen, wenn ich sie von der Leine ließ? An einem verkehrsarmen Abend wagte ich es und ließ sie erstmals frei laufen. Und siehe da: sie rannte zwar ein kleines Stück vor, kam dann aber wieder zu mir zurück, lief wieder vor und kam zwischendurch immer wieder zu mir. An Straßenkreuzungen blieb sie auf mein „Halt!" hin stehen und wartete brav, um auf „Lauf!" erleichtert wieder loszulegen. Auf dem ganzen Weg war sie ungemein fröhlich und lebhaft. Das Problem war also gelöst, fortan lief sie immer frei zum Park und kurze Zeit später war sie so zuverlässig, daß ich sie ohne Leine in die Frankfurter Innenstadt mitnehmen konnte. Sie genießt es offensichtlich, ohne Leine zu gehen und läßt sich auch vom stärksten Verkehr nicht beeindrucken, und für mich ist es viel bequemer als ständig mit der Leine herumhantieren zu müssen. Wer also einen Bobtail hat, der nur in bestimmten Situationen zieht, sollte sich vor dem Kauf eines Stachelhalsbandes überlegen, ob er ihn nicht in diesen Situationen lieber frei laufen läßt. Der Hüteinstinkt des Bobtails wird im allgemeinen so stark sein, daß er sich nicht aus der Sichtweite seines Herrn entfernt. Zieht er allerdings ständig und erfordert es die Sicherheit, daß er angeleint geht, kann das Stachelhalsband eine Erziehungshilfe sein, aber es sollte so wenig und so vorsichtig wie möglich angewendet werden.

Die lange Leine – es gibt auch Modelle in einer Kassette mit automatischem Rücklauf, man muß also nicht die ganze Leine in Schlingen in der Hand tragen – ist bei Übungen nützlich, bei denen eine gewisse Entfernung zwischen Herrn und Hund liegen muß, etwa bei der Übung „Komm!". Wenn man sich des Gehorsams des Hundes noch nicht ganz sicher ist, hat man durch die Möglichkeit eines kurzen Rucks an der Leine die Sicherheit, dem Vierbeiner zu signalisieren: Herrchen erreicht Dich doch! Auf alle Fälle ist dies die humanere Lösung als die Wurfkette, wenn sie auch etwas umständlicher ist, denn man ist ewig am Auf- und Abwickeln, da der Hund die Leine ja nicht spüren soll, sie also lose hängen muß und nur straffgezogen werden darf, wenn eine Disziplinierung nötig ist.

Ein ganz anderes Thema, das aber auch in den Bereich der Erziehung fällt, ist das Autofahren und ganz allgemein auch das Verhalten des Bobtails in öffentlichen Verkehrsmitteln. Wer einen Kombi besitzt, hat es einfach. Mit einer dicken Decke oder einem passend zugeschnittenen Stück Teppich hat der Bobtail hinten im Auto sein eigenes Abteil. Es empfiehlt sich allerdings – vor allem, wenn Kinder auf den Rücksitzen mitfahren – ein Schutzgitter zwischen Heckraum und Fahrraum anzubringen. Solche Gitter lassen sich mit Hilfe einer Teleskopfederung in jeden Fahrzeugtyp ohne viel Montagearbeit einsetzen und verhindern, daß der Hund absichtlich oder unabsichtlich in den Fahrerraum gelangt. Es wurde schon mancher Unfall verursacht, indem ein Hund von hinten den Fahrer ansprang. Das Tier muß es noch nicht einmal willentlich tun. Wenn ein Hund aufrecht auf dem Rücksitz sitzt und der Fahrer stark bremst, kann der Hund von hinten mit einer solchen Wucht gegen den Fahrersitz geschleudert werden, daß der Fahrzeugführer die Kontrolle über den Wagen verliert. Deswegen sollte man einen Bobtail, der auf dem Rücksitz fährt, daran gewöhnen, möglichst liegend zu fahren. Bei größeren Autos und wenn die Fahrt nicht allzu lang dauert, hat auch ein

Bobtail genug Platz auf dem Boden vor dem Beifahrersitz, wenn man diesen ganz weit nach hinten rückt. Dort ist an und für sich der sicherste Platz für einen Hund, vorausgesetzt, er legt nicht dauernd seine Schnauze so, daß der Fahrer beim Schalten behindert ist. Auf diese Weise wird ein Bobtail auch am besten im Taxi transportiert. Wenn man mit dem Hund Taxi fahren muß, sollte man schon beim telefonischen Herbeirufen des Wagens dazu sagen, daß ein großer Hund mitfährt, sonst kann man erleben, daß ein Taxifahrer sich weigert, den Bobtail mitzunehmen. Da es sowieso offiziell verboten ist, Tiere im Taxi zu transportieren, bleibt einem dann nichts anderes übrig, als ein anderes Taxi zu rufen. Seit ich dadurch einmal einen Zug verpaßt habe, sage ich es immer dazu. Und da ich mit Judy sehr oft Taxi fahre, werde ich bei der Frankfurter Taxizentrale meist schon von selbst gefragt: „Mit oder ohne Hund?", wenn ich einen Wagen für einen Kunden bestelle und den Hinweis auf den Hund weglasse. Wer ein kleines Auto hat oder längere Fahrten vor sich hat, sollte es seinem Bobtail allerdings ermöglichen, es sich auf dem Rücksitz bequem zu machen. Wer Verloursbezüge auf den Sitzen hat, vergesse nicht, eine Decke unterzulegen, vor allem, wenn das Wetter schlecht ist. Das nächste Auto eines Bobtailbesitzers sollte sowieso mit abwaschbaren Sitzen ausgestattet sein. Wer schon einmal fluchend und ächzend Pfotenabdrücke ausgewaschen und Bobtailhaare vom Velours aufgeklaubt hat, wird gern auf Plastik oder – wer es sich leisten kann – Leder umsteigen.

Im allgemeinen fahren Bobtails – wie die meisten Hunde – gern Auto. Wichtigste Voraussetzung dafür ist, daß die erste Autofahrt positiv verläuft, denn auch hier verallgemeinert ein Hund: einmal schlecht, immer schlecht. Wird ihm bei der ersten Autofahrt übel und muß er sich gar übergeben, wird sich seine Begeisterung in Grenzen halten, wenn er zur zweiten Fahrt einsteigen soll. Die erste Fahrt sollte also nur kurz sein und der Hund darf nicht gerade gefressen haben. Wenn man merkt, daß er unruhig wird oder wenn er sich gar übergibt, wird eine Pause gemacht und der Fahrschüler an die frische

Luft gelassen. Bei längeren Fahrten sollte spätestens alle drei Stunden eine Rast gemacht werden, damit der Hund ein bißchen laufen und seine Geschäfte verrichten kann. Neigt er generell zur Übelkeit, kann man sich vom Tierarzt Reisetabletten geben lassen. Keinesfalls dürfen Hunde aber Reisetabletten nehmen, die für Menschen gedacht sind, es sei denn auf ausdrückliches Anraten des Tierarztes. Wie so viele Medikamente haben die meisten dieser Mittel beim Tier ganz andere Wirkungen als beim Menschen.

Ist ein Bobtail, der schon schlechte Erfahrungen mit Autos gemacht hat, nicht dazu zu bewegen, freiwillig einzusteigen, muß man mit vielerlei Tricks arbeiten, vor allem, wenn es sich um ein Tier handelt, das man erst älter gekauft hat und von dem man nicht weiß, woher seine Abneigung gegen Autos stammt. Gewalt und Zwänge wären hier falsch am Platze, sie würden die Aversion noch vergrößern. Mit viel Geduld muß der Mißtrauische zunächst dazu gebracht werden, überhaupt wieder ins Auto zu steigen. Oft klappt es schon, wenn alle Fahrzeugtüren geöffnet sind und man mit dem Hund in der Nähe spielt. Dann wirft man ab und zu das Spielzeug, einen Ball etwa, in das Auto und im Eifer des Gefechts wird es auch meist wieder herausgeholt. Die Abneigung kann auch dadurch behoben werden, indem man Leckerbissen ins Wageninnere legt, die sich der Hund herausholt, ich kenne sogar einen Hund, der tagelang seine Futterschüssel auf den Rücksitz gestellt bekam und sie dort leerfraß. Steigt er erst einmal ein, setzt man sich zu ihm, lobt und streichelt ihn, bis er ganz entspannt ist. Die nächste Stufe ist das Laufenlassen des Motors, erst bei offenen, später bei geschlossenen Türen, und ganz allmählich immer länger werdende Fahrten. Je verängstigter das Tier zu Anfang ist, desto behutsamer muß vorgegangen werden und die einzelnen Gewöhnungsstufen möglichst langsam gesteigert werden. Die nächste darf erst in Angriff genommen werden, wenn sich das Tier auf der bisherigen ganz entspannt verhält. Bei einem Tier, das panische Angst vor Autos hat, kann das unter Umständen Wochen und Monate tägliches

Üben mit sich bringen. Aber diese Zeit muß man investieren, und aus manchem Automuffel ist so schon ein begeisterter Autofan geworden. In den allermeisten Fällen wird ein Bobtail aber wahrscheinlich keine Probleme machen, wenn er seine ersten Fahrten gut übersteht. Selbstverständlich ist darauf zu achten, daß bei offenen Fenstern kein Zug entsteht, denn auch die dichten Ponyfransen schützen nicht immer vor einer Entzündung der Augen. Hat der Bobtail gar die Haare zu einem Zöpfchen hochgebunden oder sind sie abgeschnitten, darf er erst recht keinem Fahrtwind ausgesetzt werden. Dennoch muß frische Luft im Auto sein – und Zigarettenqualm sollte dem zotteligen Beifahrer möglichst auch nicht zugemutet werden. Dadurch wird Bobtails genauso wie empfindlichen Menschen schlecht. Wenn der Hund allein im Wagen warten muß, sollte es selbstverständlich sein, daß ein Fenster etwas geöffnet ist – Diebe werden durch den Anblick des Wächters sicher ausreichend erschreckt – und das Wageninnere nicht der prallen Sonne ausgesetzt ist, auch nach längerer Parkzeit nicht. So natürlich das sein sollte, oft wird es nicht bedacht und gerade für einen Bobtail mit seinem dichten Fell ist der Aufenthalt in einem schlecht belüfteten, sonnenheißen Auto besonders unangenehm. Wenn irgend möglich, sollte man den Hund sowieso mitnehmen. Wenn er gut erzogen ist, darf er auch zum Einkaufsbummel mitkommen, denn außer in Lebensmittelgeschäfte darf er überall mit hin. In Kaufhäusern sind außer Rolltreppen meist auch noch normale Treppen oder zumindest Aufzüge, so daß man auch mit Hund jede Etage erreichen kann. Oft hat man sogar den Vorteil, besonders aufmerksam bedient zu werden, wenn man in Begleitung dieses immer noch auffallenden Hundes erscheint. Genau so selbstverständlich, wie man einen Bobtail mit zum Friseur nehmen kann, darf er beispielsweise auch in der Boutique mit in die Umkleidekabine. Wenn er sich entsprechend zu benehmen weiß, macht er weder hier noch da irgendwelche Probleme.

Ähnlich problemlos ist es, einen Bobtail in öffentlichen Verkehrsmitteln zu transportieren, wenn er daran gewöhnt ist und keine Angst hat. Es ist von Stadt zu Stadt unterschiedlich, ob und in welcher Höhe der Vierbeiner Beförderungsentgelt zahlen muß. Oft darf er in Straßenbahnen und Bussen umsonst fahren, lediglich bei der Deutschen Bundesbahn muß der halbe Fahrpreis zweiter Klasse für ihn gezahlt werden. Mit dieser Fahrkarte darf er aber auch mit in die erste Klasse und braucht keinen Extra-Zuschlag zu zahlen. Mit seiner Zweite-Klasse-Karte darf er sogar TEE und Intercity fahren. Der Höflichkeit halber sollte man die Mitreisenden im Abteil fragen, ob der Hund sie stört, wenn man nicht das Glück hat, ein eigenes Abteil zu erwischen. Zumindest bei den ersten Zugfahrten ist es ratsam, den Bobtail angeleint zu lassen und die Leine entweder festzuhalten oder sie an einem Sitz oder einer Armlehne zu befestigen, denn auch der friedlichste Zeitgenosse kann in dem engen Abteil einen ungeahnten Verteidigungstrieb entwickeln, wenn der Schaffner plötzlich die Tür öffnet und forsch nach den Fahrkarten fragt. Zum einen vermeidet man mit dem Anleinen, daß der Beamte gebissen werden könnte, wenn Freund Bobtail ihn als gar zu unsympathischen Eindringling in sein neues Revier betrachtet, zum mindesten aber erspart man sich Ärger, denn auch ein Hund, der friedlich an Beamtenhosenbeinen schnuppert, kann dem „Insassen" eben dieser Hosenbeine ein Dorn im Auge sein.

Für alle öffentlichen Verkehrsmittel sollte es im übrigen selbstverständlich sein, daß der Bobtail nicht auf die Sitze steigt, sondern dicht neben dem Platz seines Begleiters auf dem Boden sitzt oder liegt, so daß auf den Gängen auch für ängstliche Naturen noch Platz genug ist, vorbeizugehen. Außerdem ist es angebracht, auch auf den vermeintlich friedlich daliegenden Hund ab und zu ein mißtrauisches Auge zu werfen. Unter den Sitzen sammelt sich nämlich manchmal so allerlei Reizvolles an, und da der Vierbeiner weiß, daß es eigentlich verboten ist, entwickelt so mancher ein beachtliches Geschick, heimlich, still und leise millimeterweise an das begehrte Objekt heranzurobben. Man kann es ihm ja auch nicht verdenken, wenn er in seiner Langeweile zum Stilliegen verurteilt ist und zehn Zentimeter vor der Nasenspitze lockt etwa eine halbvolle Pommes-frites-Tüte! Oder die Dame auf dem Sitz vor einem hat ihren Einkaufskorb mit den eben eingekauften Schnitzeln unvorsichtigerweise neben sich auf den Boden gestellt. Wenn man erst wartet, bis das Einwickelpapier raschelt, ist es zu spät und den Appetit auf Schnitzel wird sich die Ärmste wohl verkneifen müssen. Wer einmal seinem Bobtail einen Kaugummi aus dem Fell gekämmt hat, wird im übrigen auch einen Blick dafür entwickeln, was so alles auf dem Boden herumliegt, bevor der Hund sich niederläßt.

Erste Schwierigkeiten beim Benutzen öffentlicher Verkehrsmittel ist aber meist das Ein- und später das Aussteigen, denn die steilen Trittchen und Treppchen, die so mancher Zug aufweist, sind kaum für Menschenfüße begehbar, geschweige denn für Hundepfoten. Den Welpen und Junghund kann man bequem auf den Arm nehmen, aber spätestens mit einem halben Jahr sollte man ihn allmählich daran gewöhnen, sich selbst zu helfen. Auch hier geht man schrittweise und ohne Zwang vor, indem man ihn vielleicht erst einmal auf halber Höhe absetzt, wenn er die zwei oder drei Stufen noch nicht ganz schafft. Später geht es dann mit einem großen Satz, bei dem man nicht vergessen darf, schnell nachzukommen oder aber die Leine loszulassen, sonst fallen entweder Herrchen oder Hund auf die Nase, denn je nach den Kräfteverhältnissen wird einer der beiden an den Leinenenden massiv in seinem Vorhaben gestört. Wird der Vierbeiner jäh im Sprung gestoppt, kann er dadurch fortan eine Abneigung gegen das entsprechende Gefährt entwickeln, wird Herrchen schwungvoll mitgezerrt, kann es Verletzungen, zumindest aber den Spott der Mitfahrenden zur Folge haben. Am besten also immer: Leine loslassen. Eine Ausnahme müssen natürlich Straßenbahnen und Busse bilden, an denen auch an den Haltstellen der Verkehr vorbeifließt. Hier kann es sonst passieren, daß der Hund im Schwung gleich vor ein Auto läuft.

Es gibt übrigens ein erstaunliches Phänomen, das man bei Hunden beobachten kann, die oft dieselbe Strecke fahren.

Auch wenn sie nicht aus dem Fenster sehen können und mucksmäuschenstill auf dem Boden liegen, wissen sie genau, wann das Ziel erreicht ist und setzen sich erwartungsvoll auf. Wahrscheinlich verfolgen sie die Strecke anhand der Straßenlage des Fahrzeugs und der Kurven, die gefahren werden.

Der vorletzte Punkt im Knigge des Bobtails, der ein „normales" Leben führt, ist das Benehmen in Restaurants. Dort ist der Platz des Hundes in aller Regel unter dem Tisch. Sind dort allerdings Querverstrebungen, die ihm das bequeme Liegen nicht ermöglichen, muß er dicht neben Herrchens Stuhl. Und auch hier gilt der Grundsatz: Leine anlassen und unter Kontrolle halten. Wenn man bedenkt, wie die Welt so unter dem Tisch hervor aus der Hundeperspektive aussieht, kann man durchaus verstehen, daß die nahenden schwarzen Hosenbeine des Obers als Bedrohung aufgefaßt werden oder einfach dazu animieren, ein bißchen daran zu zupfen. Auch wenn nur die Hose und nicht die Wade des dienstbaren Geistes darunter leidet, peinlich ist es trotzdem, das Essen ist vermiest und das Lokal wird man so gern nicht wieder besuchen wollen.

Bekannte von mir haben einen Boxer, der jahrelang als friedliebender und freundlicher Hund bekannt war, bis er eines Tages einmal urplötzlich im Lokal unter dem Tisch hervorschoß, einer vorbeigehenden Dame zweimal kräftig ins Bein biß und hochbefriedigt wieder unter dem Tischtuch verschwand, als sei nichts gewesen. Danach war er bis heute wieder friedlich und verträglich. Ein Beweis dafür, daß man eben nicht ermessen kann, was in einem Tier vorgeht und wie es bestimmte Situationen auffaßt.

Das allerletzte Kapitel in puncto Benimm ist für einen Bobtail, dessen Halter stolze Gartenbesitzer sind, das Verhalten im Garten. Für einen Hund ist es gar nicht selbstverständlich, daß Beete und Anlagen nur dazu da sind, das Auge zu erfreuen und nicht zum Drüberwegtoben. Er lernt aber schnell, daß er in Herrchens Gunst sinkt, wenn er die Wege verläßt. Jedesmal, wenn er einen Fuß auf ein Beet setzt, wird er mit lautem „Pfui!" verdonnert. Fällt auf diese Weise der Groschen nicht so recht, wird er angeleint und Herrchen marschiert mit ihm auf den Wegen hin und her und jedesmal wenn der Vierbeiner auf Abwege gerät, heißt es „Pfui!", verbunden mit einem ermahnenden Ruck an der Leine. So lernt es auch der Dümmste.

Eine andere Unart ist viel schwerer zu bekämpfen, nämlich das Buddeln und Vergraben guter Sachen, speziell von Knochen. Dieses wölfische Verhalten ist auch noch in vielen Bobtails lebendig. Wölfe pflegen sich den Bauch mit der gerissenen Beute vollzuschlagen, und was sie nicht mehr schaffen, wird in der Erde vergraben und bei Bedarf wieder ausgebuddelt. Das rohe Fleisch verdirbt in der Erde nicht zur Ungenießbarkeit für den Hund, auch wenn es fürchterlich stinkt, es reift lediglich wie etwa Käse. Nur gekochtes Fleisch und gekochte Knochen werden schlecht und bekommen dem Hund nicht. Wer seinem Hund das Vergraben abgewöhnen will, muß sich darüber im klaren sein, daß er gegen einen Urinstinkt ankämpft. Ich halte es dem Hund gegenüber für unfair, dabei Gewalt anzuwenden. Vielleicht reicht es, ihm eine eigene Ecke zuzuweisen, in der er nach Herzenslust graben darf. Und selbst wenn der schöne Rasen mal ein Loch hat, was soll's: lieber mit einem glücklichen Hund über einen löchrigen Rasen toben, als allein auf einem traumhaft gepflegten Rasen zu hocken!

Etwas anderes ist es mit den Geschäftchen, die der Hund eventuell im Garten verrichten soll. Mit einiger Geduld kann man ihn an eine bestimmte Ecke gewöhnen, die man von Zeit zu Zeit säubern kann, indem man sie beispielsweise mit Sand aufschüttet. Zu sehr verschmutzen darf sie nämlich nicht, sonst wird es dem Vierbeiner unangenehm, sie zu benutzen. In dieser Ecke sollten grundsätzlich auch die kleinen Geschäfte verrichtet werden, denn Urin kann Rasen nachhaltig ruinieren. Es dürfte leichter sein, eine Hündin daran zu gewöhnen, dort ihre Pfütze zu machen als einen Rüden, der ja naturgemäß lieber öfter und sparsamer sein Bein hebt. Mit ein bißchen Geduld wird aber auch er kapieren, daß Herrchen die Hinterlassung dieser Duftnoten etwa an den geliebten Rosensträuchern gar nicht gern hat und wird meist willig seine Ecke aufsuchen.

Voraussetzung ist selbstverständlich, daß es dort auch was zum Bein-Heben gibt, etwa einen Pfahl oder eine Mauer, manchmal tut's auch eine Tonne.

Die Vorliebe der lieben Vierbeiner, ihren Bedürfnissen auf der grünen Wiese nachzukommen und zum krönenden Abschluß noch einmal kräftig mit den Hinterläufen zu scharren, auch wenn der Anlaß dazu schon zwei Meter zurück liegt, ist einer der Hauptgründe, daß sie in öffentlichen Grünanlagen und Parks nicht gern gesehen sind. Herrchen muß manchmal tief in die Tasche greifen, wenn ein gestrenger Ordnungshüter ihm mit Hund auf so einer verbotenen Wiese begegnet, auch wenn beide nur friedlich dahinspazieren. Manchmal fragt man sich als Hundebesitzer, was man denn überhaupt noch darf, viele Parks sind für Hunde ganz verboten, in anderen steht auf jedem Quadratmeter Rasen ein Schild „Für Hunde verboten", und daneben laufen vielerorts noch Bemühungen, daß Hundebesitzer ihrem Liebling mit Eimerchen und Schäufelchen gerüstet in den Rinnstein folgen und seine Hinterlassenschaft säuberlich zusammenfegen sollen. Wofür man dann überhaupt noch Hundesteuer zahlt, kann einem da ein Rätsel werden. Wer in der Großstadt wohnt, wird sich vor dem Hundekauf sinnvollerweise auf die Suche nach einem Park machen, in dem er Chancen hat, halbwegs unbehelligt mit seinem Bobtail spazierenzugehen. Mitunter hat man ein Stück Gelände eingezäunt und als „Hundeauslauf" deklariert, leider bleibt es aber auch oft bei dieser einmaligen Amtshandlung und das Gelände verkommt derart, daß man wirklich keinen Hund mehr hineinschicken will. Auch Beschwerden beim zuständigen Ordnungsamt werden anscheinend nicht gerade mit dem Vermerk „Besonders dringend" versehen. Also bleibt einem oft nur der Marsch durchs verbotene Terrain und die Hoffnung, entweder einen uniformierten Ordnungshüter so rechtzeitig zu erspähen, daß man den Hund noch anleinen kann oder aber, daß der beide Augen zudrückt. Um Kinderspielplätze macht man lieber einen großen Bogen, denn viele Leute reagieren schon hysterisch, wenn ein Hund auch nur in die Nähe kommt. Es ist völlig klar, daß es schlecht ist, wenn ein Hund im Sandkasten etwas hinterläßt, wenngleich dort ohnehin noch so allerlei herumliegt, was eigentlich nicht hineingehört. Doch sei es wie es sei, wir leben in einer Gesellschaft, die ziemlich hundefeindlich eingestellt ist, da sollte wenigstens der eigene Vierbeiner durch gutes Benehmen positiv auffallen.

9. Der Bobtail als Ausstellungshund

9.1. Allgemeines

Es gibt viele Gründe, warum auch Privatleute ihren Bobtail ausstellen sollten, wenn er dem Standard entspricht und Chancen hat, eine gute Bewertung zu bekommen. Zunächst einmal hat man auf einer Ausstellung Gelegenheit, den Hund kritischen und kompetenten Fachleuten vorzuführen. Weiter hat man nirgendwo sonst Vergleichsmöglichkeiten mit anderen Bobtails auf so hohem Niveau wie auf einer großen Ausstellung. Darüber hinaus erhält man die besten Informationen über den Stand der Zucht im In- und Ausland, und nirgends kann man leichter Kontakt mit anderen „Bobtailern" knüpfen. Nicht zuletzt ist auch der Ehrgeiz oft ein Grund, denn jeder ist ja insgeheim davon überzeugt, daß der eigene Bobtail der beste und schönste ist. Warum soll man sich das nicht von anderen bestätigen lassen? Manchmal ist allerdings die Enttäuschung groß, wenn der Richter gar nicht einer Meinung mit einem selbst ist und eine beeindruckende Liste von Fehlern aufzählt, von denen man nie gedacht hätte, daß der eigene Hund sie haben könnte. Auch wenn man dann nur eine schlechte Bewertung mit nach Hause nehmen kann, man darf es weder dem Richter und erst recht nicht dem eigenen Bobtail übelnehmen. Für einen selbst bleibt er der schönste und – was ja das wichtigste ist – der liebste. Auch Besitzer eines Bobtails, dessen Eltern viele Preise gewonnen haben und anerkanntermaßen Spitzenhunde sind, sollten nicht so ohne weiteres erwarten, daß der Sprößling genauso gut geraten ist. Gute Eltern sind noch lange keine Garantie für erste Plätze. Doch wie es auch ausgeht, eine Ausstellung mitgemacht zu haben, ist ein Erlebnis, das sich schon um seiner selbst willen lohnt, und wenn man dann noch einen guten Platz erstritten hat, ist die Freude und die Befriedigung natürlich noch ein bißchen größer. Es darf aber nicht vergessen werden, daß Ausstellungen an sich im Grunde vom Gros der Besitzer von mittelmäßigen Hunden getragen werden. Würden nur die wenigen Spitzentiere ausgestellt, die immer und überall die ersten Plätze besetzen, könnte man aufhören, solche Schauen zu veranstalten.

Ausgestellt werden dürfen nur Bobtails, die in ein vom VDH (Verband für das Deutsche Hundwesen e.V.) anerkanntes Rassezuchtbuch bzw. Register eingetragen sind. Bei Bobtails, die aus England kommen, muß eine Ahnentafel des britischen Kennel Clubs vorgelegt werden. Es werden übrigens nur Bobtails zu Ausstellungen zugelassen, deren Rute standardgemäß kupiert wurde. Leider hält diese Bestimmung viele Leute davon ab, ihrem Bobtail-Welpen sein Schwänzchen zu lassen. Ich bin ganz entschieden gegen das Kupieren und hoffe sehr, daß diese Bestimmung eines Tages geändert wird und auch Bobtails im Ring ihre Preise schwanzwedelnd entgegennehmen dürfen. Ein wichtiger Grund, diese neue Regelung einzuführen, kann vielleicht sein, daß zunehmend mehr Bobtail-Besitzer die Züchter bitten, ihren Welpen nicht zu kupieren und es somit immer mehr Bobtails mit Rute gibt. Wenn damit eines Tages der Anteil der kupierten Bobtails rapide zurückgeht, werden die zuständigen Stellen das hoffentlich zum Anlaß nehmen, kupierte und unkupierte Bobtails gleichzustellen.

Von Ausstellungen sind ausgeschlossen: kranke Hunde, verkrüppelte, mit Mißbildungen behaftete oder an Hodenatrophie leidende Rüden sowie Hündinnen, die sichtlich trächtig oder während der Säugeperiode oder in Begleitung ihrer Welpen sind.

Man muß nicht unbedingt Mitglied im Club der britischen Hütehunde sein, um zur Ausstellung zugelassen zu werden, die Mitgliedschaft empfiehlt sich jedoch, denn dann erhält man regelmäßig die Vereinszeitschrift, man wird automatisch über alle geplanten Ausstellungen und Schauen unterrichtet und man hat Gelegenheit, anläßlich der Clubtreffen mit anderen Bobtailhaltern zusammenzukommen. Lediglich der Züchter des Bobtails muß einem Zuchtverband angehören, der dem VDH, dem Verband für das Deutsche Hundwesen, angeschlossen ist. Bobtails, die aus dem Ausland kommen, müssen in der Regel vom dortigen Club eine Auslandsanerkennung der Ahnentafel vorweisen. Für deutsche Bobtails, die ins Ausland verkauft werden, wird diese Auslandsanerkennung auf Antrag vom VDH ausgestellt.

Da auf allen nationalen und internationalen Ausstellungen nach den gleichen Richtlinien gerichtet wird und überall die gleichen Titel vergeben werden, stehen jedem Interessenten alle internationalen Schauen im Ausland offen. Der Standard für eine Hunderasse wird immer vom Ursprungsland festgelegt, beim Bobtail also von England, und nach diesem Standard richten sich alle Länder der Erde. Dem kurzfristigen Besucher sind allerdings England und Skandinavien versperrt, weil dort alle einreisenden Hunde einer monatelangen Quarantäne unterzogen werden müssen, und wer läßt seinen Hund schon gern monatelang einsperren, nur um ihn auf einer einzigen Ausstellung zu zeigen? Es ist allerdings auch ohne den eigenen Vierbeiner ein Erlebnis, als Zuschauer beispielsweise der Cruft's Dog Show beizuwohnen, der größten und populärsten Hundeschau Englands.

Man unterscheidet (1) Spezialzuchtschauen des VDH, (2) Allgemeine Rassehundzuchtschauen, (3) Internationale Rassehundzuchtschauen, auf denen CACIB (Certifikat d'Aptitude au Champion International de Beauté) vergeben wird.

Der VDH kann jährlich eine Bundessieger-Zuchtschau und eine Europasieger-Zuchtschau veranstalten. Die einzelnen Rassezuchtvereine können darüber hinaus auf Sonder- und Spezialzuchtschauen Club-Siegertitel und Anwartschaften nach ihren eigenen Bestimmungen vergeben.

Alle großen Schauen müssen vom VDH genehmigt werden, wobei CACIB-Schauen noch zusätzlich der Genehmigung durch die FCI (Fédération Cynologique International) in Brüssel bedürfen, der die meisten nationalen Hundesportverbände angeschlossen sind. Die FCI gibt die Fachzeitschrift „Internationale Hunde-Revue'' heraus, sie schützt die Standards und die internationalen Zwingernamen, ihre Richter sind für die Auswahl der CACIB-Hunde zuständig, und sie verleiht internationale Schönheits- und Leistungssiegertitel.

Die wertvollsten Titel, die die FCI vergeben kann, sind

1. Titel Internationaler Schönheits-Champion für Hunde ohne Arbeitsprüfung;
2. Titel Internationaler Schönheits-Champion für Hunde mit Arbeitsprüfung;
3. Titel Internationaler Arbeits-Champion.

Für Bobtails kommt im allgemeinen nur das Schönheitschampionat ohne Arbeitsprüfung in Frage. Um diesen Titel erringen zu können, muß der Anwärter folgende Bedingungen erfüllen: er muß vier durch die FCI bestätigte CACIB aufweisen, und zwar unter drei verschiedenen Richtern in drei verschiedenen Ländern erworben, davon einmal im Heimatland des Hunde-Eigentümers oder im Ursprungsland der Rasse. Letzteres ist wegen der langen Quarantäne für Bobtails in England ja kaum möglich. Zwischen dem ersten und vierten CACIB muß ein zeitlicher Zwischenraum von mindestens einem Jahr liegen.

CACIB kann nur in der Siegerklasse, der Offenen Klasse und der Arbeitsklasse erworben werden. Zur Anwartschaft auf den Titel „Internationaler Schönheits-Champion" können vom Bewertungsrichter vorgeschlagen werden: Für CACIB der beste Rüde und die beste Hündin einer Rasse, wenn diese mit V 1 bewertet und wirklich hervorragend sind, unabhängig von der Zahl der Konkurrenten und dem Alter der Hunde. Über die endgültige Zuerkennung entscheidet die FCI nach den gültigen Bestimmungen. Für CACIB-Reserve der zweitbeste Rüde und die zweitbeste Hündin einer Rasse, wenn auch sie wirklich hervorragend sind. Der CACIB-Reserve-Hund kann aufrücken und das CACIB bestätigt bekommen, wenn er am Ausstellungstage 15 Monate alt war, die sonstigen Bedingungen erfüllt und sich herausstellt, daß der CACIB-Hund dieses Mindestalter am Tage der Ausstellung noch nicht erreicht, sonstige Bedingungen nicht erfüllt hatte oder schon im Besitz des Titels ist: Internationaler Schönheits-Champion der FCI.

Die Richter sind in ihren Urteilen strikt an den vom FCI veröffentlichten Standard gebunden. Folgende Bewertungen können vergeben werden:

1. *Vorzüglich (V):* darf nur einem Hund zuerkannt werden, der dem Idealstandard der Rasse sehr nahekommt, in ausgezeichneter Verfassung vorgeführt wird, ein harmonisches, ausgeglichenes Wesen ausstrahlt, der „Klasse" und eine hervorragende Haltung hat. Seine überlegenen Eigenschaften seiner Rasse gegenüber werden kleine Unvollkommenheiten vergessen machen, aber er wird die typischen Merkmale seines Geschlechts besitzen.
2. *Sehr gut (Sg):* wird nur einem Hund zuerkannt, der die typischen Merkmale seiner Rasse besitzt, von ausgeglichenen Proportionen und in guter Verfassung ist. Man wird ihm einige verzeihliche Fehler nachsehen, jedoch keine morphologischen. Dieses Prädikat kann nur einem Klassehund verliehen werden.
3. *Gut:* Dieses Prädikat ist einem Hund zu erteilen, welcher die Hauptmerkmale seiner Rasse besitzt, aber Fehler aufweist.
4. *Genügend:* Diese Bewertung erhält ein Hund, der seinem Rassetyp genügend entspricht, ohne dessen allgemein bekannte Eigenschaften zu besitzen, bzw. dessen körperliche Verfassung zu wünschen übrigläßt.
5. *Das CACIB* kann nur einem Hund erteilt werden, der in der „Vorzüglich"-Gruppe als Erster klassiert wurde, die Belohnung ist jedoch nicht automatisch mit dem ersten Platz verbunden.

   Es wird dem schönsten Hund zugesprochen, der das Prädikat „Vorzüglich" erhalten hat, unter der Bedingung, daß der Hund ganz hervorragend ist.

Die vier besten Hunde einer Klasse erhalten Reihenfolgeplacierungen von 1 bis 4, wenn sie ein Vorzüglich oder Sehr gut errungen haben, die Placierungen heißen dann also „Vorzüglich 1", Vorzüglich 2" usw. Wird in einer Klasse nur ein Hund ausgestellt, erhält auch er z.B. die Note „Vorzüglich 1" oder „Sehr gut 1". Hunde in der Ehrenklasse und „Außer Konkurrenz" erhalten keine Reihenfolgeplacierungen.

Auf CACIB- und Allgemeinen Rassehund-Zuchtschauen sowie auf der Deutschen Bundessieger-Zuchtschau kann ferner der VDH-Siegertitel an Hunde vergeben werden, die entweder vier CACIB-Anwartschaften haben, oder drei CACIB-Anwartschaften und eine Anwartschaft von einer VDH-Spezialzuchtschau bzw. einer Allgemeinen Rassehund-Zuchtschau oder zwei CACIB-Anwartschaften und zwei Anwartschaften von VDH-Spezialzuchtschauen.

Die Meldefrist für alle Ausstellungen wird so festgesetzt, daß vor der Eröffnung noch ein kompletter Katalog gedruckt werden kann, in dem alle Hunde numeriert sind und die Boxen auf die verschiedenen Rassegruppen aufgeteilt sind. Allerdings kann es passieren, daß in letzter Minute die zuständige Veterinärbehörde aus wichtigem Grund die Ausstellung untersagt. Beispielsweise muß eine geplante Ausstellung ausfallen, wenn in der Gegend Tollwut ausbricht.

Man unterteilt alle Hunderassen in vier große Ausstellungsgruppen: (1) Schäfer-, Wach- und Schutzhunde mit/ohne Arbeitsprüfung, (2) Jagdhunde, (3) Begleithunde und (4) Windhunde. Diese Gruppen sind in sich wieder untergliedert. Bobtails werden im allgemeinen nach dem Ausstellungsreglement der FCI in der Gruppe Schäferhunde ohne Arbeitsprüfung ausgestellt.

Zu Ausstellungen, auf denen CACIB vergeben werden kann, sind folgende Klassen zugelassen: Offene Klasse, Arbeitsklasse (Gebrauchshundeklasse) und Siegerklasse (internationale und nationale Siegertitel). Ein Hund darf nur zu einer dieser drei Klassen gemeldet werden und muß bei Beginn der Ausstellung den 15. Lebensmonat vollendet haben.Der beste Rüde und die beste Hündin der Ausstellung erhalten das CACIB, die jeweils zweitbesten Tiere das Reserve-CACIB. In der Siegerklasse dürfen jedoch nur Hunde ausgestellt werden, die bereits Siegeslorbeer geerntet haben. Klassen, die nicht das CACIB erwerben können, sind die Jugendklasse für Hunde von 9 bis 24 Monate, die Jüngstenklasse von 6 bis 9 bzw. von 6 bis 23 Monate, die Ehrenklasse und „Außer Konkurrenz".

In der Jüngstenklasse gibt es nur die Bewertungen: vielversprechend, versprechend, guter Nachwuchs. In der Jugendklasse darf einem Hund noch nicht die Bewertung V (Vorzüglich) verliehen werden. Die beste Bewertung ist dort ein „Sehr gut''. Manche Hundebesitzer, die in der Ahnentafel ihres Vierbeiners gern nur „Vorzüglich'' stehen haben, stören sich dann an diesem Eintrag, bei dem „nur'' ein Sehr gut erworben werden konnte, obwohl jeder weiß, daß dies dort die beste Bewertung ist.

Es ist aber auch zu bedenken, ob man einen Bobtail schon mit zwölf Monaten in der Offenen Klasse ausstellen sollte. Wenn er noch nicht ganz ausgewachsen und voll entwickelt ist, ist er unter Umständen den älteren Hunden unterlegen und kann beim ersten Mal auch hier vielleicht kein Vorzüglich einheimsen. Wenn er wirklich ein Vorzüglich-Anwärter ist, empfiehlt es sich dann, mit dem Ausstellen in der Offenen Klasse noch etwas zu warten, bis er voll entwickelt ist.

Eine sehr schöne Sache ist das Ausstellen einer Zuchtgruppe, d.h. von mindestens drei Hunden einer Rasse aus dem gleichen Zwinger, also mit gleichem Zwingernamen und von ein und demselben Züchter. Manche Züchter bitten daher die Käufer ihrer Welpen, ihre Hunde im Rahmen der Zuchtgruppe mit auszustellen. Die Hunde müssen am gleichen Tag bei der Einzelbewertung mindestens die Wertnote ,,Gut'' erhalten haben. Den Gefallen sollte man dem Züchter nach Möglichkeit tun, denn nicht nur ein Züchterherz schlägt höher, wenn er die prächtig geratene Geschwisterschar nebeneinander aufgereiht stehen sieht, auch alle Hundeliebhaber haben ihre helle Freude an den Burschen, denen man irgendwie doch an der Nasenspitze ansieht, daß sie ,,aus einem Stall'' kommen.

Oft wird auch ein Nachzuchtgruppenwettbewerb durchgeführt. Als Nachzuchtgruppe gelten sämtliche Nachkommen eines Rüden oder einer Hündin. Es müssen mindestens fünf Nachkommen beiderlei Geschlechts ausgestellt werden.

Der Höhepunkt jeder Ausstellung ist die Vorführung der besten Hunde, bei der die Erringer des CACIB-Vorschlages und andere Spitzenplätze dem Publikum noch einmal gesondert vorgestellt werden. Meist wird dabei auch der beste Hund der Zuchtschau ermittelt, mitunter auch unter Mitwirkung des Publikums. Bei dieser Vorführung erhalten alle Hunde noch einmal gleiche Preise wie Plaketten oder andere Erinnerungsgaben.

9.2. Was vor der Ausstellung bedacht werden muß

Sobald in den Fachveröffentlichungen angekündigt wird, daß die Meldescheine für die Ausstellung angefordert werden können, sollte man sich die Formulare kommen lassen. Auch wenn man noch nicht ganz sicher ist, ob man an der Ausstellung teilnehmen kann, hat man dann doch schon die Unterlagen da und läuft nicht Gefahr, daß die Anmeldung zu spät eintrifft, wenn man nach einem kurzfristigen Entschluß erst noch die Meldescheine anfordern muß. Nachmeldungen sind im allgemeinen nicht mehr möglich, aber auch das Zurückziehen einer Meldung ist höchst problematisch. Nur bei einer Terminverlegung der Ausstellung, über die die angemeldeten Aussteller brieflich informiert werden, ist eine Zurückziehung der Meldung innerhalb einer festgesetzten Frist möglich. Mit der Abgabe der Meldung verpflichtet man sich zur Zahlung der Meldegebühren (Klassengeld, Zuchtschaubeitrag und Katalogpreis) und zur Anerkennung der Zuchtschauordnung. Jeder Aussteller muß einen Katalog abnehmen.

Die Zuchtschauleitung ist im übrigen berechtigt, Meldungen ohne Nennung von Gründen zurückzuweisen. Liegt jedoch schon eine Annahmeerklärung vor und ist der gemeldete Hund bereits in den Katalog aufgenommen, muß die Zurückweisung dem Aussteller gegenüber begründet werden. Zurückweisungsgründe sind im allgemeinen Krankheit, Krankheitsverdacht und Ungezieferbefall des Hundes. Zurückweisungen von Ausstellern, die in irgendeiner Form bereits einmal gegen Ausstellungsbedingungen verstoßen haben, sind natürlich eine verzwickte Sache, aber auch so etwas soll schon vorgekommen sein. Vor allem sollte man den Zuchtrichtern gegenüber zurückhaltend sein, wenn man einmal mit einer Bewertung nicht ganz einverstanden ist und entsprechend verärgert ist. Das Werturteil eines Richters ist grundsätzlich verbindlich und unanfechtbar. Formelle Fehler müssen dem Zuchtschauleiter oder Sonderleiter am Tag der Veranstaltung mitgeteilt werden. Persönliche Beleidigungen oder bösartige Kritik sollte man sich aber verkneifen. Auch wenn man selbst der Meinung ist, der eigene Hund müßte weit besser abschneiden, so wird man mit der nötigen Objektivität aber doch oft einsehen, warum der Richter andere Hunde besser eingestuft hat. Es ist dann ein schöner Zug, und sollte zum fair play jeder Ausstellung gehören, wenn man sich das eingesteht und dem Besitzer des schöneren Hundes herzlich und offen gratuliert.

Die Hunde müssen vom Eigentümer oder einem Beauftragten unter ihrem im Zuchtbuch eingetragenen Namen gemeldet und ausgestellt werden. Werden im nachhinein falsche Angaben nachgewiesen, geht man der verliehenen Preise und Bewertungen verlustig und wird von weiteren Zuchtschauen ausgeschlossen.

Das Original der Ahnentafel muß mit zur Ausstellung gebracht werden, um auf der Rückseite die Bewertungen eintragen zu lassen.

Rechtzeitig vor der Ausstellung muß der Impfschutz des Hundes überprüft und gegebenenfalls erneuert werden. Mittlerweile kann man davon ausgehen, daß alle Welpen eine Grundimmunisierung gegen Staupe, Hepatitis und Leptospirose erhalten und gegen Tollwut geimpft werden. Diese Impfungen werden jährlich aufgefrischt.

Es empfiehlt sich aber, die Impfungen schon einige Wochen vor dem Ausstellungstermin durchführen zu lassen. Jede Impfung greift den Hund an, manchmal merkt man es ihm nicht an, mitunter zeigt er aber doch spürbare Impfreaktionen, und dann kann es sein, daß er z.B. nach vier Wochen noch nicht ganz auf der Höhe ist. Er wird sich dann zum einen nicht von seiner Schokoladenseite auf der Ausstellung zeigen, und zum anderen greifen ihn die Strapazen der Reise und des ganzen Ausstellungsrummels viel mehr an.

Seit 1968 ist eine „Verordnung über die Einfuhr und Durchfuhr von Hunden und Hauskatzen" in Kraft, die in einigen Ländern vorschreibt, daß der Vierbeiner eine amtliche Identitätsbescheinigung an der Zolldienststelle der Grenze vorzeigen muß. Ferner muß eine amtliche tierärztliche Gesundheitsbescheinigung vorgelegt werden. Für beide Bescheinigungen gibt es entsprechende Rubriken im Internationalen Impfpaß, den heute jeder Tierarzt ausstellt, der den Hund zum erstenmal impft. Da die Welpen meist schon beim Züchter grundimmunisiert werden, wird man ihn dann schon vom Züchter ausgehändigt bekommen. Die beiden Bescheinigungen stellt in der Regel der Tierarzt aus, und man muß sie dann noch vom zuständigen Amtstierarzt beglaubigen lassen. Da alle Angaben im Internationalen Impfpaß jeweils in englischer, französischer und deutscher Sprache enthalten sind, dürfte es kaum jemals Sprachprobleme geben.

Unter dem Suchbegriff „Reisebestimmungen für Hunde" können Sie jederzeit die aktuellen Bestimmungen im Internet, z. B. bei google recherchieren.

Reisebestimmungen für Hunde, Katzen und Frettchen 2006

EU-Bestimmungen

Seit dem 1. Oktober 2004 gelten für Hunde, Katzen und Frettchen im privaten Reiseverkehr innerhalb der Europäischen Union einheitliche Bestimmungen. Ziel der neuen Regelung (Verordnung (EG) Nr. 998-2003 vom 26.Mai 2003) ist eine einheitliche und verbesserte Kontrolle der Tollwut.

Generelle Regelungen für alle EU-Mitgliedsländer

Mit der neuen gesetzlichen Regelung wurde der blaue „EU-Heimtierausweis" eingeführt. Dieser EU-einheitliche Ausweis mit Dokumenten-Charakter darf von einem niedergelassenen Tierarzt ausgestellt werden. Damit er Ihrem Tier eindeutig zugeordnet werden kann, ist eine individuelle Kennzeichnung Ihres Tieres mittels Tätowierung (noch bis 2012) oder Mikrochip/ Transponder und Eintragung der Identifizierungsnummer im EU-Heimtierausweis vorgeschrieben. Außerdem wird der Nachweis gefordert, dass das Tier über einen gültigen Impfschutz gegen Tollwut (Impfung mindestens 30 Tage und maximal gemäß Angaben des Herstellers vor dem Grenzübertritt) verfügt.

Ausnahmen unter den EU-Mitgliedsländern

Großbritannien, Irland, Malta und Schweden sind traditionell tollwutfrei. Aus diesem Grund sind diese 4 Mitgliedstaaten ermächtigt, für eine Übergangsfrist von 5 Jahren ihre bisherigen schärferen Anforderungen an den Impfschutz gegen die Tollwut und besondere Bestimmungen für eine Behandlung gegen Bandwurm- und ggf. Zeckenbefall beizubehalten. Detaillierte Angaben finden Sie im Verzeichnis der jeweiligen Länder. Die wichtigste Änderung ist, dass die Einreise-Quarantäne u.a. durch den Nachweis von Antikörpern gegen Tollwut vermieden werden kann.

Gelistete Drittländer

Im Anhang der Verordnung (EG) 998-2003 befindet sich eine Liste von Nicht-EU-Mitgliedsländern, deren Tollwut-Situation jedoch entsprechend den EU-Anforderungen definiert ist. Hierzu gehört z.B. die Schweiz. Für diese Länder wird – wie innerhalb der EU – nur die eindeutige Kennzeichnung und der gültige Tollwut-Impfschutz gefordert.

Achtung! Tollwut-Titer bestimmen für Nicht-gelistete-Drittländer

Ist in einem Nicht-EU-Land die Tollwutsituation unklar oder bedenklich, wird es nicht in der Anhangsliste aufgeführt, es ist also ein „Nicht-gelistetes-Drittland". Für die Einreise in die EU aus diesem Nicht-gelisteten-Drittland muss Ihr Tier zusätzlich zur

- eindeutigen Kennzeichnung und
- gültigen Tollwutimpfung,
- den Nachweis über einen Antikörpertiter gegen Tollwut (0,5) erbringen, durchgeführt von einem Tollwut-Referenzlabor (siehe letzte Seite). Diese Blutuntersuchung muss mind. 30 Tage nach der Tollwut-Impfung und mind. 3 Monate vor der Einreise in die EU erfolgen.

Das gilt auch für die Rückreise aus einem solchen Nicht-gelisteten-Drittland. Es empfiehlt sich daher, vor dem Urlaub noch zuhause die Tollwuttiter-Bestimmung durchführen zu lassen, da dann die 3-Monats-Regelung entfällt. Sofern der Impfschutz nach der Blutuntersuchung vorschriftsmäßig (nach Angaben des Herstellers) aufrechterhalten wird, muss diese nicht wiederholt werden, sondern es reicht eine Auffrischung der tierärztlichen Bescheinigung im EU-Heimtierausweis.

Achtung!!!
Bereits die Urlaubsrückreise aus einem Drittland nach Deutschland gilt als Einreise in die EU und erfordert ggf. einen Nachweis der Antikörper gegen Tollwut!
Ebenso ist der Transit durch ein Nicht-EU-Land ein Verlassen und anschließend wieder Einreisen in die EU mit den damit verbundenen strengeren Tollwutbestimmungen

***Gelistete Drittländer (Stand 06.01.2006)**
Aus diesen Ländern in die EU (außer Schweden, Malta, GB und Irland) einreisende Hunde, Katzen und Frettchen benötigen keinen Nachweis der Antikörper gegen Tollwut. Es reichen die Einträge im EU-Heimtierausweis zur Kennzeichnung des Tieres und zur gültigen Tollwut-Impfung:
Andora, Antigua und Barbuda, Niederländische Antillen, Argentinien, Aruba, Ascension, Australien, Bahrain, Barbados, Belarus, Bermuda, Chile, Falklandinseln, Fidschi, Hongkong, Island, Jamaika, Japan, Kaimaninseln, St. Kitts und Nevis, Kroatien, Liechtenstein, Mauritius, Mayotte, Mexiko, Monaco, Montserrat, Neukaledonien, Neuseeland, Norwegen, Französisch Polynesien, Rumänien, Russische Föderation, San Marino, Schweiz, Singapur, St. Helena, St. Pierre und Miquelon, St. Vincent und die Grenadinen, Taiwan, Trinidad und Tobago, Vanuatu, Vatikanstadt, Vereinigte Arabische Emirate, Vereinigte Staaten von Amerika, Wallis und Futuna.

***Nicht gelistete Drittländer**
Aus anderen Drittländern in die EU (außer Schweden, Malta, GB und Irland) einreisende Tiere benötigen die folgenden Eintragungen in Ihrem EUHeimtierausweis:
- Kennzeichnung
- gültige Tollwutimpfung
- Blutuntersuchung zum Nachweis von Antikörpern gegen Tollwut (≥ 0,5 I.E.). Diese Untersuchung muss mindestens 30 Tage nach der Impfung bzw. mind. 3 Monate vor der Einreise durch ein Tollwut-Referenzlabor erfolgen und ist vom Tierarzt im EU-Heimtierausweis bestätigen zu lassen.

Tollwut-Referenzlabore finden Sie unter:
www.europa.eu.int/comm/food/animal/liveanimals/pets/approval_en.htm

Gesundheits-Tipps zur Reisevorbereitung:
In Mitteleuropa und in südlichen Ländern kann sich Ihr Haustier mit bei uns z. T. unbekannten, gefährlichen Krankheiten wie Herzwürmern (Dirofilariose), Leishmaniose, Babesiose, Ehrlichiose, FSME oder Borreliose, etc. infizieren. Denken Sie deshalb rechtzeitig neben der Impfung auch an eine Parasitenbehandlung, insbesondere gegen diejenigen Parasiten, die als Überträger fungieren können. Um den negativen Effekt des Reisestresses auf das Immunsystem zu verhindern und ihr Tier vor Virusinfektionen wirkungsvoll zu schützen, können Sie eine prophylaktische Interferonbehandlung durchführen lassen.

Ihr Tierarzt berät Sie gern!

Alle aufgeführten Reisebestimmungen für Hunde und Katzen können auch im Internet bzw. bei den jeweiligen Botschaften erfragt werden.

DEUTSCHLAND
Institut für Virologie, Fachbereich Veterinärmedizin
Justus-Liebig-Universität Gießen
Frankfurter Strasse 107
D-35392 Giessen
Tel./Fax: ++49 (0) 641 – 9 938 363 / 938 379
Einsendungen über **Laboklin** möglich

Eurovir Hygiene-Institut
Im Biotechnologiepark
D-14943 Luckenwalde
Tel./Fax: ++49 (0) 3371 – 681 269 / 681 275

Bayerisches Landesamt für Gesundheit und Lebensmittelsicherheit
Veterinärstr. 2
D-85764 Oberschleißheim
Tel./Fax: ++49 (0) 89 – 3 15 60 – 321 / 129

Landesamt für Verbraucherschutz Sachsen-Anhalt
Fachbereich 4 Veterinäruntersuchungen
Haferbreiter Weg 132–135
D-39576 Stendal
Tel./Fax: ++49 (0) 39 31 – 631 141 / 631 153

Staatliches Veterinäruntersuchungsamt
Zur Taubeneiche 10–12
D-59821 Arnsberg
Tel./Fax: ++49 (0) 29 31 – 809 270 / 809 290

ÖSTERREICH
Österreichische Agentur für Gesundheit und Ernährungssicherheit GmbH
Veterinärmedizinische Untersuchungen Mödling
Robert-Koch-Gasse 17
A-2340 Mödling
Tel./Fax: ++43 (0) 223 646 - 640 909 / 640 941

SCHWEIZ
Institut für Veterinärvirologie
Länggass str. 122
CH-3012 Bern
Tel./Fax: ++41 (0) 31 - 6 31 - 23 78 / 25 34

Innerhalb der Europäischen Union finden Kontrollen z.T. nicht mehr an der Grenze, sondern am Aufenthaltsort statt. Auch dies sollten Sie ggf. rechtzeitig klären, da sich die Bestimmungen von Zeit zu Zeit ändern und »alles im Fluß« ist.

Da sich von Zeit zu Zeit die Einreisebestimmungen ändern, vor allem in den neuen Ostblockländern, empfiehlt es sich, daß Sie sich jeweils vor einer anstehenden Reise beim Konsulat des entsprechenden Landes oder bei Ihrem Staatlichen Veterinäramt nach den aktuellen Bestimmungen erkundigen.

Bei Ausstellungen innerhalb der Bundesrepublik dürfte die Anreise kein Problem sein. Sie erfolgt entweder mit dem Auto oder mit der Bundesbahn. Bei Ausstellungen im Ausland muß die Anreise aber rechtzeitig organisiert werden, wenn man nicht mit dem Auto fahren kann. Im normalen Reisezug muß der Hund nur den halben Fahrpreis zweiter Klasse zahlen, auch wenn er mit Herrchen in die erste Klasse steigt oder TEE oder Intercity fährt. In den Schlafwagen darf er ohne Aufpreis mit, wenn Herrchen mit ihm ein Abteil allein bewohnt. Liegewagen sind jedoch für Hunde verboten. Bei langen Zugreisen steht manchmal die Überlegung an, ob der Hund in einer Transportkiste im Gepäckwagen transportiert werden soll, was dann eine nicht unbeträchtliche Fahrpreisermäßigung mit sich bringt. Ich bin eigentlich dagegen, Tiere so zu transportieren, die Kisten sind sehr eng, die Luft ist stickig und die fremde Umgebung und das Rattern des Zuges verängstigen den einsamen Vierbeiner, der sich schnöde von Herrchen im Stich gelassen fühlt. Im Sommer sind die Gepäckwagen meist unerträglich heiß, im Winter eiskalt. Außerdem muß berücksichtigt werden, daß ein Hund zwar ohne weiteres ein, zwei Tage hungern kann, aber nicht stundenlang ohne Wasser auskommen kann. Wenn man also zwischendurch nicht die Gelegenheit hat, ihn mit etwas Trinkbarem zu versorgen, sollte man das Geld nicht scheuen, und ihn mit zu sich ins Abteil nehmen, wo er mit mitgebrachtem Wasser versorgt werden kann. Das Wasser in den Waschräumen und Toiletten der Züge ist nicht zum Trinken geeignet. Es reicht nicht, dem im Gepäckwagen reisenden Hund bei der Abreise eine Schüssel mit Wasser in die Kiste zu stellen; wenn sie umkippt, heißt das zum ersten Durst leiden, zum zweiten liegt der Hund dann noch in der Wasserlache, was vor allem dem Fell eines Bobtails, der ja auf der Ausstellung den besten Eindruck machen soll, gar nicht gut bekommt. Im Ausland gelten die unterschiedlichsten Beförderungsbedingungen für zugfahrende Hunde. Sie sollten von Fall zu Fall erkundet werden.

Wenn eine Flugreise in Frage kommt, besteht bei den meisten Fluggesellschaften die Möglichkeit, den Hund mitzunehmen. Zwar dürfen so große Hunde wie Bobtails nicht mit in den Passagierraum, aber sie reisen komfortabel in einer Transportkiste im Frachtraum, der ebenso klimatisiert ist wie die Passagierkabine. Für Bobtails kommt nur die größte der angebotenen Kisten in Frage, die etwa 95 x 63 x 75 cm groß ist. Da man das Ticket für den Hund mindestens eine Woche vor der Abreise buchen sollte, kann man bei dieser Gelegenheit gleich die Kiste kaufen und zuhause den Vierbeiner schon darin probewohnen lassen. Darf er dann noch seine vertraute

Decke von zuhause als Unterlage mit auf die Reise nehmen, wird ihn der Transport in der Kiste nicht mehr weiter beunruhigen. Die Flugpreise sind bei den einzelnen Fluggesellschaften völlig unterschiedlich und müssen jeweils erfragt werden. Meist richten sie sich nach dem Gewicht des Hundes plus Kiste. Da das Personal über die Existenz der vierbeinigen Fluggäste im Gepäckraum unterrichtet ist, werden sie bei längeren Flugreisen während der Zwischenlandungen mit Wasser versorgt. Offiziell sind Besuche von Herrchen und Frauchen während der Zwischenlandung nicht gestattet, wenn man sich aber nett und höflich an den Flugkapitän wendet, wird er es mitunter doch erlauben.

Chartergesellschaften, die meist nicht über klimatisierte Frachträume verfügen, befördern keine Hunde. Man kann aber selbst die preiswerten Charterflüge nutzen und den Hund mit einer normalen Linienmaschine als Frachtgut nachkommen lassen, wenn sich Bekannte finden, die ihn am Heimatflughafen „verfrachten". Die für die Einreise notwendigen Dokumente, z.B. der Internationale Impfpaß, müssen dann den Frachtpapieren beigefügt werden.

Wichtig ist auch, daß bei allen Reisevorbereitungen für den Vierbeiner nicht vergessen wird zu überprüfen, ob der eigene Reisepaß noch gültig ist, sonst war alles umsonst, wenn man an der Grenze wieder nach Hause geschickt wird!

Muß man übernachten, heißt das, sich rechtzeitig um ein Hotelzimmer zu kümmern. Viele Hotels erlauben das Mitbringen von Hunden, aber man sollte sich ausdrücklich danach erkundigen und sich die Reservierung mit Hund möglichst bestätigen lassen. Es ist selbstverständlich, daß man für gutes Benehmen sorgt. Weder sollten nachts vorbeigehende Gäste lautstark durch die Tür verbellt werden, noch sollte der Bobby im freien Nachbarbett schlafen, wenn man freundlicherweise ein Doppelzimmer zugewiesen bekam. Speisesaal und Hotelhalle dürfen nicht zum Spielplatz werden, und man sollte wissen, wie sich der Hund im Fahrstuhl benimmt. Unter Freßnapf und Wasserschüssel wird im Zimmer eine Zeitung gelegt, damit der Boden nicht beschmutzt wird, und Freßreste gehören nicht in den Papierkorb, sondern in die Toilette. Wenn Frühstückskellner und Zimmermädchen kommen, macht man sie darauf aufmerksam, daß ein Hund mit im Zimmer ist, und wenn man nicht sicher ist, daß dieser gelassen reagiert, hält man ihn lieber fest oder sperrt ihn ins Bad, wenn sie das Zimmer betreten.

Die wichtigste Vorbereitung für den Ausstellungs-Bobtail ist neben einer permanenten, sorgfältigen Pflege die nötige Ringdressur. So wild, wie es klingt, ist das aber gar nicht. Der Hund soll sich vor dem Richter von seiner besten Seite zeigen, und auch der gepflegteste und bestgebauteste Bobtail wird schlecht abschneiden, wenn er sich aufführt wie ein wildgewordener Handfeger. Er soll im Ring weder aufgeregt und nervös herumzappeln noch vor sich hindösen wie eine trächtige Kuh. Aufmerksam, aufgerichtet und gestrafft, so soll er neben dem Vorführer stehen, federnd und locker soll sein Gang sein. Bei der Gelassenheit der meisten Bobtails wird man aber Nervosität wenig fürchten müssen, es sei denn, man ist selbst so zappelig, daß es sich auf den Hund überträgt. Auch Bobtails sind in dieser Beziehung sehr sensibel. Ein bißchen Lampenfieber hat jeder, das ist klar, und das gehört auch zu jeder Ausstellung dazu, aber regelrechte Angst braucht man deswegen nicht zu haben, auch nicht als Anfänger auf der ersten Ausstellung. Das erfahrene Auge eines Richters erkennt die Qualität eines guten Hundes auch, wenn anfangs nicht immer alles wie am Schnürchen klappt. Man darf sich nicht in einen Teufelskreis hineinziehen lassen, wenn einmal etwas schiefgeht, daß dann auch alles andere wie verhext ist und man nur noch Patzer produziert. Wenn man möglichst entspannt bleibt, ganz gleich, was geschieht, fängt man sich am ehesten wieder. Das gleiche gilt für den Hund.

Der Hund muß im Ring möglichst vorteilhaft stehen, er muß in Schritt und Trab vorgeführt werden, er muß sich das Messen seiner Schulterhöhe gefallen lassen und sich widerstandslos vom Richter ins Maul sehen lassen. Das alles soll geschehen, ohne daß er sich durch das Publikum, die anderen Hunde, Lautsprechergekrächze und den ganzen anderen Trubel einer Ausstellung aus der Ruhe bringen läßt. Aber alles kann man weitestgehend schon zu Hause üben, je scheuer oder störrischer ein Hund ist, desto behutsamer und öfter.

Man bittet einige Bekannte, Nachbarn oder Verwandte, sich um einen provisorisch abgesteckten „Ring" zu versammeln, sich lautstark zu unterhalten, eventuell auch noch einige andere Hunde mitzubringen, dreht das Radio auf volle Laustärke und bemüht sich, eine möglichst echte Ausstellungsatmosphäre zu schaffen. Der Bobtail sollte möglichst von einer ihm sehr vertrauten Person vorgeführt werden, die ihn an die Leine nimmt und einem „Richter" zuführt, den der Hund möglichst nicht oder nur flüchtig kennen sollte. Zunächst wird das aufmerksame Stehen geübt. Hier kann man mit allen möglichen Tricks arbeiten, ihm etwa zuflüstern, er solle ein geliebtes Spielzeug oder eine bekannte Person suchen, dann wird er sich meist aufmerksam aufrichten. Auch eine Hundepfeife, deren hohe Töne nur noch dem Hund vernehmbar sind, und die für uns Menschen lautlos ist, tut mitunter gute Dienste. Gewöhnt man den Hund daran, daß es jedesmal nach einem Pfiff eine Leckerei gibt, wird er sich bald beim Pfeifton erwartungsvoll in Positur stellen. Danach muß er es über sich ergehen lassen, daß der Richter seine Schulterhöhe mit einem Zollstock mißt und ihm ins Maul sieht. Letzteres ist das schwierigste Kapitel, und dabei gibt es auf Ausstellungen auch immer die größten Probleme. Ein Hund kann auf einer Ausstellung disqualifiziert werden, wenn er sich stur weigert, die Gebißkontrolle über sich ergehen zu lassen. Zunächst einmal muß er sich hinsetzen. Dabei wird er schon ausgiebig gelobt. Dann zieht man mit jeweils einer Hand von oben und unten die Lefzen so weit auseinander, daß beide Zahnreihen gut sichtbar sind und der Richter sie gründlich ansehen kann. Dann wird wieder gelobt und vielleicht gibt es auch ein Belohnungshäppchen.

Das letzte Kapitel in der Ringdressur ist die Beurteilung des

Gangwerks. Der Hund muß ein Stück im Schritt gehen und dann im Trab. Werden mehrere Hunde gleichzeitig beurteilt, müssen sie mitunter nebeneinander oder auch hintereinander um den Ring geführt werden, dürfen sich also durch die Gesellschaft der anderen Hunde nicht irritieren lassen. Im allgemeinen macht das bei der Ausgeglichenheit der Bobtails auch keine großen Schwierigkeiten, das kann aber alles über den Haufen geworfen werden, wenn bei einer Ausstellung Rüden und Hündinnen gemeinsam im Ring sind und eine Hündin läufig ist. Dann dreht auch mal der gelassenste Rüde durch. Führt man also selbst eine läufige Hündin vor, sollte man fairerweise die anderen Vorführer, insbesondere die von Rüden, darüber informieren und ihnen empfehlen, ein bißchen räumlichen Abstand zu halten. Mit einem speziellen Spray für heiße Hündinnen, das man dann ruhig großzügig verwenden sollte, kann man ein übriges tun, den anwesenden Rüden ihren Seelenfrieden weitgehend zu erhalten.

Es ist ein wenig zur Unsitte geworden, beim Vorführen die Vorführleine so straff anzuziehen und so kurz hinter dem Genick des Hundes zu halten, daß es für den Zuschauer fast so aussieht, als solle das arme Vieh stranguliert werden. Auch die Künstler, die sich mit viel Getue und Gehabe bemühen, die Hunde wie Standbilder aufzubauen, machen sich meist lächerlich. Den besten Eindruck auf Richter und Publikum macht immer noch ein Hund, der gepflegt und entspannt in den Ring kommt, das Geschehen rundum mit lässiger Aufmerksamkeit verfolgt, sich willig begutachten läßt, sich gelöst bewegt und den anderen Hunden mit freundlicher Distanz begegnet.

9.3. Auf der Ausstellung

Wenn der große Tag herangekommen ist, sorgt man dafür, daß man rechtzeitig am Ausstellungsgelände ankommt. Hat man eine lange Anreise, sollte man unbedingt schon am Vortag anreisen, damit Herr und Hund ausgeruht und frisch sind. Vor allem bei Flugreisen, die auch für einen Hund anstrengend sind, hauptsächlich wenn auch noch ein Klimawechsel zu verkraften ist, ist es wichtig, daß die Nacht vorher Zeit genug für einen erholsamen Schlaf bietet. Die Hunde müssen zur vorgeschriebenen Zeit in das Ausstellungsgelände eingebracht werden; dort führt man zunächst einmal den Hund in seine Box und richtet sie ihm gemütlich ein. Dann erkundet man selbst das Terrain, erkundigt sich vor allem, wann und wo gerichtet wird, wo der Löseplatz ist, wo die Toiletten und der unvermeidliche Würstchenstand sind, macht sich mit den Nachbarn bekannt und trifft die letzten Vorbereitungen, damit das Prachtexemplar einen möglichst guten Eindruck macht: der Bobtail wird noch einmal „show-like" gebürstet.

Um die richtige „Ausrüstung" mitzunehmen, hat man sich schon zuvor erkundigt, ob die Ausstellung in einer Halle oder einem Zelt stattfindet und wie das Freigelände und die Boxen beschaffen sind. Im Winter kann es in einer Halle sehr kalt sein, im Sommer in einem Zelt sehr heiß, entsprechend muß die Garderobe beschaffen sein. Zum Vorführen trägt man bequeme, locker sitzende Kleidung, weder zu lässig noch zu elegant. Man muß sich bewußt sein, daß der Hund und nicht der Vorführer gerichtet und beurteilt werden soll. Es kann zwar schon ein Publikumserfolg sein, wenn ein Dackelbesitzer seinen Wastl in Lederhosen und Haferlschuhen vorführt und ein Afghane neben Frauchen im wehenden Chiffon-Abendkleid einherschreitet. Aber wer will denn schon seinen Bobtail im Schottenrock oder noch stilechter in Frack, Melone und dem unvermeidlichen Schirm vorführen? Die Damen sollten vor allem auf bequemes Schuhwerk achten. Schuhe mit flachen oder halbhohen Blockabsätzen sind am besten, während man mit hohen Absätzen auf sandigem Boden ganz schön ins Wanken geraten kann. Weiß man, daß auf weichem Boden gerichtet wird, gehören ein paar Gummistiefel ins Gepäck, die auf regennassem Lehm- und Grasboden immer noch am geeignetsten sind, vor allem, weil es dann auch sicher dreckig zugeht. Auch wenn die Ausstellungsleitung sich bemüht, das Richten selbst im Trockenen vorzunehmen, ist man bei Regen manchmal gezwungen, allein oder auch mit dem Hund, der sich lösen muß, hinauszugehen. Natürlich sollten die Füße des Bobtails dabei möglichst wenig verschmutzen. Schlamm muß sofort wieder ausgewaschen werden, damit er beim Trocknen gar nicht erst verkrustet.

Die Art der Boxen sollte man vorher erkunden, um sie möglichst bequem einrichten zu können. Eine dicke Decke für den Boden braucht man immer, handelt es sich aber um Boxen mit durchsichtigen Seitenwänden, beispielsweise aus Draht, sollte man vorsichtshalber genügend Tücher und Decken mitnehmen, um die Seitenwände verhängen zu können, wenn die Nachbarschaft unsympathisch sein sollte. Mit Sicherheitsnadeln, Karabinerhaken oder Wäscheklammern kann man die ganze Box höhlenartig verhängen, so daß der Insasse von unliebsamen Nachbarn möglichst wenig belästigt wird. Nur von vorne muß der ungehinderte Blick in die Box erhalten bleiben, da ja die Besucher die Hunde sehen wollen.

Für den Fall, daß es regnet, gehören ins Gepäck ferner Regenschutz für Hund und Herrn und eine zusätzliche Decke und Handtücher. Eine verstellbare Kette zum Festmachen des Hundes in der Box muß ebenfalls eingepackt werden, denn es ist Vorschrift, daß die Hunde angekettet sein müssen. Bissige Hunde müssen auch in der Box einen Maulkorb tragen. Mitgenommen werden müssen ferner Freß- und Trinknapf, Pflegeutensilien wie Kamm, Bürste, Schere, Puder, Plastiktüte für die ausgekämmte Wolle, eine Vorführleine, ein Hocker oder Klappstuhl, wenn man sich nicht zum Hund auf den Boden in die Box quetschen will, etwas Proviant für einen selbst, wie Kekse und Getränke, sonst läuft man Gefahr, daß man mit knurrendem Magen an der Würstchenbude ewig Schlange steht, und eventuell das gewohnte Fressen für den Hund. Auf Ausstellungen gibt es zwar massenweise Proben aller möglichen Hundefutter, die sollte man aber in vernünftigen Mengen zuhause ausprobieren. Stopft man den Hund nämlich mit all dem ungewohnten Zeug voll, kann ein verheerender Durchfall die Folge sein, was beim Bobtail mit seinem langen Fell ja besonders tragisch ist.

Der Bobtail soll auf Ausstellungen einen optisch möglichst guten Eindruck machen. Dazu muß er tadellos gepflegt sein. Die Zähne sollten nicht von Zahnstein befallen sein, die Ohren müssen sauber sein, die Krallen kurz und glatt, es sollen keine verkrusteten Haarklumpen zwischen den Ballen hängen und das Fell sollte dicht und voll, aber filzfrei sein. Wenn der Bobtail vor der Ausstellung gebadet werden muß, sollte man das etwa eine Woche vorher tun. Nach dem Bad ist das Haar so leicht und duftig, daß es zu sehr fliegt. Seinen vollen Stand hat es erst nach ein paar Tagen wieder. Lediglich die weißen Barthaare kann man unmittelbar vor der Ausstellung noch einmal säubern, wenn sie sehr verschmutzt sind. Sie werden angefeuchtet und mit Puder behandelt. Dazu hält man ein Handtuch an einer Seite vor die Haare, stäubt diese von der anderen Seite mit Puder ein, legt auch das andere Handtuchende an die Barthaare und reibt sie so zwischen den beiden Handtuchlagen vorsichtig sauber. Wenn die weißen Teile des Fells einen starken gelblichen Schimmer haben, kann man sie auch ganz mit Puder behandeln. Wenn das Fell nach dem Baden fast trocken ist, wird es mit dem Puder eingerieben, mit einem trockenen Handtuch einmassiert und nachher gründlich ausgebürstet. Es gibt verschiedene Pudermarken im Handel, manche Bobtailbesitzer schwören aber auch auf Kreidepulver oder gar auf einfache Stärke. Man muß es halt versuchen, aber wenn das Haar von selbst schön weiß ist, kann man sich die Mühe sparen. Den Trick, den Hund vor dem Richten noch einmal kräftig einzupudern, damit er möglichst weiß aussieht, entlarvt jeder Richter dadurch, daß er einmal kurz auf das Fell klopft. Wenn dann eine weiße Staubwolke aufsteigt, ist das recht peinlich und macht mit Sicherheit einen schlechteren Eindruck, als wenn man den Bobtail gleich so vorführt, wie er nun mal ist.

Nicht genug Aufwand kann man dagegen beim Bürsten treiben. Ich finde es fast ein bißchen lächerlich, wie aufgeplustert die Bobtails immer vorgeführt werden, aber es hat sich nun mal so eingebürgert. Der Ausstellungs-Bobtail wird von vornherein mehr Unterwolle behalten als der normale Haushund, er muß also noch sorgfältiger überwacht werden, damit die dichte Unterwolle nicht unversehens zu einem undurchlässigen Filzteppich wird. Von oben gesehen soll der Bobtail birnenförmig aussehen, Kopf und vorderer Körper sollen schmal sein und zur Kruppe hin breit zulaufen. Die Abbildung 10 zeigt diese birnenförmige Linie. Um die vordere Partie möglichst schmal zu halten, wird man bei Bobtails, die einen dichten Haarwuchs an den Schultern haben, eventuell mit einem feinzinkigen Kamm die Unterwolle auskämmen.

Abb. 10: Ausstellungs-Bobtail, von oben gesehen, birnenförmig zurechtgebürstet.

Der Ausstellungs-Bobtail soll mit dichtem, „heruntergelassenem" Pony vorgeführt werden. Wenn man ihm alltags freie Sicht verschaffen will, verbietet sich also das Wegschneiden der Haare vor den Augen. Dann kommt nur das Hochbinden zum Zöpfchen in Frage. Nachts sollte es aber aufgemacht werden, damit das Haar an der Stelle, an der das Gummi der Zopfspange sitzt, nicht mit der Zeit brüchig wird, sondern sich nachts erholen kann. Es gibt allerdings auch längliche, schmale Haarspangen aus Horn, die ebenfalls Kammzähnchen an der Rückseite haben, aber statt mit einem Gummi mit einem kleinen Drahtbügel geschlossen werden.

Die Haare, die zum Zöpfchen hochgebunden werden, müssen stets besonders sorgfältig gekämmt werden, da sie sehr leicht verfilzen.

Abbildung 11 zeigt, in welche Richtungen die einzelnen Fellpartien gebürstet werden müssen, um den Bobtail im Ausstellungsgewand präsentieren zu können. Voraussetzung dafür ist eine dichte Unterwolle. Am Kopf und an den Ohren wird alles Haar nach unten vorn gebürstet, der Punktscheitel liegt dabei in der Kopfmitte etwa zwischen den Ohransätzen. An den Vorderläufen wird das Fell nach oben gebürstet, um sie möglichst voluminös aussehen zu lassen. Die Haare an Brust und Schultern bürstet man anschließend nach unten, so daß sie über die hochgekämmten Haare der Vorderläufe fallen und das Gegeneinanderlaufen der beiden Fellpartien fließend ineinander übergeht. Der nächste Schritt ist das Bürsten der Haare an Nacken und Vorderbauch nach hinten schräg unten. Jetzt kommt das Ulkige an der ganzen Sache: das Aufplustern der Hinterhand, damit sie wie eine riesige Puderquaste aussieht. Alles Haar an den Hinterläufen wird nach oben gebürstet, das Fell an der Kruppe nach vorn in Richtung Kopf, so daß die Hinterhand des Bobtails gehörig aufgeplustert wird. Schön angesetzte Sprungelenke kann man dadurch betonen, indem man nach dem Bürsten mit einer leichten Handbewegung die Haare, die von der Keule her über das Sprunggelenk fallen, etwas nach vorn streicht, wie es der Pfeil in Abbildung 11 zeigt. Die

Abb. 11: Bürstrichtungen beim Ausstellungs-Bobtail

Empfehlung, den Bobtail nicht unmittelbar vor der Ausstellung zu baden, hat hier ihre Begründung, denn das leichte, fliegende Haar nach dem Bad würde an der Hinterhand in sich zusammenfallen und hätte nicht genügend Stand. Das Aussehen eines solchermaßen zurechtgemachten Bobtails mag von der Seite her gesehen noch angehen, wenn man ihn aber von hinten sieht, ist er nicht gerade eine Augenweide mit dem fast völlig freigelegten Popo (Scheitelpunkt ist die Stelle, an der der Schwanz kupiert wurde). Wenn ich mit einem solchen Bobtail in der Öffentlichkeit spazierengehen sollte, käme ich mir reichlich lächerlich vor. Alltags ist es also angebrachter, alles Fell nach unten in seiner natürlichen Wuchsrichtung zu bürsten. Wenn es im Ring windig ist, kann es leicht passieren, daß die ganze Pracht durcheinandergerät, dann muß man mit der Hand ab und zu wieder den „Tuff" hochstreichen. Das Fell mit Hilfe von Haarspray zu fixieren, sollte man lieber lassen. Einmal klebt es fürchterlich, und außerdem greift es das Haar auf die Dauer in seiner Struktur an. Eine Hilfe kann es sein, mit der Bürste ganz leichte Toupierbewegungen zu machen, wie es der Friseur bei Damenfrisuren mit dem Kamm tut. Aber beim Bobtail darf man das nur ganz leicht machen, sonst verfilzt das feine Haar im Nu. Nach der Ausstellung muß es dann wieder sehr sorgfältig aufgekämmt werden, sonst ist das ganze Fell ruiniert, und man kriegt es nicht mehr auseinander.

Am Tag der Ausstellung sollte nur noch das In-Form-Bürsten anstehen, das sorgfältige Kämmen erledigt man schon zwei, drei Tage zuvor in aller Ruhe zuhause. Dort ist es bequemer für Herrn und Hund und in den Tagen bis zur Ausstellung bekommt das Haar wieder etwas Stand.

Wenn der Bobtail zurechtgemacht ist, wird er an die Vorführleine genommen, das Fell am Nacken wieder sorgfältig über das Halsband drapiert und dann macht man sich rechtzeitig auf den Weg zum Ring. Die Nummer des Hundes steckt man sich gut sichtbar an und hält die Ahnentafel griffbereit. Nach Möglichkeit sollte der Vierbeiner vorher noch einmal zum Löseplatz geführt werden, um seine Geschäfte zu verrichten. Es ist immer ein bißchen peinlich, wenn er sich im Ring erleichtert, wenn es auch nicht weiter tragisch genommen und meist vom Hilfspersonal schnell beseitigt wird.

Die anderen Bobtails werden sich auch nach und nach am Ring einfinden und man muß mächtig aufpassen, daß sie nicht ins Spielen und Toben geraten und sich dabei ihre „Frisuren" durcheinanderbringen. Also entsprechend Abstand halten! Im Ring wird dann meist nach der Reihenfolge der Nummern gerichtet und man braucht sich nur nach den Weisungen des Richters und des Ringordners zu richten. Es wird keiner gefressen und man braucht sich nicht wie ein Verrückter zu hetzen. Wenn man selbst ruhig und gelassen den Anordnungen Folge leistet, wird auch der Bobtail neben einem sich ganz normal benehmen und nicht nervös werden. Man kann ruhig mit ihm sprechen, ihn beruhigen, wenn der Lautsprecher gar zu sehr krächzt, ihn loben, wenn er sich brav hinsetzt und sich das Maul aufmachen läßt; der Richter ist die seltsamsten Zwiegespräche zwischen Herrn und Hund gewohnt und wird nichts dabei finden. Fragen des Richters beantwortet man kurz und präzise, fragt den Richter seinerseits aber nur das Allernötigste. Für ein Gespräch oder eine Diskussion hat er nach dem Richten vielleicht Zeit und Lust, wenn man ihn darum bittet, während des Richtens selbst muß er aber zügig und ungestört arbeiten können und darf nicht von jedem in ein Gespräch verwikkelt werden.

Im Ring hängt meist eine große Tafel, auf der die Klassen und Nummern der beteiligten Hunde notiert sind. Nach dem Richten schreibt der Ringordner die entsprechenden Bewertungen dazu, so daß die Teilnehmer und das Publikum die Bewertungen aller Hunde ersehen können. Manchmal stellt der Richter nach Beendigung des Richtens die Hunde noch einmal dem Publikum vor und gibt kurze Erklärungen, nach welchen Gesichtspunkten er sie beurteilt hat. Dabei kann man vieles lernen, über den eigenen Bobtail und über die anderen, denen man auf verschiedenen Ausstellungen ja oft wieder begegnen wird. Deshalb lohnt es sich, hier aufmerksam zuzuhören. Ein schöner Zug eines Richters ist es, wenn er vor allem den Besitzern der weniger gut eingestuften Hunde erklärt, woran das liegt. Für seine Erläuterungen sollte man ihm eigentlich dankbar sein, auch wenn die Enttäuschung und vielleicht auch ein bißchen Ärger noch wie ein Kloß im Hals sitzen. Zum fair play gehört es auch, den Besitzern der Siegerhunde freundlich zu gratulieren. Auch auf Ausstellungen sollte es ein bißchen zugehen wie bei den Olympischen Spielen, die ja zum Grundgedanken haben: Dabeisein ist alles, Siegen ist gar nicht so wichtig. Durch unfreundliches Benehmen ergattert man sich keine nachträgliche bessere Bewertung, man verliert höchstens Sympathien. Andererseits sollte man sich den Besitzern der weniger gut eingestuften Hunde gegenüber nicht arrogant und überheblich verhalten, wenn man selbst besser abgeschnitten hat, sondern Verständnis zeigen, wenn sie im ersten Augenblick enttäuscht und ärgerlich reagieren.

Auch nach dem Richten müssen die Hunde bis zur Beendigung der Ausstellung noch in ihren Boxen bleiben, die sie nur zum Lösen und zum Richten verlassen dürfen. Nach dem Richten sollte man die Bewertung gut sichtbar an der Box anbringen, damit die Besucher der Ausstellung sie sehen können. Wenn man allein mit dem Hund zur Ausstellung fahren muß, sollte man ihn nicht gänzlich unbeaufsichtigt in seiner Box liegen lassen, wenn man zwischendurch weg muß. Ein Nachbar hat sicher gern ein Auge auf ihn, wenn man ihn darum bittet und sich erbietet, seinerseits auch mal auf seinen Hund aufzupassen.

Überhaupt kann man viele Bekanntschaften auf Ausstellungen machen und es lohnt sich, mit anderen Bobtail-Besitzern ein Gespräch zu suchen. Man lernt immer noch das eine oder andere dazu und kann wichtige Kontakte knüpfen, wenn man vorhat, einmal zu züchten. Aber auch unter dem Publikum findet man manchmal neue Freunde. Auch von den sogenannten „dummen Fragen" sollte man sich nicht strapazieren lassen, etwa „Wo ist denn bei dem Hund hinten und vorn?" oder „Na Struppi, du mußt aber dringend mal zum Friseur!". Wenn man freundlich und ausführlich Auskunft gibt, kann man dazu beitragen, daß der Bobtail immer beliebter und bekannter wird – und man hat Gelegenheit, auch mit manchen Schauermärchen auszuräumen, die um den Bobtail kursieren.

10. Der Bobtail als Zuchthund

10.1. Allgemeines

Die Auswahl guter Zuchthunde gewährleistet über lange Zeit hinweg die gleichbleibende Güte einer Rasse. Daher ist es verständlich, daß zur Zucht nur Hunde verwendet werden sollen, die dem Standard entsprechen, wesensfest und gesund sind. Sie dürfen keine Folgeerscheinungen durchgemachter Krankheiten zeigen und müssen ein gutes Geschlechtsgepräge haben. Ebenso selbstverständlich sollte sein, daß Zuchttiere ihrer Bestimmung gemäß gehalten und bestens gepflegt werden. Übertriebene Zwinger- und Massenzucht muß vermieden werden. Glücklicherweise ist der Bobtail noch nicht zur Vielzahl der überzüchteten Hunderassen zu zählen. Es spricht nichts dagegen, wenn neben den mehr oder weniger professionellen Bobtail-Züchtern auch Privatleute einmal ihre Bobtail-Hündin werfen lassen wollen, sofern es sich um eine zur Zucht geeignete Hündin handelt und der Deckrüde sorgfältig ausgewählt wird. Es ist ein wundervolles Erlebnis, einen Wurf Bobtailwelpen aufzuziehen, aber jeder, der es ins Auge faßt, muß sich bewußt sein, daß damit ein enormer Arbeitsaufwand auf ihn zukommt und der Erlös aus dem Verkauf der Welpen gerade die entstandenen Kosten für eine gute Pflege der Hündin und der Jungen deckt, und bestenfalls nur einen sehr schmalen finanziellen Gewinn bringt. Außerdem müssen bestimmte räumliche Verhältnisse gegeben sein. In einer Dreizimmerwohnung in der Großstadt eine Bobtailhündin mit etwa zehn Welpen zu halten, ist absolut unmöglich, auch wenn man meint, die paar Wochen, die die Welpen bis zum Verkauf im Haus seien, könne man sich einschränken.

Bobtails zählen zu den großen Hunderassen, und benötigen etwas mehr Zeit als die kleineren Rassen, um sich voll zu entwickeln. Eine Hündin sollte deshalb mindestens anderthalb bis zwei Jahre alt sein, bevor sie zum erstenmal wirft. Empfehlenswert ist es, die dritte Hitze abzuwarten. Läßt man sie früher decken, läuft man Gefahr, daß entweder die Hündin Schaden nimmt oder die Welpen nicht optimal entwickelt sind, wenn nicht gar beides auftritt. Eine Bobtail-Hündin kann ohne weiteres bis zum Alter von etwa acht Jahren zur Zucht verwendet werden, bei ihrem ersten Wurf sollte sie aber möglichst nicht älter als drei Jahre sein, sonst können sich altersbedingte Komplikationen bei der Geburt ergeben. Selbstverständlich darf eine Hündin nicht bei jeder Hitze belegt werden, sondern höchstens über eine gewisse Zeit hinweg bei jeder zweiten Hitze. Ein Rüde mit guten Vererbungsanlagen kann dagegen etwa ab zwei Jahren bis ins hohe Alter zur Zucht herangezogen werden.

Es hat seine Vorteile, Mitglied in einem Zuchtverband zu werden, wenn man züchten will, zwingend vorgeschrieben ist es aber nicht. Als Nichtmitglied muß man jedoch die dreifachen Gebühren bei der Registrierung der Welpen zahlen.

Als Züchter gilt der Eigentümer der Mutterhündin zum Zeitpunkt des Belegens. Um den Nachkommen ordnungsgemäße Papiere zu sichern, muß die Hündin angekört sein. Dazu wird sie dem Körmeister des zuständigen Zuchtverbandes zur Begutachtung vorgestellt. Zuvor muß sie jedoch geröntgt sein, um festzustellen, ob sie unter HD (Hüftgelenksdysplasie) leidet. Tierärzte mit einer gut ausgestatteten Praxis haben die Möglichkeit zum Röntgen, ansonsten wendet man sich an eine Tierklinik. Dort werden die Röntgenbilder in dreifacher Ausfertigung gemacht und an die Zentralstelle zur Begutachtung von Röntgenbildern der Universität Berlin geschickt. Nach der Auswertung wird von dort je eine Ausfertigung an den zuständigen Zuchtwart, an die Zuchtbuchstelle und an den Züchter geschickt. Wie viele große, schwere Hunderassen ist auch der Bobtail relativ stark HD-gefährdet. Man untergliedert je nach der Schwere in HD-frei, Verdacht auf HD, leichte, mittlere und schwere HD. Um eine einheitliche Einstufung aller Hunde zu erreichen, hat man die Zentralstelle in Berlin geschaffen. Meist wird man bis zur leichten, wenn nicht gar mittleren HD noch eine Zuchterlaubnis erhalten. Als Argument dazu wird angeführt, daß viele Hunderassen bald völlig aussterben würden, wenn man nur noch mit den wenigen völlig HD-freien Tieren züchten wolle, es sollte jedoch dem Gewissen jedes einzelnen Züchters anheimgestellt sein, bereits einen Hund mit mittlerer HD von der Zucht auszuschließen. Zwar sind die Ursachen der HD noch nicht ganz geklärt, aber es ist doch anzunehmen, daß sie in nicht unerheblichem Maße weitervererbt wird. Trotzdem darf man auch nicht in Panik ausbrechen, wenn man hört, daß der eigene Hund leichte oder mittlere HD hat. Vielen Hunden macht das zeit ihres Lebens keinerlei Beschwerden. Andere, die vielleicht sogar schwere HD haben, haben ab einem gewissen Alter sichtliche Beschwerden beim Laufen und Springen. Für die Besitzer solcher Hunde ist es eine moralische Verpflichtung, sie dann von ihrem Leiden zu erlösen, bevor es unerträglich wird. Manche Tierärzte bieten zwar Operationen oder – vor allem bei noch sehr jungen Hunden – eine Behandlung mit Hormonspritzen an, beide Möglichkeiten bieten aber nur ganz geringe Heilungschancen. Dabei muß man sich fairerweise bemühen, die Situation aus der Sicht des Hundes zu sehen und nicht aus der eigenen Perspektive, daß man den geliebten Vierbeiner möglichst lange am Leben erhalten will. Und leider ist es in vielen Fällen so, daß eine Behandlung so quälend für das Tier ist, daß es barmherzig ist, es gleich einschläfern zu lassen. Dies gilt aber wohlgemerkt nur für Hunde, die von einer ganz extremen HD befallen sind. Keinesfalls will ich dazu ermuntern, nun Hunde töten zu lassen, die erwiesenermaßen leichte bis mittlere HD haben, aber völlig beschwerdefrei herumtoben können! Lediglich zur Zucht sollten diese Tiere nicht zugelassen werden. So erklärt sich auch die Aufgabe von Zuchtleitern und Zuchtwarten, die von den Zuchtvereinen eingesetzt werden. Sie achten auf die Einhaltung der Zuchtrichtlinien, bedürfen dabei aber der Unterstützung der Züchter und Deckrüdenbesitzer. Der Eigentümer eines Deckrüdens ist gehalten, sich vor dem Belegen von der Zuchttauglichkeit einer Hündin zu überzeugen, umgekehrt der Züchter von der Zuchttauglichkeit des Rüden.

Zur Zuchtförderung führt der VDH Internationale, Allgemeine und Spezialzuchtschauen durch, er veranstaltet Körungen und Prüfungen und verpflichtet die einzelnen Zuchtverbände zur Führung von Zuchtbüchern und Registern. Die Hunde werden im allgemeinen nach ihrem Zuchtwert in vier verschiedene Klassen eingeteilt:

1. Zur Zucht zugelassene Hunde, die in einem vom VDH anerkannten Zuchtbuch oder Register eingetragen sind und für die der Nachweis zur Zuchtverwendung vorliegt;
2. Zur Zucht empfohlene Hunde (angekörte Tiere), die erbmäßig guten Nachwuchs versprechen oder solchen bereits erbracht haben;
3. Zur Zucht nicht geeignete Hunde, die mit zuchtausschließenden körperlichen oder charakterlichen Fehlern behaftet sind;
4. Registrierte Hunde, deren Abstammung teilweise nicht nachweisbar ist, die jedoch in allen Punkten dem Rassestandard entsprechen. Die Nachkommen solcher Hunde werden erst ab der vierten Generation wieder ins Zuchtbuch eingetragen, die ersten vier Generationen werden lediglich registriert. Die Aufnahme ins Register ermöglicht Bobtails, die nicht nach den Zuchtrichtlinien des VDH gezüchtet wurden, die Aufnahme in Vereine des VDH. Auf diese Weise wird normalerweise auch mit reinrassigen Bobtails verfahren, die aus dem Ausland kommen und keine ordnungsgemäße Ahnentafel mit Auslandsanerkennung besitzen. Bobtails, die eine solche Auslandsanerkennung haben und im Zuchtbuch eines ausländischen Vereins erfaßt sind, der dem FCI angeschlossen ist, finden sofort Eingang in das bundesdeutsche Zuchtbuch.

Das Zuchtbuch bildet mit der in ihm festgehaltenen Nachkommenschaft der Zuchttiere die Grundlage für eine ordnungsgemäße Zucht und schafft dadurch die Voraussetzung, die Vererbung einer Rasse im guten und schlechten Sinn zu verfolgen. Daher müssen alle Welpen eines Wurfes zahlenmäßig und nach ihrem Geschlecht erfaßt werden. Auch die totgeborenen, ausgemerzten und bis zur Eintragung verendeten Welpen sind einzutragen, ebenso wie die, die schwere Erbfehler aufweisen. Nach diesen Angaben werden für die lebenden Welpen die Ahnentafeln ausgestellt, die deren Abstammung seit mindestens drei Generationen aufweisen. Alle Züchter müssen ihre Würfe zur Eintragung beim VDH anmelden. Nachdem der Zuchtwart des zuständigen Verbandes den Wurf begutachtet hat, erfolgt die Eintragung im allgemeinen in der siebten oder achten Lebenswoche der Welpen. Für nach dem sechsten Lebensmonat angemeldete Welpen sind doppelte Gebühren zu zahlen.

Jeder Welpe erhält daraufhin eine Ahnentafel, die nur für ihn Gültigkeit hat und auf der sein Name steht. Sie bleibt Eigentum des zuchtbuchführenden Vereins und kann jederzeit zur Vorlage angefordert werden. Nach dem Tod des Hundes ist sie unter Angabe des Todestages und der Todesursache an die Zuchtbuchstelle zurückzugeben. Wird der Hund verkauft, muß sie dem Käufer ohne Nachzahlung übergeben werden. Der Verkäufer muß dabei in der dafür vorgesehenen Spalte unterschreiben und den neuen Eigentümer eintragen.

Wer öfter züchten will, sollte seine Würfe nicht nur alphabetisch untergliedern, indem die Hunde des ersten Wurfs Namen bekommen, die mit A beginnen, die des zweiten Wurfs mit B beginnende Namen usw., sondern den Welpen aus seinen Würfen auch einen Zwingernamen geben, der die Bedeutung eines Nachnamens für den Hund hat. Ein solcher Zwingername wird jedoch nur dann anerkannt, wenn er für den Züchter von der Zuchtbuchstelle des zuständigen Vereins geschützt ist. Das Gesuch um Anerkennung des Zwingernamens muß dem zuständigen Rassehundzuchtverband spätestens mit der Einreichung der ersten Wurfmeldung zugeleitet werden. Damit verpflichtet sich der Züchter, fortan alle von ihm rasserein gezüchteten Hunde in das vom VDH anerkannte Zuchtbuch eintragen zu lassen. Der Zwingername muß sich deutlich von allen anderen Zwingernamen, die für die gleiche Rasse geschützt sind, unterscheiden. Läßt sich der Züchter keinen Zwingernamen schützen, erhält jeder Hund, der ins Zuchtbuch eingetragen wird, von der Zuchtbuchstelle einen sogenannten Beinamen, der in der Regel aber nichts anderes ist als der Zuname des Züchters. Ein Bobtailwelpe namens Bobby heißt dann beispielsweise Bobby Meier oder Bobby Schulz.

Jeder Besitzer eines Deckrüden sollte ein Deckbuch führen, in dem er den Namen, die Zuchtbuchnummer, den Decktag und die Zuchttauglichkeitsnachweise der belegten Hündinnen sowie die Anschriften ihrer Besitzer notiert und später auch das Wurfdatum und das Wurfergebnis einträgt. Für den Besitzer von Zuchthündinnen empfiehlt sich dagegen die Führung eines Zwingerbuches, in das Name, Zuchtbuchnummer und Zuchttauglichkeitsnachweise des Deckrüden sowie die Anschrift seines Besitzers und das Deckdatum eingetragen werden. Später werden der Wurftag, das Wurfergebnis mit Abgängen von Jungtieren durch Tötung, Tod, Verkauf etc. eingetragen sowie die Anschriften der Käufer der Jungtiere.

Im allgemeinen handhabt man es so, daß die Hündin dem Deckrüden an dessen Heimatort zugeführt wird. Nach vollzogenem Deckakt ist die vereinbarte Deckentschädigung für den Deckrüdenbesitzer fällig. Hier gibt es keine Richtlinien über die Höhe des Entgelts, es wird jedoch in den meisten Fällen mindestens dem Gegenwert eines Welpen in barem Geld entsprechen, bei Spitzentieren kann der Preis aber bedeutend höher sein. Erst nach Entrichtung des Deckpreises darf der Rüdenbesitzer dem Besitzer der Hündin die Deckbescheinigung aushändigen. Hat die Hündin wider Erwarten nicht aufgenommen, erklären sich die meisten Rüdenbesitzer bereit, die Hündin bei der nächsten Hitze kostenlos noch einmal vom gleichen Rüden belegen zu lassen. Solche Vereinbarungen trifft man am besten schriftlich, es gibt dafür bei der Geschäftsstelle des VDH einen vorgedruckten Deckvertrag. Die Rechtsverhältnisse zwischen den Besitzern von Rüden und Hündinnen werden durch Vereinbarungen des zuständigen Rassehundzuchtvereins geregelt, im Zweifelsfalle ist das „Internationale Zuchtrecht von Monaco" heranzuziehen.

Oft hört man die Meinung, eine nervöse Hündin werde ruhiger, nachdem sie geworfen hat. Das mag zwar mitunter zutreffen, allgemeingültig ist es jedoch nicht. Der Laie sollte sich nur auf die Zucht mit körperlich und charakterlich einwandfreien Hunden beschränken und auch jede Inzucht, die bei Hunden oft sehr gute Erfolge zeitigt, dem Fachmann überlassen. Doch auch der erfahrenste Züchter mit den besten Kenntnissen der Vererbungslehre ist immer auf ein bißchen Glück und eine gehörige Portion Fingerspitzengefühl angewiesen, wenn er wirklich erstklassige Jungtiere züchten will; es ist nicht einfach damit getan, zwei Internationale Schönheitschampions miteinander zu paaren und darauf zu hoffen, daß damit weitere Champions produziert sind. Unbestritten ist aber, daß gute Elterntiere mit guter Abstammung am ehesten die Chance bieten, auch guten Nachwuchs zu bekommen. Es bedarf aber immer sorgfältiger Überlegungen, welche Hunde man miteinander paart, denn die Elterntiere sollten nach Möglichkeit nicht beide dieselben Fehler haben, sondern jeder sollte die Schwächen des anderen ausgleichen. So wird man beispielsweise gern einen Bobtail mit sehr dunklem Fell mit einem sehr hellen zusammenbringen, einen sehr großgewachsenen Rüden mit einer zierlichen Hündin paaren, einen zu langen, geraden Rücken durch den schön überbauten des anderen Partners auszugleichen versuchen.

Der Besitzer eines schönen Bobtailrüden wird am ehesten bekannt werden, wenn er das Tier öfter ausstellt und gute Preise erringt. Dann werden sicher von selbst genügend Hündinnenbesitzer auf ihn zukommen. Er kann weiterhin beim zuständigen Zuchtverein angeben, daß er seinen Hund als Deckrüden zur Verfügung stellt. Anfragende Besitzer von Hündinnen werden dann an ihn verwiesen.

Als Besitzer einer zuchttauglichen Hündin geht man den umgekehrten Weg, man lernt die künftigen Papas entweder auch auf einer Ausstellung kennen oder erkundigt sich beim Verband nach geeigneten Rüden, die man sich dann ansehen kann, um festzustellen, ob sie zur eigenen Hündin passen.

Zuchttiere müssen selbstverständlich besonders gepflegt sein und dürfen weder zu mager noch zu fett sein. Wenn sie artgemäß gehalten werden, haben Bobtail-Hündinnen in den seltensten Fällen Geburtsbeschwerden, da die Rasse noch in ihren natürlichen Proportionen erhalten und nicht artverfremdend gezüchtet wurde. Kaiserschnittgeburten, wie sie beispielsweise bei vielen kleinen Hunderassen, deren Becken infolge einer verfremdenden Züchtung zu eng wurde, vorkommen, gibt es bei Bobtails kaum. Bobtail-Hündinnen sind gute und zärtliche Mütter, während Rüden, wie so ziemlich alle Rüden, mit dem Nachwuchs zunächst einmal nichts Rechtes anzufangen wissen, wenn sie Gelegenheit haben, mit ihm zusammen zu sein. Wenn die Welpen dann etwas größer sind, krabbeln und herumlaufen, werden aber auch sie unendlich geduldige Papas.

10.2. Bobtails feiern Hochzeit

Eine Bobtail-Hündin wird zum erstenmal etwa im Alter von zehn Monaten läufig. Die Hitze wiederholt sich dann in etwa regelmäßigen Abständen ungefähr jedes halbe Jahr. Frühestens bei der dritten Hitze sollte die Hündin das erstemal belegt werden. Ein Deckrüdenbesitzer tut gut daran, sich danach zu erkundigen und sollte sich gegebenenfalls weigern, eine Hündin in einem früheren Stadium belegen zu lassen.

Kurz vor Eintritt der Hitze sollte die Hündin auf Würmer untersucht werden. Jeder Tierarzt kann diese Untersuchung anhand einer Kotprobe vornehmen. Ist das Tier von Würmern befallen, muß unbedingt noch eine Wurmkur gemacht werden, damit die Welpen nicht schon im Mutterleib mit Wurmeiern infiziert werden. Ebenso muß sie frei von Ungeziefer sein, denn Flöhe sind Zwischenwirte des Hundebandwurms. Auch Läuse sind gefährlich, sie können sogar erwachsene Hunde blutarm saugen, und erst recht bei einem Wurf junger Hunde verheerenden Schaden anrichten.

Die Hitze dauert normalerweise etwa 21 Tage. In den ersten zwei, drei Tagen hat die Hündin lediglich einen leichten, klaren Ausfluß, dann schwillt die Vulva stark an, und für etwa 12 Tage färbt die Hündin, d.h. sie hat reichlich blutigen Ausfluß. Wird sie in der Wohnung gehalten, empfiehlt es sich, ihr ein Höschen anzuziehen, das zum Gassigehen natürlich ausgezogen wird. Danach wird wieder eine neue Einlage eingelegt, Minibinden mit selbsthaftendem Klebestreifen, wie sie für die Damenhygiene angeboten werden, sind am geeignetsten, eingelegte Papiertücher oder Watte verrutschen zu leicht. Es gibt spezielle Höschen für die Hygiene der Hündin, aber ganz normale Damenslips tun es auch. Ich kaufe im Schlußverkauf immer eine Anzahl preiswerter Damen-Frotteeslips, die nach Gebrauch einfach weggeworfen werden. Es sieht dann hinreißend aus, wenn Judy würdevoll mit ihrem buntverpackten Popo durch die Wohnung spaziert; da das enganliegende Höschen das Fell stark zusammendrückt, sieht ihr Hinterteil im Vergleich zur massiven vorderen Hälfte richtiggehend niedlich aus und sie gleicht von hinten fast einem bekleideten Schimpansen. Wenn die Blutung schwächer wird, schwillt auch die Vulva wieder etwas ab und wird weicher und schlaffer. Das ist die richtige Zeit zum Hochzeitfeiern. Als Faustregel gilt als günstig für das Belegen der 10. bis 18. Tag, bei vielen Bobtails hat sich der 12. Tag als besonders günstig erwiesen. Mit zunehmendem Alter der Hündin kann die optimale Aufnahmebereitschaft sich ein bißchen weiter hinauszögern als in jüngeren Jahren.

Der Rüdenbesitzer wird bei Eintreten der Hitze darüber informiert, und man sollte sich in etwa zwölf Tagen miteinander verabreden. Soll die Hündin gedeckt werden, vermeidet man während der ganzen Hitze die Anwendung jeglichen rüdenabschreckenden Mittels wie Spray oder Puder. In den Tagen vor dem Deckakt sollten die Geschlechtsteile der Hündin auch nicht mehr mit einer schwach desinfizierenden Lösung abgewaschen werden, sondern nur noch mit klarem warmem Wasser. Der Rüde wird vom Geruch, den die läufige Hündin ausströmt, zu seinen Kavaliersdiensten angeregt, und diese Stimulans sollte man ihm nicht nehmen, indem man den Eigengeruch der Hündin überdeckt.

In der Regel wird der Besitzer der Hündin den Rüden an dessen Wohnort aufsuchen. Bei der Ankunft sollte die Hündin nicht sofort in die Nähe des Rüden kommen. Reist man mit dem Auto an, bleibt sie zunächst einmal im Wagen, während man den Besitzer des Rüden begrüßt und mit ihm verabredet, wo die Begegnung der beiden Tiere stattfinden soll. Die Hündin muß vorher noch Gelegenheit haben, sich zu lösen, denn nach dem Deckakt ist es ratsam, es ihr einige Stunden zu verweigern, um zu verhindern, daß das Sperma teilweise wieder ausfließt, wenn die Hündin sich spannt.

Der Rüde wird einige Stunden vor dem Deckakt nicht gefüttert, man kann ihm aber etwas Gutes tun, wenn man ihm etwa zwei Stunden vorher etwas Milch mit geschlagenem Ei und einem Löffel Traubenzucker anbietet. Ein Rüde, der regelmäßig zum Decken eingesetzt wird, braucht sowieso sehr viel Vitamin A, B und E. Dennoch darf er nicht öfter als etwa einmal in der Woche zu Minnediensten herangezogen werden, und auch das nur über eine begrenzte Zeit, sonst verausgabt er sich zu sehr.

Das Belegen wird bei Bobtails, die Erfahrung damit haben, meist keinerlei Probleme machen. Lediglich, wenn einer der beiden oder gar beide noch „Neulinge" auf diesem Gebiet sind, kann es passieren, daß sie sich zwar aufgeregt gebärden und auch mächtig miteinander „flirten", aber dann doch nichts rechtes miteinander anzufangen wissen. Dabei darf man auf keinen Fall ungeduldig werden, die Tiere brauchen Zeit und nach ausgiebigem Kennenlernen wird der berühmte Groschen sicher auch fallen. Das Decken ist ein natürlicher Vorgang und läßt sich nicht mit dem Blick auf die Uhr steuern. Die Tiere sollten an einem ruhigen Ort zusammentreffen, am besten bringt man erst die Hündin dorthin, läßt sie etwas herumschnüffeln, und wenn sie sich zurechtgefunden hat, läßt man den Rüden dazu. Beide Hunde tragen ein kräftiges Halsband, und zumindest die Hündin sollte beim ersten Mal von ihrem

Besitzer an der Leine gehalten werden. In den allermeisten Fällen werden sich die beiden sofort miteinander beschäftigen und erst einmal eine Weile herumspielen. Manche Hündin macht da noch begeistert mit, wird aber prüde, wenn der Rüde ernsthaftere Annäherungsversuche macht und sie anspringt. Dann ist es ratsam, daß der Besitzer sie festhält und ihr beruhigend zuredet. Gewalt allerdings darf nicht angewendet werden. Wenn sie sich hinsetzt, kann man sie hochziehen und ihr zureden, daß sie stehen bleiben soll, beißt sie jedoch panisch um sich, ist es besser, die beiden Hunde zu trennen und nach einer Stunde abermals zusammenzubringen.

Der Rüde springt die Hündin meist ein paarmal an, bevor er mit seinem Penis endgültig in sie eindringt. Dann umschließen ihn die Muskeln der Vagina so fest, daß ernsthafte Verletzungen die Folge wäre, wenn sich die Tiere jetzt trennen würden. Daher darf die Hündin auch auf keinen Fall versuchen, sich etwa hinzusetzen. Wenn der Besitzer nicht sicher ist, wie sie sich verhält, behält er sie aufmerksam im Auge und verhindert das Hinsetzen durch einen kräftigen Ruck an der Leine oder energische Kommandos. Wenn es nicht nötig ist, sollte man aber nicht eingreifen, sondern die Tiere möglichst ungestört lassen. Der Deckakt wird umso reibungsloser ablaufen, je entspannter die Tiere sind; Lärm und großes Publikum wirken nur irritierend. Nach dem Eindringen des Rüden dreht er sich so über den Rücken der Hündin hinweg, daß beide Rücken an Rücken stehen. Gegebenenfalls muß dem Rüden dabei geholfen werden, wieder auf seine vier Beine zu stehen zu kommen. Der Penis des Rüden ist dabei immer noch fest von den Vaginalmuskeln der Hündin umschlossen. Diese Phase, die zwischen zehn Minuten bis über eine Stunde dauern kann, nennt man „Hängen". Der Durchschnittswert des Hängens liegt aber bei etwa 15 bis 20 Minuten. Diese Stellung ist unbequem für beide Teile und es muß unbedingt verhindert werden, daß einer sich hinsetzen will oder so abrupte Bewegungen macht, daß der andere nicht folgen kann. Für die Besitzer gilt es auszuharren, bis die Tiere sich voneinander lösen. Sie werden anschließend getrennt, der Penis des Rüden wird mit einem milden Antiseptikum gereinigt, und wenn die Vorhaut noch sehr zurückgezogen ist, wird sie mit Hilfe von Vaseline wieder behutsam in ihre normale Lage gebracht. Die Hündin wird mehrere Stunden an einem Ort gehalten, an dem sie sich nicht lösen darf, am zweckmäßigsten ist es, sie gleich wieder ins Auto zu bringen, dort kann sie sich ausruhen und ist in vertrauter Umgebung. Beide Tiere werden erst einmal ein paar Stunden lang erschöpft sein und eventuell sogar das Fressen verweigern. Das holen sie aber mit gutem Appetit wieder nach, wenn sie sich erholt haben.

Nach dem Deckakt ist das Deckgeld für den Besitzer des Rüden fällig. Ist die Hündin nach etwa neun Wochen nicht sichtbar tragend, kann bei der nächsten Hitze der Deckakt kostenlos noch einmal wiederholt werden oder man darf das Deckgeld zurückverlangen, wobei der Rüdenbesitzer berechtigt ist, seine Unkosten abzuziehen. Solche Vereinbarungen sollten zwischen den Besitzern aber schriftlich getroffen werden, bevor man die Hunde überhaupt zusammenläßt.

Die Hündin darf auch weiterhin nicht mit anderen Rüden gepaart werden, denn sie könnte von diesen durchaus noch einmal annehmen.

Wer eine Bobtailzucht in größerem Rahmen beginnen will und das geeignete Gelände dazu hat, sollte nächst mit zwei oder drei Hündinnen anfangen, und einen Rüden erst später dazunehmen, wenn er mehrere Hündinnen besitzt. Der Rüde muß immer zuverlässig getrennt von einer läufigen Hündin gehalten werden können. Er leidet immer darunter, sich nicht gleich der Schönen nähern zu dürfen und wird in vielen Fällen sogar vor Sehnsucht das Fressen verweigern. Bei zehn Hündinnen beispielsweise hätte er zwanzigmal im Jahr Liebeskummer. Es reicht also nicht, daß nur ein Zaun die beiden trennt, eine größere Entfernung muß schon dazwischen liegen. Mit dem Rüden, der als Deckrüde ja ein ganz besonders schönes Tier sein wird, wird man sicher auch öfter auf Ausstellungen gehen. Er würde dort ganz bestimmt keinen guten Eindruck machen, wenn er vor Liebeskummer völlig abgemagert wäre und entweder ein nervöses oder apathisches Wesen an den Tag legte.

10.3. Tragezeit und Geburt

Die durchschnittliche Tragezeit einer Bobtailhündin beträgt etwa 62 Tage. Es kann aber durchaus vorkommen, daß das große Ereignis einige Tage früher stattfindet; verzögert es sich jedoch um mehr als drei oder vier Tage, sollte unbedingt der Tierarzt befragt werden. Die Hündin muß während der Tragezeit besonders gut ernährt werden, sie benötigt jetzt mehr Proteine, Vitamine und vor allem Calcium, darf aber mit dem vermehrten Fressen nicht übermäßig viel Kohlehydrate zugeführt bekommen. Am besten mischt man ein spezielles Vitamin- und Calciumpräparat unter das Fressen. In den ersten drei Wochen wird weiterhin nur einmal täglich gefüttert, jedoch etwas mehr als gewohnt, bis zur sechsten Woche sollte dann zweimal und ab der sechsten Woche dreimal täglich gefüttert werden. Ab der sechsten Woche etwa schwellen Bauch und Zitzen deutlich an. Jetzt ist die werdende Mama auch von langen Spaziergängen nicht mehr sehr begeistert, man geht lieber ein paarmal täglich kürzere Strecken mit ihr als einen einzigen Gewaltmarsch zu machen. Vom Rennen und Springen sollte man sie jetzt nach Möglichkeit abhalten. Im übrigen wird sie wie gewohnt gehalten, sie ist ja nicht krank, in ihrem Körper spielt sich ein ganz natürlicher Vorgang ab und sie braucht lediglich eine gewisse Schonung.

Etwa drei Wochen vor der Geburt wird sie in die Umgebung gebracht, in der sie gebären und mit ihren Jungen bleiben soll, damit sie sich schon eingewöhnt. Es sollte ein wettergeschützter, beheizbarer Raum sein, frei von Zugluft und leicht sauberzuhalten. In diesem Raum steht die Wurfkiste, in der sich die Hündin in den ersten Tagen mit den Welpen aufhalten wird.

Später werden die Kleinen gelegentlich die Kiste verlassen, um im Raum und bei schönem Wetter auch draußen die ersten Gehversuche zu machen und herumzutoben, schlafen werden sie aber in der Regel wieder in der Wurfkiste, eng an die Mutter und die Geschwister gekuschelt. Sie haben den Trieb, ihr Nest nicht zu beschmutzen, sondern werden dann, wenn sie selbständig fressen und die Mutter ihre Exkremente nicht mehr auffrißt, die Kiste verlassen, um ihr Geschäftchen draußen zu verrichten, daher muß der Boden des Raumes leicht zu säubern und zu desinfizieren sein.

Die Wurfkiste muß so groß sein, daß die Mutter ausgestreckt darin liegen kann und noch Platz genug ist für die Welpen. Im Durchschnitt wirft eine Bobtail-Hündin etwa sechs bis acht Welpen, es können weniger sein, aber auch mehr, ich habe einmal von einem Wurf von dreizehn prächtigen, gesunden Welpen gehört!

Die Mindestgröße der Wurfkiste sollte 150 x 150 cm sein, die Seitenwände müssen mindestens 50 cm hoch sein. Es empfiehlt sich, etwa 10 cm hohe Füße unter der Kiste anzubringen, damit eine Isolation gegen die Bodenkälte gegeben ist. An einer Seite muß eine Ausstiegsluke angebracht sein, die nachts geschlossen wird. Mit Hilfe zweier Leisten kann man Laufschienen auf beiden Seite der Luke anbringen, in die nachts von oben her ein Brett geschoben wird. So hat man die Gewähr, daß die ganze Welpenschar nachts beisammen ist und sich gegenseitig wärmt. Um zu verhindern, daß die Mutter einen Welpen versehentlich einquetscht, wenn sie sich umdreht, ist es ratsam, innen in der Kiste in etwa 15 bis 20 cm Höhe in einem Abstand von etwa 10 cm von den Wänden eine Leiste oder ein Rundholz rund um die Kiste laufen zu lassen. Dieses Rundholz verhindert, daß sich die Hündin ganz gegen die Wand lehnt, so daß ein Welpe in dem Raum zwischen Wand und Rundholz noch Platz hat und nicht ganz plattgedrückt wird.

Es ist selbstverständlich, daß die Kiste stabil gebaut sein muß, denn sie soll ja auch noch dem Temperament eines halben Dutzends achtwöchiger Bobtails standhalten. Als Material sollte massives, festes Holz verwendet werden, das an den Kanten glattgeschliffen wird, so daß es den Knabberzähnchen der Bewohner standhält und nicht splittert. Wenn die Kiste schön glatt geschliffen ist, braucht sie keinen Anstrich und keine Lackierung, das Holz läßt sich auch in rohem Zustand sauberhalten, wenn es mit einer Bürste und Seifenlauge und anschließend mit Desinfektionslösung gereinigt wird. Die Welpen werden mit Sicherheit ihre Zähnchen an der Kiste erproben und wenn sie dabei Farbe schlucken, kann das schlimme, wenn nicht gar tödliche Folgen haben. Die Einlage der Kiste muß – vor allem in den ersten Tagen, wenn die Welpen die Kiste noch nicht verlassen können – saugfähig und leicht auszuwechseln bzw. zu reinigen sein. Man kann Stroh, Torf, Holzwolle oder Sägespäne nehmen und alles mit einem dicht gewebten Leinentuch abdecken, von denen man mehrere hat und nach jeder Säuberung ein frischgewaschenes nimmt. Für geeigneter halte ich aber Zeitungspapier, das in dicken Lagen in die Kiste geschichtet wird und mit einer Decke oder einer mit Baumwollstoff bezogenen Schaumstoffmatte abgedeckt wird. Direkt auf dem Zeitungspapier dürfen die Welpen nicht liegen, sie würden es sonst zerfetzen und davon fressen, und Druckerfarbe ist nicht gerade das geeignete Menü für einen Welpenmagen.

Wichtig ist, daß die Unterlage, auf der die Welpen liegen, auskochbar ist und somit hygienisch saubergehalten werden kann. Solange sie sich den ganzen Tag in der Kiste aufhalten, wird sie zweimal täglich gereinigt; wenn sie die Kiste verlassen und ihre Geschäftchen draußen verrichten, genügt eine tägliche Säuberung.

Nach Möglichkeit sollte man die Hündin beizeiten daran gewöhnen, daß sie in der Kiste schläft, und auch schon ihre Freß- und Wassernäpfe in die Nähe stellen. Weigert sie sich jedoch, in der Kiste zu schlafen, zwingt man sie auch nicht dazu; wenn die Welpen erst geboren sind, wird sie von selbst darauf kommen, daß sie mit ihrer Kinderschar dort am besten aufgehoben ist.

Rechtzeitig sollte man auch für die Bereitstellung einer Wärmequelle sorgen, etwa ein Elektroradiator oder am besten eine Rotlichtlampe, weil die Welpen nach der Geburt und in den ersten Lebenstagen viel konstante Wärme brauchen.

Die Hündin wird während der Tragezeit besonders sorgfältig gepflegt, das Gebiß wird saubergehalten und einmal wöchentlich gereinigt, die Pfoten werden beobachtet und eventuell öfter eingecremt, denn sie müssen jetzt einiges mehr an Gewicht tragen, und vor allem wird das Fell täglich leicht gebürstet, wobei der Bauch besonders vorsichtig behandelt wird. Etwa zehn Tage vor dem erreichneten Geburtstermin werden am Bauch, um die Vulva und um die Zitzen herum alle langen Haare abgeschnitten, damit das Fell um die Geschlechtsteile von der bei der Geburt austretenden Flüssigkeit nicht verklebt. Die Hündin leckt bei der Geburt ausgiebig ihre Vulva und dabei dürfen überflüssige Haare sie nicht stören. Das Fell am Bauch muß kurz gehalten werden, damit die Welpen die Zitzen finden und nicht dauernd Haare im Maul haben, das tut der Mutter weh und bekommt den Kleinen nicht, wenn sie sie gar herunterschlucken. Es ist sogar schon vorgekommen, daß Bobtailwelpen erstickt sind, als sie sich auf der Suche nach den Zitzen im Fell verfangen haben. Also lieber ein paar Haare opfern, sie wachsen schnell wieder nach. Anschließend werden der Bauch und die Umgebung der Geschlechtsteile mit einer leicht desinfizierenden Lösung abgewaschen, damit die Zitzen hygienisch sauber sind.

Eine Woche vor der Geburt untersucht der Tierarzt die Hündin noch einmal sorgfältig. Hatte sie vorher Würmer, untersucht er noch einmal eine Kotprobe, ob die durchgeführte Wurmkur erfolgreich war. In den meisten Fällen wird er nichts mehr finden, sollte sie jedoch noch immer von Würmern befallen sein, darf jetzt keine Wurmkur mehr gemacht werden, sie sollte dann jedoch zum frühestmöglichen Termin bei den Welpen vorgenommen werden. Man bittet den Tierarzt, jederzeit erreichbar zu sein, wenn es irgendwelche Komplikationen geben sollte. Bobtail-Hündinnen haben zwar selten schwere Geburten, aber man ist doch beruhigt, wenn man weiß, daß der Tierarzt im Notfall schnell gerufen werden kann.

Mitunter verweigert die Hündin schon zwei oder drei Tage vor der Geburt das Fressen. Mit Sicherheit kann man aber feststellen, daß das große Ereignis seinen Lauf nimmt, wenn sie größere Kotmengen ausscheidet, ihre Lenden deutlich einfallen, sie unruhig wird und schwer atmet. Man sollte ihr dann noch auf einem kurzen Gang Gelegenheit geben, ausgiebig ihre Geschäfte zu verrichten, sie aber dann unverzüglich in den Raum bringen, in dem sie mit ihrem Nachwuchs bleiben soll. Manche Hündinnen besitzen noch den wölfischen Urinstinkt, ihre Jungen in einer dunklen Höhle zur Welt zu bringen, sie versuchen dann, sich zu verkriechen, unter dem Tisch, oder in einer Ecke, oder scharren Tücher und Kissen zusammen, so daß eine höhlenartige Mulde entsteht, andere dagegen laufen auf und ab und bringen die Welpen in der Haltung zur Welt, in der sie sich sonst lösen, und wieder andere legen sich in die Wurfkiste und gebären im Liegen. Wie auch immer sich die eigene Hündin verhält, man sollte sie gewähren lassen und sie nach besten Kräften bei ihrem Vorhaben unterstützen. Genauso richtet man sich nach ihren Wünschen, ob sie lieber Gesellschaft mag und gestreichelt und getröstet werden will, oder ob sie offensichtlich jeder Zuschauer stört, dann hält man sich im Hintergrund und macht sich nur dann bemerkbar, wenn es unbedingt sein muß. Auf keinen Fall aber sollte die Geburt zu einem Ereignis werden, bei dem die ganze Familie und möglicherweise sogar noch fremde Leute neugierig und lärmend um die Hündin drängen. Sie braucht jetzt und in den Tagen nach der Geburt absolute Ruhe und sollte nur von dem Menschen betreut werden, zu dem sie das innigste Verhältnis hat.

Die Geburt kann zwischen 2 und 36 Stunden dauern, es gibt keine Richtwerte. Im allgemeinen geht es aber schneller, wenn die Hündin schon mehrere Male geworfen hat. Als Anhaltspunkt kann man davon ausgehen, daß nach der Eröffnungsphase etwa alle 20 bis 45 Minuten ein Welpe geboren wird. Bemüht sich die Hündin aber länger als zwei Stunden sehr stark und hat sie offensichtlich heftige Wehen, ohne daß ein Junges erscheint, ist es angebracht, den Tierarzt zu rufen. Auch wenn nach den ersten Welpen eine sichtliche Wehenschwäche eintritt, kann er mit einer Spritze die Wehentätigkeit wieder in Gang bringen und der Hündin die Geburt damit sehr erleichtern. Der Arzt muß ebenfalls dringend alarmiert werden, wenn die Hündin übelriechendes Fruchtwasser verliert. Das läßt darauf schließen, daß sie tote Welpen trägt. Es besteht dann aber immer noch die Hoffnung, daß nicht alle Welpen tot geboren werden, sondern durchaus noch einige zu retten sind, wenn der Tierarzt schnell hilft.

Jeder Welpe ist von einer Fruchthülle umgeben, die mit grünlich verfärbtem Fruchtwasser gefüllt ist. Meist wird das Junge noch in der Fruchthülle geboren, die die Mutter dann mit den Zähnen aufreißt. Anschließend wird sie die Nabelschnur durchbeißen und das Kleine energisch ablecken, damit trocknet sie es und bringt gleichzeitig seinen Kreislauf in Gang. An der Nabelschnur folgt die Nachgeburt, die – wie auch die Fruchthülle – von der Hündin aufgefressen wird. Das ist durchaus nicht unappetitlich, sondern ein ganz natürlicher Vorgang, den man dem Tier auf keinen Fall verweigern darf. Es empfiehlt sich, jeweils zu notieren, um welche Uhrzeit die einzelnen Welpen geboren wurden und ebenfalls aufzuschreiben, ob für jeden Welpen auch die Fruchthülle und die Nachgeburt erschien. Ist das nicht der Fall, muß der Tierarzt darüber informiert werden.

Meist erledigt die Hündin alles selbst, ihr Mutterinstinkt sagt ihr, was zu tun ist. Lediglich bei ihrem ersten Wurf kann es passieren, daß sie noch nicht ganz erfaßt, was zu tun ist. Dann sollte man ihr zunächst nur Schützenhilfe geben, und ihr etwa den Welpen zum Lecken anbieten und sie dazu zu bringen versuchen, die Nabelschnur durchzubeißen. Auch wenn sie beim ersten Welpen noch nicht recht versteht, worum es geht, so wird sie ihre Aufgabe vielleicht beim zweiten, dritten oder vierten erfassen. Ist sie aber dazu nicht in der Lage, oder werden die Welpen zu schnell hintereinander geboren, so daß der nächste schon da ist, wenn der vorige noch nicht ganz versorgt ist, muß man selbst mit Hand anlegen. Dazu hält man eine sterilisierte Schere (auskochen oder in ein Sterilisierbad für Babyflaschen legen) bereit, bindet die Nabelschnur ein Stück über dem Körper ab und schneidet sie kurz hinter dem Faden durch. Beißt die Hündin die Fruchthülle nicht auf, zerreißt man selbst die Häute. Das Junge wird dann mit einem weichen, warmen Tuch gegen den Haarstrich mit langen, kräftigen Bewegungen trockengerieben. Im Zimmer muß es jetzt warm sein, eventuell wird ein Rotlicht über der Wurfkiste angebracht. Ist die Hündin sehr unruhig und bewegt sich heftig in der Wurfkiste, werden die bereits versorgten Welpen vorübergehend zweckmäßigerweise in einer zweiten kleinen Kiste untergebracht, in der sie auf einem Heizkissen oder einer eingewickelten Wärmflasche genügend Wärme bekommen. Diese Kiste muß aber unbedingt in Sichtweite der Mutter bleiben, die sonst nervös und unruhig wird, wenn man ihr die Kleinen abnimmt.

Meist werden die Welpen mit dem Kopf zuerst geboren. Kommen sie jedoch mit den Hinterläufen voran, kann es leicht geschehen, daß die Fruchtblase schon bei der Austreibung platzt und der Welpe dabei Fruchtwasser in die Luftröhre bekommt. Fruchtwasser oder Schleim in der Kehle ist auch oft der Grund dafür, daß ein normal geborener Welpe nicht schreit und ganz leblos ist. Das Fruchtwasser muß dann entfernt werden. Manchmal macht es die Mutter, indem sie den Kleinen am Nackenfell packt und kräftig schüttelt. Kommt sie nicht auf die Idee, tut man es selbst. Im Interesse des Welpen darf man nicht zu zimperlich sein. Er wird mit beiden Händen von oben über den Brustkorb gefaßt, so daß sich die Finger zwischen den Vorderpfoten auf seinem Bauch treffen, dann hebt man ihn hoch und schwingt ihn mehrere Male schnell nach unten bis fast auf den Boden, wieder hoch und wieder herunter. Anschließend wird er mit dem Kopf nach unten noch leicht geschüttelt. Dadurch löst sich der Schleimpfropf, der die Luftröhre verschließt, und sobald der Welpe fiept, atmet und eine rosige Farbe annimmt, gibt man ihn der Mutter zurück. Nutzt das Schwingen und Schütteln noch nichts, gibt es noch die Möglichkeit der Mund-zu-Mund-Beatmung. Das Mäulchen des Welpen wird aufgesperrt, die Zunge nach vorn geholt, und man legt den eigenen Mund über Nase und Maul des Welpen und bläst leicht. Anschließend wird mit einem leichten Druck auf die Rippen die Luft wieder aus dem Tierchen herausgepreßt. Diesen Vorgang wiederholt man vier- bis fünfmal in der Minute. Wem es zu unangenehm ist, das Tierchen mit dem Mund zu berühren, der legt einen Trichter über Nase und Maul des Welpen und bläst durch das schmale Ende; wenn kein Trichter zur Hand ist, tut es auch ein spitztütenförmig zusammengedrehtes Stück Pappe. Wenn man es wirklich geschafft hat, aus so einem toten, bewegungslosen, kalten und blau angelaufenen Wesen ein warmes, tief atmendes, maunzendes Hundebaby zu machen, ist einem fast feierlich zumute. Ist jedoch, was glücklicherweise nur selten vorkommt, ein Welpe nicht zu retten, wird er sofort beiseitegebracht, sobald die Hündin einmal nicht darauf achtet. Sie sollte nämlich nicht sehen, daß eins ihrer Jungen weggebracht wird, sie kann ja nicht verstehen, warum das geschieht.

In den Pausen zwischen den einzelnen Geburtsvorgängen ist die Hündin dankbar, wenn sie etwas trinken kann. Ab und zu ein Schluck Wasser und alle paar Stunden auch ein Schälchen Milch mit zerschlagenem Ei und einem Löffel Traubenzucker tun ihr sichtlich gut. Wenn offensichtlich alle Welpen geboren sind, bekommt sie etwas zu fressen. Wenn sie noch nicht mag, bietet man ihr den Napf etwas später noch einmal an. Dann wird sie auch noch einmal Gassi geführt, auch wenn sie sich sichtlich schwer von ihren Jungen trennt. Es ist ideal, wenn in der Zwischenzeit zuhause jemand die Wurfkiste säubert, eine frische Einstreu macht oder das untergelegte Zeitungspapier wechselt und das ganze Wochenbettchen mit einem sauberen Laken abdeckt. Bevor sie wieder zu ihren Jungen kommt, wird ihr Fell leicht gebürstet und die Gegend um die Geschlechtsteile eventuell etwas abgewaschen, wenn sie verklebt und verkrustet ist. Frisch und sauber wird sie dann umso freudiger zu ihren Welpen in die gemütliche Wurfkiste zurückkehren.

Normalerweise rechnet man auf einen Welpen zwei Zitzen; da die Hündin zehn Zitzen hat, kann sie also ohne weiteres fünf Welpen voll ernähren. Wenn sie später so großen Hunger haben, daß die Muttermilch nicht mehr reicht, oder sie mit ihrem Appetit die Mutter sichtlich strapazieren, muß sowieso zugefüttert werden. Die Welpen drängen meist schon unmittelbar nach der Geburt, kaum daß sie trockengeleckt sind, an die Zitzen. Man sollte die kleinen Kerlchen im Auge behalten, ob auch jeder zum Zuge kommt, denn oft herrscht ein rechtes Gedränge und die Schwächeren kommen mitunter zu kurz oder werden von den Kräftigeren einfach weggeschubst. Wenn es mehr als fünf Welpen sind, müssen die überzähligen entweder von einer Amme aufgezogen werden oder mit der Flasche gefüttert werden. Man kann sie beispielsweise wechselweise bei der Mutter trinken lassen und mit der Flasche füttern. Zweckmäßig ist es, den Schwächeren mehr Muttermilch zu lassen und den Größeren und Kräftigeren öfter nur die Flasche zu geben. Sie dürfen natürlich keinesfalls Kuhmilch bekommen, sondern spezielle Welpenmilch. Mit der Flasche muß auch gefüttert werden, wenn die Mutterhündin keine Milch hat, was aber nur selten vorkommt. Dann hat man einen Rund um die Uhr-Job, denn die ganze Rasselbande muß etwa alle zwei bis drei Stunden gefüttert werden, Tag und Nacht, und wenn der letzte mit Nuckeln fertig ist, ist der erste schon wieder hungrig. Ich habe aber nur von ganz wenigen Bobtail-Hündinnen gehört, bei der es solche Probleme gab. Die weitaus meisten Hündinnen können die kleinen Mäuler selbst stopfen, wenn sie selbst vor und nach der Geburt hochwertiges Futter erhalten. Vor allem nach der Geburt braucht die Mutterhündin viel Milch, Eier, Vitamine, Calcium und Lebertran.

Gerade beim ersten Wurf ist es nie falsch, ein wachsames Auge darauf zu haben, ob alles klappt und ob die Hündin auch mit ihrer neuen Aufgabe fertig wird. Während der ersten zwei Lebenswochen der Welpen stimuliert die Mutter deren Ausscheidungen, indem sie Bauch und Geschlechtsteile der Kleinen ausgiebig leckt, und den Erfolg ihrer Bemühungen dann aufleckt und frißt. Auch das darf ihr nicht verboten werden, die Natur hat es so eingerichtet, und ihr soll man nicht ins Handwerk pfuschen. Die Mutterhündin bezieht aus den Ausscheidungen der Welpen Stoffe, die ihr Körper in dieser Zeit braucht. Später, wenn die Kleinen selbständig fressen, hört sie damit auf, dann müssen die kleinen Pfützen und Häufchen vom Herrchen oder Frauchen weggewischt werden.

Die erste Milch, die die Kleinen bei der Mutter trinken, die sogenannte Biestmilch, beschleunigt die Ausscheidung des Darmpechs, einem fast schwarzen, zähen Kot. Es muß beobachtet werden, ob jeder Welpe dieses Mekonium ausscheidet, ansonsten muß der Tierarzt es ausmassieren. Wenn die Mutter die Welpen nicht beleckt, muß man selbst nachhelfen, indem man die Bäuchlein in Richtung zum Geschlechtsorgan mit einem feuchtwarmen Tuch reibt und möglichst so massiert, wie es die Zunge der Mutter tun würde. Diese Massage muß regelmäßig alle zwei bis drei Stunden erfolgen. Wenn man dann noch dafür sorgt, daß die ganze Hundefamilie sich in einer konstanten, zugfreien Wärme aufhält, indem man eventuell eine Rotlichtlampe über die Wurfkiste hängt, hat man zusätzlich einmal alles getan, um den Grundstein für ein paar Wochen friedliches „Hundeleben" zu legen.

Mancher Leser mag jetzt erschreckt sein von der Fülle der Dinge, die er bei der Geburt meint tun zu müssen. In Wirklichkeit ist es aber glücklicherweise meist halb so dramatisch. Das Wichtigste ist, daß man selbst ruhig und entspannt ist. Diese Ruhe überträgt sich auch auf die gebärende Hündin. Wenn man hingegen nervös und hektisch ist, wird das auch die Hündin anstecken und die Geburt erschweren. Was immer man auch tut, und wie aufgeregt man auch immer sein mag, wenn man sich selbst zur Geduld zwingt und ab und zu ein liebevolles Wort für die Hündin hat, wird alles viel reibungsloser ablaufen.

Wenn alles gut vorbereitet ist, die Wurfkiste bereitsteht, und für alle Fälle genügend saubere Tücher, eine Wärmflasche oder ein Heizkissen, eine Babyflasche und etwas Welpenfertigmilch im Haus ist und sichergestellt ist, daß im Notfall schnell ein Tierarzt gerufen werden kann, darf man den Geschehnissen beruhigt entgegensehen. Schön ist es natürlich, wenn das alles gar nicht gebraucht wird, sondern wenn eines schönen Morgens beim Betreten des Hundezimmers sich einem die komplette Familie präsentiert und die Hündin während der Nacht alles souverän gemeistert hat.

10.4. Die Aufzucht der Welpen

Zunächst einmal muß entschieden werden, welche und wie viele Welpen aufgezogen werden sollen. Ich habe bereits darauf hingewiesen, daß die Mutter selbst bestenfalls fünf ernähren kanm, alle weiteren müssen entweder von einer Amme aufgezogen werden, also von einer anderen Hündin, die auch geworfen hat, aber mit ihren eigenen Welpen nicht voll „ausgelastet" ist, oder sie müssen schichtweise mit der Flasche beigefüttert werden. Getötet werden müssen auf alle Fälle Welpen, die sichtliche Fehler und Mißbildungen haben, und auch die, deren Fell ganz oder überwiegend weiß ist. Die farbliche Aufteilung der Bobtailwelpen ändert sich nicht mehr: wo bei der Geburt ein weißer Fleck ist, wird auch später einer sein. Die einzige Veränderung im Lauf des Erwachsenwerdens wird sein, daß sich die Fellteile, die jetzt noch tiefschwarz sind, zu einem mehr oder weniger hellen Grau oder Blaugrau aufhellen. Die Standardaufteilung des Bobtails ist die, daß Kopf und Brust bis zu den Schultern weiß sind, der hintere Körper schwarz, Bauchbehaarung und Pfoten in „Stiefelform" wieder weiß. Schwarze Flecke am Kopf, wie etwa ein schwarzes Ohr oder eine schwarze „Augenklappe" können hinreißend aussehen und sind mittlerweile auch auf Ausstellungen kein Stein des Anstoßes mehr. Anders liegt die Sache bei weißen Flecken in den Fellteilen, die durchgehend schwarz sein sollen, also am Rücken und an den Seiten, oder wenn der Welpe gar überwiegend oder ganz weiß ist. Diese Tigerschecken und Weißlinge werden getötet, und zwar keinesfalls nur der Schönheit wegen, sondern aus schwerwiegenden medizinischen Gründen: diese Tiere haben so schwere Pigmentstörungen, daß sie gravierende Sehstörungen haben, die bis zur völligen Blindheit führen können. Dies ist auch der wahre Grund für die Gerüchte, die über erblindete Bobtails kursieren: nicht das Wegnehmen der Haare vor den Augen ist die Ursache des Erblindens, sondern der Entzug wichtiger Pigmente aus dem Körper, ausgelöst durch die Fehlfärbung. Getötet werden sinnvollerweise auch die Welpen, die sehr schwach sind und auch bei liebevollem Aufpäppeln wenig Aussicht haben, kräftige, gesunde Bobtails zu werden. Es ist besser, sich schon in diesem Alter zum Töten zu entschließen, als später einen Hund zu haben, der immer schwächlich, anfällig und letztlich auch hypernervös sein wird.

Es gibt Züchter, die das Töten der Welpen selbst vornehmen, indem sie sie fest mit dem Kopf auf den Boden oder gegen eine Wand schleudern. Ich stelle mir das grauenvoll vor und würde jedem empfehlen, den Tierarzt mit dieser Aufgabe zu betrauen. Andere Methoden, wie etwas das Ersäufen, sind sicherlich ebenfalls nicht der Weisheit letzter Schluß, und jeder, der Hunde liebt, wird so etwas sowieso nicht übers Herz bringen. Auf gar keinen Fall aber darf die Mutter dabei sein, wenn die Welpen getötet werden. Schon das Wegnehmen aus der Wurfkiste sollte unauffällig geschehen. Am besten nimmt jemand die Hündin mit auf einen Spaziergang und wenn sie zurückkommt, sind nur noch die Welpen in der Wurfkiste, die sie behalten soll. In den seltensten Fällen wird sie überhaupt merken, daß die Kinderschar nicht mehr vollzählig ist. Es ist eine unangenehme Aufgabe, vor den kleinen, hilflosen Lebewesen zu stehen und über Leben und Tod zu entscheiden, man kommt sich fast wie ein Henker vor. Im Interesse der Rasse und auch im Interesse der Welpen, die ja alle einmal gesunde und lebensfrohe Bobtails werden sollen, ist es aber unerläßlich, diejenigen, die die Voraussetzungen dazu nicht mitbringen, vor einem kümmerlichen Leben zu bewahren.

Bobtails werden mit einer kräftigen, im Verhältnis viel zu lang erscheinenden Rute geboren. Sie wirkt deshalb so lang, weil sie – anders als der übrige Körper – nicht so schnell wächst. Mit etwa einem halben bis dreiviertel Jahr stimmen dann die Proportionen wieder. Mit den Käufern, die sich eventuell schon gemeldet haben, ist zweckmäßigerweise schon vor der Geburt abeklärt, ob sie ihren Welpen mit vorschriftsmäßig kupierter Rute haben wollen, oder ob er sein Schwänzchen behalten darf. Das Kupieren und auch das Entfernen eventuell vorhandener Afterklauen an den Hinterläufen sollte der Tierarzt zwischen dem zweiten und vierten Lebenstag vornehmen, vorher sind die Tierchen noch zu schwach, und sie sind am vierten Tag nicht mehr und nicht weniger schmerzempfindlich als unmittelbar nach der Geburt. Wenn die Welpen unterschiedlich gezeichnet sind, aber nicht alle die Rute behalten sollen, stimmt man mit den Käufern noch einmal ab, welchen Welpen sie haben wollen. Es ist nämlich dumm, wenn man einem kleinen Glückspilz mit einem schwarzen Ohr seine Rute läßt, der Käufer aber dann nachher sagt: „Naja, einen Bobtail mit Rute wollte ich schon – aber er sollte einen ganz weißen Kopf haben. Den mit dem schwarzen Ohr mag ich nicht, dann verkaufen Sie mir doch einen, der vorne ganz weiß ist und in Gottes Namen halt kupiert ist.“ Dann kann man nämlich Mühe haben, den „Geschwänzten“ an den Mann zu bringen. Diese Mühe muß aber aufgewendet werden, denn einen Bobtail in späterem Alter noch zu kupieren, kommt einer Operation gleich und ist nicht gerade empfehlenswert.

Das Kupieren erledigt der Tierarzt zweckmäßigerweise im Haus. Die Hündin wird währenddessen auf einen längeren Spaziergang geschickt, der ihr sicher gut tut. Wenn sie wiederkommt, hatte der Tierarzt genügend Zeit, seine Arbeit zu tun, die Kleinen sind gesäubert und warten in einer frisch gereinigten Wurfkiste auf ihre Mama, die dann gar nicht merken wird, was mittlerweile passiert ist. Wenn man sie dabeisein läßt, könnte es einerseits geschehen, daß sie ihre Jungen grimmig verteidigt, und man liefe Gefahr, daß sie auch weiterhin mißtrauisch bleibt und nicht einmal mehr die vertrautesten Menschen an sich und ihre Babys heranläßt.

Nach dem Kupieren wird es etwa zwei Wochen ruhig und friedlich sein, die Jungen saugen noch, die Mutter sorgt für ihre geregelte Verdauung und hält sie sauber. Die Wurfkiste wird zweimal täglich gereinigt und desinfiziert, am besten während die Hündin gassigeht, so daß sie bei ihrer Rückkehr ein sauberes Lager vorfindet.

Mit etwa 10 bis 14 Tagen machen die Welpen die Augen auf und robben nicht mehr nur wie kleine Unterseeboote emsig umher, sondern laufen auf wackligen Staksebeinchen herum. Auch die kleinen rosa Nasen beginnen sich schwarz zu färben, und bei den meisten beginnt sich auch die Haut um die Augen schwarz zu pigmentieren.

Die Krallen der Welpen werden jede Woche gekürzt und sorgfältig abgefeilt, damit sie der Mutter beim Milchtritt nicht weh tun. Beim Milchtritt treten sie mit den Pfoten gegen den Bauch der Mutter, um anzuzeigen, daß sie Hunger haben und um Nahrung bitten. Aus diesem Bewegungsablauf hat sich auch das „Pfötchengeben" des erwachsenen Hundes entwikkelt, es ist im Grunde nichts anderes als das Bitten um etwas Eßbares. Das regelmäßige Krallenschneiden beugt gleichzeitig bleibenden Fußschäden vor.

Schwächere Welpen behält man sorgsam im Auge, ob sie auch genug zu trinken bekommen, und hilft ihnen gegebenenfalls ein wenig, sich an den Zitzen der Mutter zu behaupten und sich nicht von stärkeren Geschwistern wegdrängen zu lassen. Die Hündin bekommt viel Milch zu trinken – aber nicht mehr als einen Liter täglich –, zwei Eier am Tag, Vitamin- und Kalkpräparate und hochwertiges Fleisch mit Flocken und Hundekuchen. Wenn sie weniger als fünf oder sechs Welpen hat und reichlich Milch hat, brauchen die Kleinen erst ab etwa dreieinhalb Wochen zugefüttert zu werden, wenn auch schon das Milchgebiß durchgebrochen ist, ansonsten schon ab zweieinhalb Wochen. Sie bekommen Welpenkost und anfangs einen halben Teelöffel ganz mageres, feingehacktes Schabefleisch. Diese Portiönchen werden ganz langsam erhöht. Die kleinen Kerlchen müssen sich nun daran gewöhnen, ihre Nahrung nicht mehr nur saugend aufzunehmen, sondern zu lecken. Das muß mit viel Mühe und Geduld gelernt werden, und anfangs wird das meiste nicht ins Mäulchen gelangen, sondern irgendwo am Kopf oder an der Brust kleben bleiben. Hundebabys prusten und spucken wie menschliche Babys, wenn ihnen zum erstenmal etwas Festes vorgesetzt wird. Bis sie gelernt haben, wie das Schlecken funktioniert, muß jeder einzeln vorgenommen werden. Er bekommt eine Serviette, ein Geschirrtuch oder ein großes Taschentuch umgebunden, das das Fell an Brust und Vorderläufen vor allzuvielen Spritzern schützt. Dann wird ein wenig leicht angewärmte Welpennahrung in eine Untertasse gefüllt und das Hundekind ganz leicht und behutsam mit der Nasenspitze hineingeschubst. Das Futter soll etwa blutwarm und breiig, aber nicht suppig sein. In der ersten Zeit wird der handelsübliche Welpenkuchen sogar gemahlen und mit heißem Wasser oder ungesalzener Fleischbrühe übergossen. In dieses Grundfutter, das auch aus aufgekochten Haferflocken oder Griesbrei bestehen kann, wird roh gehacktes Rindfleisch und ein rachitisvorbeugendes Vitamin-Kalk-Präparat gemischt. Sehr gut als Beifutter sind auch Matzinger Hundeflocken geeignet. Erst wenn die Kleinen nicht mehr bei der Mutter trinken, dürfen sie ab und zu warme, mit Wasser verdünnte Kuhmilch haben. Geeigneter, aber schwer zu beschaffen, ist Schaf- oder Ziegenmilch. Die ganze Bescherung wird jetzt erst einmal um den Bart herum kleben, aber früher oder später wird die kleine Zunge herauskommen und vorsichtig probieren und bald mit immer emsigerer Geschicklichkeit die Köstlichkeit aufschlabbern. Hat der kleine Bursche erst einmal kapiert, worum es geht, kann er auch allein soupieren, er wird auf die Beine gestellt, kriegt wieder eine Serviette umgebunden und bekommt ein kleines Schälchen in der Größe einer Suppentasse vorgesetzt. Am besten geeignet sind in der Tat Suppentassen aus schwerem Porzellan oder Keramik, da sie recht standfest sind und nicht so leicht umgestoßen werden können, wie es bei Blech- oder Plastikschälchen leicht passieren kann. Wer öfter Welpen hat, für den lohnt es sich, eine Vorrichtung zu bauen, in der sechs, acht oder zehn Futterschüsselchen Platz haben. Aus ein paar Brettern wird ein Gestell gezimmert, das aussieht, wie zwei Reihen Umkleide- oder Wahlkabinen in Miniausgabe. Jeder Welpe hat sein eigenes Abteil mit seiner eigenen Schüssel und ist ungestört vom Nachbarn. Wenn man das Gebilde noch mit einem Bodenbrett und Füßen versieht, können kreisrunde Löcher in den Boden gesägt werden, in die die Schälchen eingehängt werden, so daß die Rasselbande nicht viel damit anstellen kann. Dann empfiehlt es sich allerdings, von vornherein Schälchen einzuplanen, die etwas größer sind als Suppentassen, denn ein Welpe von sieben, acht Wochen braucht doch schon ein etwas größeres Gefäß.

Auch wenn sie schon selbständig fressen können, versuchen die kleinen Strolche doch immer wieder, noch einmal an Mamas Milchquelle zu naschen. Wenn die Hündin kaum noch Milch hat, tut man ihr einen großen Gefallen, die Welpen nach Möglichkeit von diesem Vorhaben abzuhalten, und sie gegebenenfalls auch ein paar Stunden am Tag von der Mutter getrennt zu halten. Wenn diese auf einem etwas erhöhten Platz liegen darf, kann sie ihren Nachwuchs im Auge behalten und hat doch ihre Ruhe.

Damit die Welpen ihr sogenanntes Urvertrauen ausbilden und später kontaktfreudige, anhängliche Bobtails werden können, brauchen sie von Anfang an viel menschliche Zuwendung, sie müssen gestreichelt werden und sie müssen den freundlichen Klang der menschlichen Stimme hören. Wird dieser Kontakt in der Prägungsphase der Welpen versäumt, werden sie später mit großer Wahrscheinlichkeit scheue, mißtrauische Hunde. Es genügt aber, mit ihnen zu spielen und sie zu streicheln; hochgehoben werden sollten sie nach Möglichkeit nur selten, und wenn, dann so, daß ihr Bäuchlein nicht stark gedrückt wird. Eine Hand faßt unter den Vorderbauch, die Finger zwischen den Vorderläufen, die andere stützt den kleinen Popo ab.

Ab etwa drei Wochen dürfen die Welpen auch einmal einen kurzen Besuch „empfangen", vorher sollte man sie weitestgehend isoliert halten, denn Besucher schleppen doch leicht Krankheitskeime ein und irritieren ganz allgemein die Hündin, die noch sehr mißtrauisch ihre Familie bewacht. Wenn sich die Welpen tagsüber schon selbständig Bewegung verschaffen, sind sie auch schon widerstandsfähiger und brauchen in der Regel die Rotlichtwärme nur noch nachts. Bei schönem Wetter dürfen sie ab der sechsten Woche tagsüber nach den Mahlzeiten einige Stunden hinaus, sollten aber immer sofort in ihre Wurfkiste zurückgebracht werden, wenn sie anfangen, müde zu werden und einschlafen, denn auf dem bloßen Boden, der auch im Sommer ja recht kühl ist, sollten sie noch nicht längere Zeit liegen. Selbstverständlich dürfen sie keinesfalls rauhem Wind und erst recht keinem Regen ausgesetzt werden. Wenn sie im Winter geboren sind, dürfen sie frühestens mit sechs Wochen bei freundlicher Witterung einmal kurze Zeit im Schnee spielen, müssen aber hinterher sorgfältig mit angewärmten Tüchern trockengerieben werden und sich im warmem Bettchen aneinanderkuscheln können. Dürfen sie im Sommer mehrere Stunden täglich draußen sein, brauchen sie einen fest eingezäunten Auslauf, in dem sich nichts befindet, was sie gefährden könnte. Kies- und Sandboden sind nicht sehr geeignet, weil sie leicht kleine Kieselsteine verschlucken und im Sand buddeln, was mit Sicherheit dazu führt, daß sie einesteils auch Sand fressen, zum anderen laufend Sandkörner in den Augen haben, die sich dadurch schwer entzünden können. Geeignet ist ein fester Stein- oder Asphaltboden, am idealsten aber ein dichter, halbhoher Rasen, auf dem aber keine anderen Gewächse wachsen dürfen, die ihnen beim Anknabbern gefährlich werden könnten. Im Auslauf muß ein standfestes Gefäß mit frischem Wasser stehen und natürlich ein paar Spielsachen, groß genug, um nicht verschluckt zu werden, ohne scharfe Ecken und Kanten, und ohne giftigen Farbanstrich. Heißgeliebt sind alte Handtücher zum Herumzerren, Vollgummi- oder Tennisbälle, kleine Büffelhautknochen, und große Begeisterung löst zum Beispiel ein ganzer grüner Salatkopf aus, der in hingebungsvoller Kleinarbeit zerfleddert wird. Wenn davon etwas in die kleinen Mägen gerät, ist das sogar gesund, bei Zeitungspapier würde der Fall etwas anders liegen. Aber auch alles andere Gemüse und Obst sind begehrt, Karotten, Äpfel, Birnen usw. Kohlgewächse dürfen aber nicht gegeben werden, sie blähen zu stark, und auch Kernobst wie Mirabellen oder Aprikosen ist nicht gut, weil die Kerne doch leicht im Eifer des Gefechts mitgefressen werden.

Ab der vierten Woche bekommen die kleinen Racker fünf oder sechs Mahlzeiten täglich, in etwa gleich großen zeitlichen Abständen, immer abwechselnd Milch und etwas Festes. Mit vier Wochen sollten sie auch soweit sein, daß sie allein im Stehen fressen können. Ab und zu wird sich noch einer an Muttis Zitzen verirren, aber mit spätestens sechs Wochen muß es damit zu Ende sein, die Hündin wird sonst zu sehr strapaziert. Wenn es eine größere Anzahl Welpen ist, muß man schon mächtig aufpassen, um sie in gefütterte und noch wartende zu sortieren. Langsame Esser brauchen ein bißchen Rückenstütze, damit die Schnellen und ewig Hungrigen sie nicht von ihrem Napf wegdrängen.

Die Milchproduktion der Mutterhündin wird sich allmählich zurückbilden; solange sie noch etwas Milch hat, läßt man sie von einem Welpen absaugen, damit sich ihre Zitzen nicht entzünden. Sie bekommt jetzt immer weniger Milch zu trinken und auch die erhöhte Fleischzufuhr wird langsam wieder auf das normale Maß gedrosselt. Manche Hündinnen magern nach etwa sechs Wochen etwas ab, sie brauchen dann vorübergehend mehr Kohlehydrate. Ein paar Wochen sollten dem Futter sowieso noch einige Extras zugesetzt werden, bis sie sich ganz erholt hat, etwa Trockenfisch, Eier, und natürlich immer noch viel Vitamine. Gegen Ende der Säugeperiode wird das Gesäuge der Hündin mehrmals täglich mit warmem Essigwasser abgewaschen. Da sie bis zum Beginn der Zufütterung den Kot der Jungen frißt, nimmt sie damit auch die giftigen Ausscheidungen von Spulwürmern auf, von denen die Welpen oft befallen sind. Nicht nur die Welpen, sondern auch die Mutterhündin müssen daher beobachtet werden, und später eine Wurmkur machen.

Bald nach der Geburt ist der Wurf beim Zuchtbuchamt angemeldet worden und der Zuchtwart hat sich die Welpen angesehen. Mit vier und sechs oder mit sechs und acht Wochen, je nachdem, welches Mittel verwendet wird, sind die Welpen zweimal entwurmt worden, der Tierarzt hat die Grundimmunisierung gegen Staupe, Hepatitis und Leptospirose im Alter von etwa sieben Wochen vorgenommen und man hat sich spätestens nach der Geburt der Welpen um Käufer gekümmert, die nach und nach angereist kommen, um sich einen Hund auszusuchen. Bevor die Welpen aber nicht drei Wochen alt sind, sollte man solche Besuche nicht erlauben. Eine Beurteilung der Welpen ist in diesem frühen Alter sowieso nur schwer möglich.

Käufer findet man entweder im Verwandten- und Bekanntenkreis, durch ein Inserat in einer Tageszeitung oder einer Fachzeitschrift oder auch durch Vermittlung des Clubs. Wenn man auch schon eine große Verantwortung mit der Betreuung der Welpen trägt, eine noch viel bedeutendere Verantwortung hat man mit der Aufgabe, geeignete Käufer für jeden einzelnen Junghund zu finden. Durch die eigenen Erfahrungen weiß man, daß ein Bobtail zwar ein ungemein liebenswürdiges und anhängliches Tier ist, aber beileibe kein Jedermann-Hund. Er braucht nicht nur eine Familie, die Platz und Geld genug hat, um ihn artgemäß zu halten, es muß auch Zeit für die Pflege des erwachsenen Bobtails da sein – und am allerwichtigsten: es müssen Leute sein, die von ihrer Persönlichkeit her das Zeug für einen echten „Bobtailer" haben, sie müssen fröhlich und liberal genug sein, um ihrem Bobtail seine Eigenheiten zu lassen und seine Individualität zu fördern und zu respektieren, aber sie müssen auch reif genug sein, ihn ständig und sorgsam zu pflegen und ihm eine liebevolle, aber konsequente Erziehung zukommen zu lassen. Wenn sie es ernst meinen und sich wirklich bemühen wollen, ihrem Hund ein gutes Zuhause zu bieten, werden sie es sicher verstehen, wenn sie zunächst einmal vom Züchter kritisch „überprüft" werden. Es ist besser, von vornherein zu sagen „Es tut mir leid, aber aus bestimmten Gründen möchte ich Ihnen keinen Bobtail verkaufen!", als nach ein paar Wochen einen verkommenen, verängstigten kleinen Hund wieder zurückzubekommen, weil die Käufer sich nicht richtig überlegt haben, was mit dem Hundekauf auf sie zukam oder weil sie nicht dazu geeignet sind, einen jungen Hund großzuziehen. Ich rate beispielsweise dringend davon ab, einen Welpen an eine Familie zu verkaufen, in der beide Partner ganztags arbeiten und eventuelle Kinder noch dazu einen sehr wilden und unvernünftigen Eindruck machen. Genauso problematisch ist es, wenn deutlich wird, daß nicht alle Familienmitglieder den Bobtail wirklich wollen und sich auf ihn freuen. Ein einziges Familienmitglied kann einem Hund das Leben zur Hölle machen, da hilft es auch nichts, wenn alle anderen ihn noch so sehr lieben. Ein Tier spürt, wenn es abgelehnt wird und leidet darunter. Wenn es irgend möglich ist, sollte man alle Familienmitglieder kennenlernen, und vor allem ergründen, ob die Kinder dazu geeignet sind, Freundschaft mit einem Bobtail zu schließen. Ein Bobtail ist ein wunderbarer Kinderhund, er ist geduldig und zärtlich, und gerade deshalb sollte sichergestellt sein, daß seine Anhänglichkeit nicht von grausamen, unvernünftigen Kindern ausgenutzt wird. Die Kinder müssen ihn als eigenständiges Lebewesen respektieren und nicht als ein jederzeit verfügbares Spielzeug, mit dem sie machen können, was sie wollen. Wenn sie das rechte Verhältnis zu einem Bobtail haben, kann es zauberhafte und innige Freundschaften zwischen beiden geben, denn gerade Kinder lieben den zotteligen Hund sehr, an den sie sich ankuscheln und sich behütet fühlen können. Außerdem ist es empfehlenswert, die räumlichen Verhältnisse kennenzulernen, in denen der Bobtail leben wird. Er benimmt sich zwar ruhig und bedächtig in der Wohnung, aber eine gewisse Größe muß sie doch haben, ebenso muß eine Auslaufmöglichkeit erreichbar sein. Ganz bestimmt aber sollte man keinen Bobtail an Leute verkaufen, die nur ein schönes Tier zum Repräsentieren haben wollen, aber durch ihre Egozentrik gar nicht in der Lage sind, auch nur zu begreifen, daß ein Hund ganz bestimmte Bedürfnisse hat und neben Pflege, einem gemütlichen Lager und gutem Fressen auch noch Zuneigung und Zärtlichkeit braucht. Meist sind das die Leute, die am liebsten gleich einen stubenreinen und perfekt erzogenen Vorzeige-Hund haben möchten.

Ist für jeden Welpen ein Käufer gefunden, kommt im Alter von acht Wochen der Tag, an dem sich von den kleinen Burschen trennen muß. Trotzdem man vielleicht schon so manchen Seufzer getan hat, weil sie gar so viel Arbeit und Umstand gemacht haben, wenn so ein süßes Plüschtierchen bei seinem neuen Herrchen oder Frauchen auf dem Arm sitzt und es ans Abschiednehmen geht, kann es ganz leicht passieren, daß es einem feucht um die Augen wird.

Acht Wochen ist das ideale Alter für ein Bobtailkind, sich in einer neuen Umgebung einzugewöhnen, es ist jetzt kräftig und selbständig genug, den Wechsel und die Trennung von Mutter und Geschwistern zu verkraften, aber noch nicht zu alt, um sich schon zu sehr auf seine jetzige Umgebung fixiert zu haben.

Mit den Käufern wird ein kurzer Kaufvertrag abgeschlossen und der Hund erst abgegeben, wenn der Kaufpreis entrichtet wurde. Es gibt zwar keine festen Preise für Bobtails, aber ungefähre Preisklassen liegen doch fest. Diese kann man sicher beim Club erfragen oder sich gleich beim Zuchtwart erkundigen, wenn dieser den Wurf begutachtet. Auch wenn man berücksichtigt, daß der Kaufpreis für jeden einzelnen Welpen eine recht stolze Summe ist – wenn man bedenkt, wieviel Geld man in die Zucht investiert hat, angefangen von Ausstellungen bis zu ärztlichen Untersuchungen, den nötigen Hilfsmitteln,

Futter und nicht zuletzt, wieviel Zeit und Mühe aufgewendet wurden, wird im Endeffekt kein großer finanzieller Gewinn herauskommen. Wer mit Welpen Geld verdienen will, müßte hinten und vorne sparen, und gerade dort, wo es einen kleinen Hund fürs Leben schädigen kann: an Futter und Tierarztkosten. So etwas ist unverantwortlich! Wem das Bewußtsein, ein paar Bobtails herangezogen zu haben, die ihrer Rasse alle Ehre machen, nicht Lohn genug für seinen Einsatz ist, der sollte lieber die Finger vom Züchten lassen.

Auf der Rückseite der Ahnentafel wird der neue Eigentümer eingetragen, und der Züchter unterschreibt in der entsprechenden Spalte. Ahnentafel und Impfpaß werden dem Käufer ausgehändigt, ebenso bekommt er eine Menge guter Ratschläge mit auf den Weg, angefangen von einem Ernährungsplan und einigen Portionen des Futters, an das der Welpe gewöhnt ist, bis hin zum Bericht über die kleinen persönlichen Eigenschaften, die der Welpe schon an den Tag gelegt hat.

Natürlich muß der Welpe tadellos sauber und vor allem gesund sein, wenn er abgegeben wird. Ist er ernsthaft erkrankt, ist es zweckmäßig, die Krankheit in der vertrauten Umgebung auszukurieren und ihn erst der Umgewöhnung auszusetzen, wenn er sich wieder erholt hat. Hat er lediglich ein leicht entzündetes Äuglein, weil er irgendwo Zugluft bekommen hat, wird sich das auch in seinem neuen Heim schnell bessern, vor allem wenn man ihm gleich eine geeignete Augensalbe oder Tropfen mitgibt. Bei allen Infektionskrankheiten, die gar mit Fieber verbunden sind, ist es aber ratsam, ihn noch nicht wegzugeben.

Wenn irgend möglich, muß man darauf bestehen, daß der Käufer das Tierchen persönlich abholt, jedes Verschicken mit Bahn oder Flugzeug ist eine zweifelhafte Sache und man sollte eigentlich erwarten können, daß jemand, der einen Hund haben möchte und gewissenhaft für ihn sorgen will, es auch ermöglichen kann, ihn abzuholen. Wenn hier schon die Bequemlichkeit beginnt, wird sie sich auch später sicher zu Lasten des Hundes bemerkbar machen. Einige Stunden vor der Abreise sollte nichts mehr gefüttert werden, und unmittelbar bevor es losgeht, muß der junge Hund noch einmal Gelegenheit haben, seine Geschäftchen zu verrichten. Für den Fall, daß das neue Herrchen vergessen hat, eine geeignete Tasche oder einen Korb für den Transport mitzubringen, hält man ein paar Pappkartons bereit. Mit einigen Lagen Zeitungspapier ausgelegt sind sie ein geeignetes Transportbehältnis für die „Jungfernreise". Im Auto auf dem Boden vor dem Vordersitz sind Karton und Insasse sicher und bequem untergebracht.

Die Mutterhündin sollte möglichst nicht anwesend sein, wenn der Welpe weggebracht wird, denn auch das könnte eine Aversion gegen Fremde in ihr wecken, denn sie verallgemeinert schnell: wenn fremde Leute kommen, nehmen sie mir meine Jungen weg, also müssen sie von vornherein gleich verjagt werden. Wenn sie immer weniger Welpen hat und schließlich auch der letzte in sein neues Heim übersiedelt, wird sie eine Weile traurig sein und ihre Jungen überall suchen. Sie braucht dann ganz besonders dringend die liebevolle Zuwendung ihres Herrn.

Es ist immer wieder schön, mit den Käufern der einzelnen Welpen in Kontakt zu bleiben und die Hunde ab und zu einmal wiederzusehen. Steht dann ein ausgewachsenes Prachtexemplar von Bobtail vor einem, kann man sich befriedigt sagen, daß man mit der sorgfältigen Pflege der neugeborenen Welpen den Grundstein gelegt hat für die optimale Entwicklung des wachsenden Hundes, denn irgendwie bleibt jeder Bobtail für jeden Züchter immer „sein" Hund, für den er sich zeit seines Lebens verantwortlich fühlt.

11. Die häufigsten Krankheiten und ihre Behandlung

Bobtails sind im allgemeinen recht robust und widerstandsfähig, wenn sie artgemäß gehalten und nicht zu sehr verzärtelt werden, aber gegen Krankheiten sind auch sie nicht gefeit. Grundsätzlich sollte gelten, daß bei Erkrankungen, die mit Fieber verbunden sind und auf einen Infekt hindeuten, unverzüglich der Tierarzt aufgesucht wird. Bei allen anderen Kümmernissen muß ebenfalls der Tierarzt befragt werden, wenn man allein nicht weiterkommt oder sich nicht recht traut, selbst zu behandeln. Es ist besser, einmal zuviel zum Arzt zu gehen als einmal zu wenig!

Keinesfalls darf ein Hund Medikamente bekommen, die für Menschen gedacht sind, wenn sie nicht ausdrücklich vom Tierarzt verordnet wurden. Es gibt beispielsweise ein Mittel gegen Durchfall, das bei Menschen ausgezeichnet wirkt, bei einem Hund aber tödlich sein kann. Nichts gegen eigene Erfahrungen und überlieferte Hausrezepte – aber zu einem gut ausgebildeten Tierarzt mit einer ordentlich eingerichteten Praxis und zu überlegt dosierten modernen Medikamenten habe ich doch mehr Zutrauen. Unbestritten muß aber bleiben, daß Tee und Kräuter sich zur Vorbeugung oder zur Ergänzung einer medizinischen Behandlung durchaus sinnvoll und erfolgreich anwenden lassen, die sie aber in den meisten Fällen eben nicht voll ersetzen können. Und noch etwas: lieber einen Hundertmarkschein zur Vorbeugung zum Tierarzt getragen als erst die hundert Mark sparen wollen und nachher dann einen Tausendmarkschein hinlegen zu müssen, Sorgen, Zeit und Mühe und die Beschwerden des Hundes gar nicht mitgerechnet!

Manche Behandlungen sind dem Hund sehr unangenehm, er kann ja ihren Sinn nicht begreifen. Angesichts dieser Tatsache ist es erstaunlich, wie geduldig und ergeben ein Bobtail die nötigen Prozeduren über sich ergehen läßt, wenn er Vertrauen zu seinem Pfleger hat und auch der Tierzart eine ruhige, bestimmte Art hat, mit ihm umzugehen. Die Anordnungen des Tierarztes müssen stets gewissenhaft befolgt werden und es muß gewährleistet sein, daß das kranke Tier es so bequem und angenehm wie möglich hat, ohne daß man gleich des Guten zuviel tut. Es strapaziert einen kranken Hund mehr als man denkt, wenn man sich laufend um ihn kümmert und ihn keine Viertelstunde in Ruhe läßt. Er muß gewissenhaft versorgt werden, braucht ein bißchen Zärtlichkeit und ein paar freundliche Worte, aber dann muß er ungestört schlafen können, denn ruhiger und tiefer Schlaf ist die beste Voraussetzung für eine schnelle Genesung.

Wenn möglich, sollte der kranke Bobtail zum Lösen gassigeführt werden, auch wenn es nur ein paar Schritte auf und ab sind. Ist er aber so krank, daß er dauernd liegen muß und auch seine Geschäfte im Zimmer oder gar auf seinem Lager verrichten muß, wirkt sich sein langes Fell als Nachteil aus. Ist die Krankheit nur von kurzer Dauer, wird das Fell am Unterbauch mindestens einmal wöchentlich mit einer schwach desinfizierenden Lösung (keinesfalls aber karbolhaltig!) abgewaschen und mit einem nicht zu heiß eingestellten Fön getrocknet. Dauert die Krankheit länger, ist es sinnvoll, die Haare abzuschneiden, um so ein leichteres Sauberhalten des Hundes zu gewährleisten. Sie wachsen schnell wieder nach.

Das Krankenlager braucht eine saugfähige Unterlage, die nach jedem verrichteten Geschäft ausgewechselt und vernichtet wird. Einige dicke Lagen Zeitungspapier sind ideal, weil sie nicht zusammenklumpen wie etwa Holzwolle oder andere Einstreu. Zeitungspapier kann man preiswert in großen Mengen besorgen, wenn man alte Zeitungen aufkauft, es läßt sich leicht vernichten und ist sehr saugfähig. Es wird mit einem auskochbaren Tuch abgedeckt, das ebenfalls immer gewechselt wird, wenn es naß geworden ist. Auch der „bettlägerige" Bobtail braucht täglich eine leichte Bürstenmassage, sonst verfilzt er allmählich und außerdem fühlt er sich in gepflegtem Zustand sichtlich wohler.

Das Krankenlager selbst steht in einem gleichmäßig warmen, ruhigen Zimmer und ist weder Zugluft noch direkter Sonnenbestrahlung ausgesetzt. Heizquellen dürfen nicht in unmittelbarer Nähe stehen und die Luft muß stets frisch und feucht genug sein. Ein fiebernder Hund hat viel Durst, er braucht in kurzen Zeitabständen kleinere Mengen frisches Wasser mit aufgelöstem Traubenzucker. Auch dünner schwarzer Tee oder Kamillentee mit Traubenzucker oder Honig ist gut. Das Fressen muß leicht verdaulich und nahrhaft sein und wird mehrmals täglich in kleineren Portionen angeboten. Bei einigen Krankheiten ist eine gewisse Fastenzeit ein wesentlicher Bestandteil der Behandlung. Das Fressen würde in diesem Fall den Körper nur belasten und der Organismus wäre unfähig, die Nahrung überhaupt zu verwerten. Über die Dauer der Fastenzeit sollte im einzelnen der Tierarzt entscheiden. Wenn das Tier genug zu trinken bekommt, kann es sehr gut einige Tage ohne Fressen auskommen und sein Körper kann sich ganz auf die Bekämpfung der Krankheit konzentrieren.

Leidet der Bobtail an einer Krankheit, die ihn nicht zum Stilliegen zwingt, braucht er lediglich Schonung und muß vor Überanstrengung und kalter Witterung geschützt werden. Bei Regen dürfen die Spaziergänge nur kurz sein und hinterher wird das Fell mit einem Fön getrocknet. Er braucht einen warmen, geschützten Schlafplatz und muß seine Medizin regelmäßig einnehmen. Ein paar Extra-Streicheleinheiten ergänzen die Betreuung.

Bei Verletzungen, bei denen der Bobtail einen Verband tragen muß, wird das Fell an der betreffenden Stelle vorsichtig abrasiert. Ein Fußverband wird mit einer darübergezogenen Socke geschützt. Handarbeitskundige Frauchen haben schnell einen Hundeschuh gehäkelt, der oben eine Durchzugskordel hat, die aber nicht zu fest zugebunden werden darf, um die Blutzirkulation nicht zu beeinträchtigen. Ganz normale „Menschensocken" tun es aber auch; wenn sie rutschen, werden sie mit einem Streifen Leukoplast umwickelt, ein Gummiband würde zu sehr einschneiden. Wenn irgend möglich, sollten offene Wunden aber an der Luft heilen. Damit der Hund nicht an der Verletzung leckt, kann er einen „Hundekragen" tragen, eine Art Plastiktrichter, der am Halsband befestigt wird.

Mindestens ein jährlicher Routinebesuch beim Tierarzt ist Pflicht, um die Impfung gegen Staupe, Hepatitis und Leptospirose aufzufrischen. Die Impfung gegen Tollwut ist für einen auf dem Land lebenden Hund unerläßlich, aber auch für einen Stadthund ist sie sehr empfehlenswert. Es empfiehlt sich darüber hinaus, eine Kotprobe mit zum Tierarzt zu nehmen und sie auf Würmer untersuchen zu lassen. Wenn der Bobtail dann noch stets sorgfältig gepflegt wird, Augen, Ohren, Zähne und Pfoten regelmäßig kontrolliert und gereinigt werden, wenn er im Sommer ein Ungezieferhalsband trägt und niemals längere Zeit durchnäßt in der Kälte verbringen muß, ist alles getan, um vielen Erkrankungen vorzubeugen. Zuchthunde müssen laut Vorschrift geröntgt werden, aber ich empfehle grundsätzlich jedem Bobtail-Besitzer, seinen Hund einmal nach Vollendung des ersten Lebensjahres röntgen zu lassen, um festzustellen, ob er unter HD (Hüftgelenksdyspacie) leidet.

Im folgenden gebe ich eine alphabetisch geordnete Übersicht über häufige Hundekrankheiten und ihre Behandlung, die speziell auf Bobtails bezogen ist. Diese Aufstellung kann natürlich nur einen knappen Überblick geben. Im Einzelfall müssen immer die Anordnungen eines guten Tierarztes befolgt werden. Was alles in der Hunde-Notapotheke enthalten sein muß, ist auf Seite 53 angegeben. Die Telefonnummern und Anschriften einiger Tierärzte und der nächsten Tierklinik müssen für den Notfall ebenfalls schnell greifbar sein.

– *Appetitverlust:* Ein merklicher Appetitverlust über mehrere Tage ist ein Zeichen für eine Erkrankung des Magens oder des Darms. Jeder Hund legt ab und zu von selbst einmal einen Fastentag ein, und wenn es im Sommer heiß ist, frißt er auch weniger. Das ist nicht weiter schlimm und man kann ihm etwas Gutes tun, indem dem Trinkwasser immer ein Löffel Traubenzucker zugesetzt wird. Spürt man beim Abtasten des Bobtails aber ein paar Pölsterchen auf den

Rippen, läßt man auch das tunlichst bleiben und freut sich über die freiwillig anberaumte Schlankheitskur.
Frißt der Hund jedoch auffallend weniger und ist er sichtlich schlapp und lustlos, sollte er dem Tierarzt vorgestellt werden, der ihn gründlich untersucht.
Manchmal wirkt eine Abwechslung im Fressen Wunder, wenn keine krankhafte Störung den Appetitverlust verursacht hat. Jeden Tag dasselbe Futter im Napf kann nämlich auch einem Vierbeiner einmal über werden. Grundsätzlich müssen blähende Nahrungsmittel vermieden werden. Viel frische Luft und Bewegung und das rigorose Streichen aller Zwischendurch-Leckerbissen sind weitere Appetitmacher. Einem mäkeligen Esser kann auch hervorragend mit althergebrachten Kräuterrezeptlein geholfen werden, indem er viel frische Kresse und Kressesamen ans Futter bekommt. Ab und zu kleingehackte Zwiebel und Knoblauch oder Knoblauchöl tun seiner Verdauung ebenfalls gut. Vor dem Beginn dieser Kräuterkur wird so lange gefastet, bis offensichtlich wieder ein gesunder Hunger vorhanden ist. Während dieser Zeit gibt es nur abgekühltes, abgekochtes Wasser oder ganz dünnen schwarzen Tee oder Kamillen- oder Pfefferminztee, leicht mit Traubenzucker oder Honig gesüßt.
Die Ursache manches Appetitmangels und vieler Verdauungsstörungen ist das Füttern gekochter oder zu lang gekochter Nahrung, speziell von gekochtem Fleisch. Jeder Hund produziert sehr starke Magensäfte und kann in seinem muskulösen Magen-Darmkanal alle Krankheitskeime, Wurmeier usw. auch aus nicht mehr frischem rohen Fleisch unschädlich machen. Durch das Kochen ist die Nahrung bereits halb verdaut und die Möglichkeiten des Verdauungssystems werden nicht voll ausgeschöpft, sie verkümmern allmählich und der Verdauungstrakt wird erst recht anfällig für Bakterien und andere schädliche Einflüsse. Damit ist genau das erreicht, was man eigentlich vermeiden wollte. Es ist ein Märchen und trifft zumindest auf den Bobtail nicht zu, daß rohes Fleisch die „Nase verdirbt" oder den Hund

scharf und wild macht. Fleisch sollte immer roh gefüttert werden und nur bestimmte Gemüsesorten und Getreideprodukte durch Überbrühen, leichtes Andünsten oder Kochen so zubereitet werden, daß sie für den Hund verwertbar werden.

– *Augen:* Verletzungen der Augen müssen sofort vom Tierarzt behandelt werden, keinesfalls darf am Auge des Hundes im Do-it-yourself-Verfahren herumgedoktert werden.
Zunächst einmal gilt es, dem Bobtail freie Sicht zu schaffen. Wenn er durch seinen „Pony" nicht gut sehen kann, wird er ausgedünnt, abgeschnitten oder zu einem Zöpfchen hochgebunden. Zu der Schauergeschichte, daß Bobtails dadurch erblinden können, nehme ich unter dem Stichwort „Blindheit" ausführlicher Stellung. Hier sei nur gesagt, daß das nicht zutrifft und es dem Hund weit mehr schadet, wenn er in seiner freien Sicht beeinträchtigt ist.
Zur Morgentoilette jedes Bobtails gehört es, alle verkrusteten Absonderungen in den inneren Augenwinkeln mit den Fingern oder einem feuchten Tuch zu entfernen. Watte sollte nicht genommen werden, weil leicht Fusselchen ins Auge gelangen.
Folgende Schäden am Auge eines Hundes treten besonders oft auf:
  – *Bindehautentzündung:* Sie äußert sich in einer auffallenden Rotfärbung der Augen und ihrer Umgebung und mehr oder weniger starkem Tränen. Die Rotfärbung darf nicht verwechselt werden mit der rosigen Haut, wenn die Umgebung des Auges nicht durchgehend schwarz pigmentiert ist – bei manchen Bobtails bleiben leider noch ein paar rosa Stellen. Rechtzeitig festgestellt läßt sich eine Bindehautentzündung schnell durch eine vom Tierarzt empfohlene Augensalbe oder Augentropfen heilen. Das Tier muß sorgsam vor Zugluft geschützt werden.
  – *Kratzverletzungen:* Solche Verletzungen werden meist

durch Dornen verursacht oder durch allzunahe Tuchfühlung mit einer Katze. Sie sind sehr ernstzunehmen und schwere Fälle müssen sogar mit Antibiotika behandelt werden, damit keine Infektion entsteht. Als erste Hilfeleistung wird das Auge vorsichtig mit abgekochtem lauwarmem Milchwasser (1 Teil Milch auf 10 Teile Wasser) gespült. Ein mit der Flüssigkeit getränkter Wattebausch wird über dem Auge ausgedrückt, so daß es überflutet wird, keinesfalls darf die Oberfläche des Auges berührt werden! Keine Desinfektionsmittel oder andere Zusätze verwenden, wenn keine Milch vorhanden ist, nur reines abgekochtes Wasser nehmen. Es muß unbedingt darauf geachtet werden, daß der Hund nicht mit der Pfote am Auge herumscheuert. Notfalls muß ein Hundekragen angelegt werden.

– *Fremdkörper:* Sandkörner, Sägemähltеilchen, Grassamen und vieles andere mehr können schlimme Reizungen des Auges bewirken. Der Hund hält das Auge möglichst geschlossen, mitunter hat er wässrigen Ausfluß oder die Lider sind angeschwollen. Er wird auf die Seite gelegt, so daß er möglichst wenig Bewegungsfreiheit mit dem Kopf hat. Dann werden die Lider vorsichtig auseinandergezogen und versucht, den Fremdkörper mit dem Zipfel eines fusselfreien feuchten Tuches zu entfernen. Handelt es sich um einen größeren Fremdkörper, besteht die Möglichkeit, ihn durch Überfluten des Augapfels mit abgekochtem kaltem Wasser in Richtung des inneren Augenwinkels zu entfernen. Bei kleinen Körnchen ist das nicht angebracht, da sie auf diese Weise noch tiefer ins Auge geschwemmt werden können. Das Hantieren mit einer Pinzette ist gefährlich und sollte dem Tierarzt überlassen bleiben.

– *Ballenverletzungen:* Das Haar zwischen den Fußballen sollte immer möglichst kurz gehalten sein, damit sich in verfilzten Haarklumpen keine Fremdkörper festsetzen können. Im

Sommer springen die Ballen vom Laufen auf heißem Asphalt manchmal auf oder werden rauh. Mit einer fetthaltigen Creme werden sie geschmeidig gehalten; sind sie bereits aufgesprungen, wird eine Heilsalbe verwendet. Im Winter leiden die Ballen sehr unter dem Laufen auf salzgestreuten Wegen. Die Füße sollten zuhause stets gleich mit warmem Wasser abgespült werden und nach dem Trocknen werden die Ballen ebenfalls eingecremt.
Bei einem eingetretenen Dorn oder einer Glasscherbe wird der Fremdkörper mit einer Pinzette vorsichtig herausgezogen. Es wird leichter, wenn der Fuß vorher in warmem Wasser eingeweicht wird. Bleibt ein Teil im Ballen stecken oder schwillt dieser an und eitert sogar, muß der Tierarzt aufgesucht werden. Kleinere Wunden werden mit Jodtinktur bepinselt und mit einem Strumpf vor Schmutz geschützt. Größere Wunden brauchen einen sterilen Verband, der täglich gewechselt wird. Wunden am Fuß bedürfen besonderer Aufmerksamkeit, weil durch das Laufen auf schmutzigem Boden ja leicht Schmutz hineingelangt.

- *Bauchweh:* Schmerzen im Unterleib können vielfältige Ursachen haben. Meist bemerkt man sie durch eine gewisse Rastlosigkeit des Hundes. Oft ist die Bauchdecke hart und wird beim Berühren angespannt. Vielfach sucht das Tier auch einen kalten Boden, auf dem es den Bauch kühlen kann. Einige Ursachen von Bauchweh können sein:
  - *Blähungen:* Sie treten nach dem Genuß blähender Nahrungsmittel, besonders von Kohlgewächsen auf. Aber auch zu hastiges Schlingen oder das Fressen einer großen Portion rohen, alten Fleisches ohne Beifutter können schmerzhafte Blähungen verursachen. Der Bauch wird warmgehalten und leicht massiert, damit sie sich lösen können. Der Hund duftet dann natürlich nicht gerade nach Veilchenparfum. . .
  - *Darmkolik:* Sie wird meist durch Verdauungsstörungen verursacht. Der Hund winselt und hat krampfartige

Schmerzen. Eine vorsichtige Massage des Bauches und eine untergelegte Wärmflasche oder Heizdecke lindern die Schmerzen. Bei einer leichteren Kolik hilft ein Teelöffel Natron, das in einer Tasse lauwarmem Wasser oder verdünnter Milch aufgelöst wird. Bei stärkeren Schmerzen wird ein Teelöffel guten Branntweins (Cognac, Weinbrand, Whisky) zugefügt.

— *Fremdkörper:* Siehe unter dem Stichwort „Fremdkörper".
— *Gastritis (Magenschleimhautentzündung):* Gastritis kann — wie auch beim Menschen — durch starke Streßsituationen bedingt sein. War der Hund in letzter Zeit großen körperlichen oder psychischen Belastungen ausgesetzt, fühlt er sich vernachlässigt oder ungeliebt, werden seine Bedürfnisse nicht genügend berücksichtigt? Die beste Behandlung ist, solche Mißstände abzustellen. Dennoch muß der Tierarzt aufgesucht werden, der feststellt, ob nicht noch organische Ursachen hinzukommen. Das Einhalten einer Diät ist unumgänglich, auch eine gewisse Zeit, nachdem die Symptome (starker Speichelfluß und Erbrechen) abgeklungen sind.
— *Vergiftungen:* Hat der Hund Gift gefressen und sind seitdem nicht mehr als drei Stunden vergangen, bekommt er viel starkes Salzwasser (1 Eßlöffel Salz auf 1 Glas lauwarmes Wasser) zu trinken, damit er sich erbricht. Wenn bereits Leibschmerzen auftreten,ist das ein Zeichen dafür, daß der Körper schon das Gift durch die Darmwände absorbiert hat. Dann muß unverzüglich der Tierarzt aufgesucht werden, jede Minute ist kostbar. Wurden verdorbene Lebensmittel (lediglich altes, rohes Fleisch ist für den Hund nicht verdorben, wohl aber gekochtes altes Fleisch!) gefressen, ist meist heftiger Durchfall die Folge, der Körper hilft sich also selbst. Der Durchfall darf nicht bekämpft werden, er hört von selbst wieder auf, wenn der Verdauungsapparat sich genügend gereinigt hat. Es wird mindestens ein Tag ge-

fastet, aber viel dünner, mit Honig gesüßter schwarzer Tee oder Kamillentee getrunken, der die Giftstoffe zusätzlich aus dem Körper schwemmt. Zwei weitere Tage wird Diät gehalten.

- *Verstopfung:* Hierfür gibt es ein eigenes Stichwort. Für Hunde geeignete Abführmittel dürfen nur angewendet werden, wenn sicher ist, daß das Tier wirklich unter Verstopfung leidet. Leibschmerzen und häufiges, erfolgloses Spannen des Hundes sind noch kein verläßlicher Hinweis, denn auch bei Durchfall drückt ein Hund oft und Hündinnen pressen in der Lösestellung, wenn sie Junge werfen.

- *Blasenstörungen:* Die Neigung zu Blasen- oder Nierenleiden ist erblich und wird mitunter durch eine falsche Aufzucht der Welpen noch begünstigt. Handelt es sich um eine schwere Erkrankung, muß der Tierarzt behandeln und seine Ernährungsvorschriften streng beachtet werden. Hat das Tier Beschwerden beim Urinieren, ist der Urin trübe, grießig oder gar blutig, wird in einem Schälchen eine Urinprobe für den Tierarzt aufgefangen.
  Ist das Leiden leichterer Natur, genügt es oft, einen geeigneten Speiseplan zusammenzustellen. Als Getreideration ist Vollkorngerste geeignet, aber nur Vollgerste, keine Perlgerste oder Gerstenpräparate. Reiner Honig und viel Petersilie haben ebenfalls erstaunliche Heilwirkungen. Bei Steinleiden empfiehlt sich ein Versuch mit Queckenwurzel und Aufgüssen von Weißen Birkenblättern, bevor eine Operation ins Auge gefaßt wird. Gerade Blasen- und Nierenleiden werden oft erfolgreich mit Naturheilmethoden behandelt.

- *Blindheit:* Blindheit oder eine starke Schwächung des Sehvermögens bei Bobtails wird keineswegs – wie man oft hört – durch das Entfernen der Haare vor den Augen verursacht. Im Gegenteil, indem man dem Bobtail freie Sicht verschafft, tut man seinen Augen einen Gefallen. Bobtails,

die eine sehr flache Stirnpartie haben, können oft schlecht durch ihren „Pony" hindurchsehen. Wenn sie sehr zug- und lichtempfindliche Augen haben, kann ein besorgtes Frauchen ja ein paar dünne Fransen zum Schutz hängen lassen und nur die dichteste Wolle zu einem Zöpfchen zusammenbinden. Am besten eignet sich dazu eine Zopfspange aus Horn in länglicher Form, die an der Rückseite kleine Kammzähnchen hat und mit einem dicken Gummi geschlossen wird. Bei starker Sonne oder windigem Wetter kann dann immer noch der ganze Vorhang heruntergelassen werden. Wenn ein Bobtail aber keinerlei Schwierigkeiten hat und durch die Haare problemlos hindurchsieht, besteht auch keine Veranlassung, sie wegzuschneiden oder hochzubinden.
Es ist möglich, daß eine gewisse Sehschwäche erblich sein kann, eine näherliegende Ursache von Blindheit bei Bobtails ist aber in Pigmentstörungen zu suchen. Deswegen müssen fehlfarbene Bobtail-Welpen, die ganz oder überwiegend weißes Fell haben, gleich nach ihrer Geburt getötet werden, denn bei ihnen ist der Pigmentverlust bereits vorprogrammiert. Eine erfolgversprechende Behandlung von Augenschwäche und Blindheit gibt es nicht, auch die konzentrierte Gabe von Vitamin A kann einen blinden Hund nicht mehr sehend machen. Und schließlich kann ein Bobtail schlecht eine Brille tragen!

– *Durchfall:* Durchfall ist bei Bobtails mit ihrem langen Fell eine höchst unangenehme Sache, und jedesmal muß das Hinterteil abgewaschen oder unter der Dusche lauwarm abgebraust werden. Seife oder Shampoo wird nur an den beschmutzten Stellen angewendet, ein Vollbad ist nicht nötig und würde das ganze Fell unnötig strapazieren.
Durchfall ist keine Krankheit an sich, sondern ein Symptom für andere Erkrankungen, etwa Störungen im Magen-Darmtrakt, falsche Ernährung, Wurmbefall, Erkältung usw. Mit dem Durchfall wehrt sich der Körper gegen diese Krank-

heiten und reinigt sich selbst. Daher plädiere ich ganz entschieden dafür, ihm seinen natürlichen Verlauf zu lassen und ihn nicht mit Opium- oder Kaolinpräparaten einzudämmen, die die Darmwände lähmen und so den Körper in seiner Selbsthilfe behindern.

Der Hund darf erst recht keine Medikamente bekommen, die zur Behandlung des menschlichen Durchfalls dienen, sie können bei Tieren tödlich wirken. Auch hier kann ich natürliche Heilmethoden nur empfehlen. Zunächst einmal wird gefastet. Es ist sinnlos, den Körper mit Verdauungsarbeiten zu belasten, denn Energie aus der Nahrung gewinnt er nur, wenn sie im Magen und im Darm richtig verarbeitet und vom Körper aufgenommen werden kann. Bei Durchfall „rutscht" aber alles durch und stört den natürlichen Heilungsprozeß der gereizten Organe. Da der Körper viel Flüssigkeit verliert, muß aber reichlich getrunken werden. Aufgüsse von Zwiebelgewächsen eignen sich hierfür besonders gut, sie wirken der Säuerung entgegen und beruhigen und desinfizieren den ganzen Verdauungsapparat. Wenn der Durchfall nachläßt, wird den Aufgüssen reiner Honig und etwas Knoblauchöl zugesetzt. Bevor zur normalen Ernährung zurückgekehrt wird, stehen noch zwei Tage Diät auf der Speisekarte, und es gibt geriebene Äpfel und Haferschleim mit zerdrückten, geschälten, leicht angedünsteten Tomaten und magerem Rinderhackfleisch oder Tartar. Auch Säuglingsnahrung oder Karottensaft für Babys mit eingebrockten Zwiebackstückchen eignen sich. Der Karottensaft verursacht eine Rotfärbung der Barthaare, die aber nach einigen Tagen von selbst zurückgeht.

Ist der Durchfall blutig oder geht er auch nach einigen Tagen nicht zurück, muß der Tierarzt aufgesucht werden. Ich habe einige Male von Bobtail-Besitzern gehört, daß ihre Tiere unter fast chronischem Durchfall leiden. Dennoch glaube ich nicht, daß die Neigung zu Durchfall eine bobtailspezifische Eigenart ist, sondern bin sicher, daß die meisten Fälle auf falsche Ernährung zurückzuführen sind. Unter fal-

scher Ernährung verstehe ich nicht nur das Verfüttern ungeeigneter Nahrungsmittel, sondern auch unregelmäßige Futterzeiten, zu schnellen Wechsel der Nahrungsmittel, zu heiße oder zu kalte Temperatur des Futters (es soll etwa blutwarm sein), durch zu langes Stehen angesäuertes Futter, aber auch das berüchtigte Naschen zwischendurch. Nicht zuletzt kann Durchfall auch psychologische Gründe haben. Ich kenne einen Bobtail, der ständig Durchfall hatte, während er bei seinen ersten Besitzern war, die beide berufstätig waren und ihn den ganzen Tag allein lassen mußten. Später kam er zu anderen Leuten, wo er genau dasselbe Futter bekam, die sich aber den ganzen Tag über mit ihm beschäftigten und immer Zeit für ihn hatten. Von dieser Zeit an war sein Durchfall wie weggeblasen.
Meist aber ist die Ursache entweder in organischen Schäden, die aber auch weitestgehend durch eine entsprechende Ernährung kompensiert werden können, oder direkt in einer falschen Ernährung zu suchen. Als ich meine Judy im Alter von 16 Monaten kaufte, litt sie fast ständig unter Durchfall und mußte zu jedem Fressen ein Medikament bekommen. Bisher hatte sie als Einheitskost weichgekochtes Kopffleisch mit Reis und Karotten und ab und zu Hundekuchen bekommen. Ich habe ihr zunächst nur noch mit Honig gesüßten dünnen schwarzen Tee zu trinken gegeben und den Hundekuchen gestrichen. Dann wurde das Fressen jeden Tag etwas kürzer gekocht, der Reis allmählich durch Hundeflokken ersetzt, das Fleisch wurde immer roher. Dazu gab es immer kleingehackte Zwiebel und Knoblauch. Nach einigen Wochen reduzierte ich immer mehr ihre tägliche Medizindosis, und siehe da: als sie knapp ein Vierteljahr bei uns war, funktionierte ihre Verdauung prächtig, sie fraß täglich ihren Napf mit immer abwechslungsreicher werdendem Futter begeistert leer und Durchfall hat sie heute nur noch, wenn sie ganz plötzlich etwas Ungewohntes frißt. Dann wird einen Tag gefastet und am nächsten Tag gibt es nur Zwieback und Karottensaft und das Malheur ist wieder behoben.

Wichtig bei solchen Nahrungsumstellungen ist eben nur, daß sie ganz allmählich erfolgen, so daß sich der Körper darauf einstellen kann.

Tritt Durchfall bei Welpen auf, die noch mit den Geschwistern zusammen sind, müssen gesunde und befallene Welpen sofort getrennt werden, um einen Ping-Pong-Effekt gegenseitiger Wiederansteckung zu verhindern. Welpen haben zwar manchmal sehr weichen Stuhlgang, dünner, schaumiger Durchfall ist aber als Zeichen einer ernstzunehmenden Erkrankung zu betrachten. Futter für Welpen sollte stets ganz frisch sein, es darf nicht lange stehen und sollte nicht zu kalt werden. Die jungen Hunde dürfen weder Stroh noch Sägemehl fressen, auch Holzwolle und Sand können Verdauungsstörungen hervorrufen. Platzmangel, zu wenig frische Luft, Bewegungsmangel und zu rascher Wechsel von der Muttermilch zur festen Nahrung haben bei Welpen oft Durchfall zur Folge. Es kann aber auch eine Virusinfektion vorliegen. Deshalb sollte sich der Tierarzt alle Welpen – auch die gesunden – ansehen.

– *Erbrechen:* Um den Magen zu reinigen, fressen viele Hunde Gras und erbrechen daraufhin den unverdaulichen Mageninhalt. Das ist ein ganz natürlicher Vorgang, ebenso wie das Erbrechen einer Hündin in der ersten Zeit der Trächtigkeit normal ist. Wolfsmütter geben ihren Welpen als erste feste Nahrung von ihrem eigenen, vorverdauten Erbrochenen zu fressen. Bei mancher Bobtailmama ist dieser Instinkt noch erhalten und ihr Erbrechen also kein Anlaß zur Sorge.

  Nach hastigem Fressen, einer großen Aufregung oder nach einer Autofahrt kann es einem empfindlichen Hund auch einmal „hochkommen". Bei Reisekrankheiten helfen vom Tierarzt verordnete Reisetabletten, in leichteren Fällen auch vor Reiseantritt einige Stunden Fasten und das Verabreichen eines Pfefferminzaufgusses mit Honig.

  Bei gelbem, schaumigem und anhaltendem Auswurf liegt jedoch der Verdacht auf eine ernste Magenstörung nahe.

Erbrechen ist wie auch Durchfall eigentlich keine Krankheit, sondern ein Symptom einer anderen Erkrankung, die einer tierärztlichen Behandlung bedarf, wenn sie mit Mattigkeit und Fieber verbunden ist. Der Hund sollte kein gewöhnliches Leitungswasser mehr bekommen, sondern dünnen Gerstenschleim oder Mineralwasser ohne Kohlensäure.

– *Fieber:* Auch Fieber ist immer nur Begleiterscheinung einer anderen ernstzunehmenden Störung. Die normale Temperatur des Hundes, im After gemessen, liegt zwischen 37 und 39 Grad. Ab einem Fieber von 39,5 Grad sollte keine feste Nahrung mehr gegeben werden, damit der Körper nicht unnötig belastet wird. Viel Wasser oder Tee mit Traubenzucker ist dagegen unerläßlich und muß dem Tier nötigenfalls aufgezwungen werden. Die Temperatur wird mit einem normalen Fieberthermometer, dessen Spitze mit Vaseline gleitfähig gemacht wird und nachher mit einem Desinfektionsmittel abgerieben wird, im After gemessen. Der Hund liegt dabei auf der Seite und das Thermometer wird festgehalten, damit es bei Bewegungen des Tieres nicht abbricht.
Immer, wenn der Hund einen kranken Eindruck macht, zweimal täglich Fieber messen, die Werte notieren und dem Tierarzt mitteilen, dem sie wertvolle Hinweise geben können.
Auch Untertemperatur unter 37 Grad ist alarmierend und sollte sofort den Tierarzt auf den Plan rufen.

– *Fremdkörper:* Fremdkörper, die sich außen auf dem Körper befinden, wie Splitter oder dergleichen, werden mit einer Pinzette vorsichtig herausgezogen, damit sie nicht abbrechen, die Wunde wird desinfiziert und eventuell verbunden, wenn sie größer ist. Haben sich dagegen Fremdkörper in der verschiedenen Teilen des Verdauungskanals festgesetzt, müssen sie jeweils entsprechend entfernt werden. Der Reihe nach sind dies:
  – *Maul:* Splitter verklemmen sich leicht im Oberkiefer

zwischen den Backenzähnen. Der Hund kratzt mit der Pfote am Fang und hat reichlich Speichelfluß. Oft kann der Gegenstand mit der Hand oder einem Löffelstiel entfernt werden. Hat sich aber beispielsweise ein Knochensplitter oder eine Nadel in den Kiefer gebohrt, sollte der Tierarzt eingreifen, damit nichts abbricht.

– *Schlund:* Wenn der Fremdkörper den ganzen Schlund blockiert, kann das Tier in kürzester Zeit daran erstikken, es ist also schnellstes Handeln vonnöten. Das Maul wird aufgesperrt, indem man auf die hinteren Backenzähne drückt und den Unterkiefer mit Gewalt herabzwingt. Läßt sich der Gegenstand nicht mit der Hand herausziehen, wird versucht, ihn noch weiter hinunterzustoßen. Das bewirkt ein energisches Würgen des Hundes, der den Fremdkörper daraufhin hoffentlich erbricht. Bei einem spitzen Gegenstand mit scharfen Kanten ist aber Vorsicht geboten. Es können schlimme Verletzungen entstehen, wenn mit Gewalt gearbeitet wird. Da an solchen Gegenständen meist noch etwas Luft vorbeikommt, ist die Erstickungsgefahr nicht so akut und man kann es riskieren, den Hund binnen weniger Minuten zum Tierarzt zu bringen.
– *Speiseröhre:* Hier ist jede Selbsthilfe riskant, denn oft gelangen nur scharfkantige Gegenstände so weit. Bei einer Massage des Halses können sie die Speiseröhre aufschneiden. Der Tierarzt muß röntgen und nötigenfalls operieren.
– *Magen:* Kleinere Fremdkörper im Magen befördert der Hund durch Erbrechen wieder ans Tageslicht; oft frißt er als Brechmittel Gras oder Quecke. Große und glatte Gegenstände dagegen verbleiben oft längere Zeit im Magen und können Magenschleimhautentzündungen und Geschwüre verursachen. Der Hund unternimmt oft vergebliche Brechversuche und bekommt Fieber. Der Tierarzt muß röntgen und eventuell operieren.
– *Darm:* Erbricht der Hund kurz nach dem Fressen, kann

er sich trotz heftigen Spannens nicht lösen, hat er Fieber, eine gespannte Bauchdecke und macht er vor Schmerzen einen Buckel, deutet alles auf einen im Darm befindlichen Fremdkörper hin. Meist ist ein Darmverschluß die Folge, der eine Bauchfellentzündung nach sich zieht. Jegliche Eigenbehandlung sollte vermieden werden, der Hund bekommt nichts zu fressen und wird sofort zum Tierarzt gebracht.

– *Mastdarm:* Die Unfähigkeit, sich zu lösen, starke Schmerzen dabei oder blutiger, harter Kot sind Symptome für einen Fremdkörper im Mastdarm. Auch hier sollte man nicht selbst herumdoktern, sondern den Tierarzt um Hilfe bitten. Da der Darmschließmuskel vor Schmerzen völlig verkrampft ist, dürfen weder Klistiere noch Abführmittel angewandt werden. Der Tierarzt wird vor der Behandlung ein krampflösendes Mittel spritzen.

– *HD (Hüftgelenksdysplacie):* Bei der Hüftgelenksdysplacie passen die Gelenkflächen des Oberschenkelkopfes nicht mehr richtig mit denen der Hüftgelenkspfannen zusammen. Diese Lockerung verursacht eine mangelhafte Gelenkstabilität, die bei mittlerer oder schwerer HD beim Laufen oder Aufstehen starke Schmerzen mit sich bringt.

HD ist eine zum Teil erblich bedingte Entwicklungsstörung, d.h., der neugeborene Welpe ist noch nicht damit behaftet, er trägt jedoch bereits die Veranlagung dazu in sich. Sie bildet sich erst im Laufe des Wachstums aus, wenn das Gelenk durch die es umgebenden Gewebsstrukturen unzureichend stabilisiert wird. Diese Fehlentwicklung wird durch zu schnelles Wachstum oder durch Übergewicht noch verstärkt. HD ist erwiesenermaßen hauptsächlich erblich. Da sie jedoch – im Gegensatz zu den Mendelschen Vererbungseigenschaften – an mehrere Gene gebunden ist, weist sie zahllose fließende Ausprägungen auf und läßt sich nicht in scharf abgegrenzte Klassen aufteilen. Um wenigstens in der BRD eine möglichst einheitliche Beurteilung aller Hunde zu erreichen, wurde in Berlin eine Zentralstelle zur Begutachtung von Röntgenbildern geschaffen. Dort werden die Röntgenaufnahmen aller zur Zucht vorgesehenen britischen Hütehunde geprüft und daraufhin Zuchttauglichkeits- bzw. Zuchtuntauglichkeitserklärungen abgegeben. Man unterscheidet grob folgende Stufen der HD: HD-frei, Verdacht auf HD, leichte, mittlere und schwere HD. Mitunter werden die einzelnen Grade auch in Zahlen angegeben, leichte HD ist dann Dysplacie 1. Grades usw. Im allgemeinen dürfen Bobtails bis zur mittleren HD zur Zucht verwendet werden. Da es jedoch relativ wenige absolut HD-freie Hunde gibt, ist dies nur auf den ersten Blick ein ,,Vorteil'', weil damit die weite Verbreitung und Vermehrung der Rasse gewährleistet ist. Damit wird die HD jedoch immer weiter vererbt. Eine Chance für die Zucht weitestgehend HD-freier Hunde bestünde nur darin, mit absolut HD-freien Elterntieren zu züchten. Selbst dabei müßte die gesamte Nachkommenschaft jedes Hundes aber ständig überprüft werden, damit festgestellt wird, ob er nicht HD genetisch weitervererbt, da in der Zucht der sogenannte Phänotyp, d.h., das jeweilige Erscheinungsbild, nicht unbedingt dem Genotyp entspricht, er also Erbanlagen potentiell weitervererben kann, ohne sie selbst zu besitzen. Ein verantwortungsbewußter Züchter, dem es nicht nur darum geht, auf Teufel komm raus Hunde zu züchten, sondern der auch die Rasse qualitativ auf einem hohen Niveau erhalten will, wird sich also reiflich überlegen, ob und in welchem Maße er Hunde zur Zucht verwendet, die leichte oder mittlere HD haben.

Darüber hinaus kann HD aber noch zusätzlich durch Umwelteinflüsse entstehen. Es werden hormonale Einflüsse und stoffwechselbedingte biochemische Veränderungen im Aufbau des Gelenkknorpels genannt, aber auch die Muskelausstattung des Beckens, die Ernährung, die Wachstumsgeschwindigkeit und die körperliche Beanspruchung des Tieres werden angeführt.

Medizinische Maßnahmen zur Bekämpfung der HD befinden sich alle noch mehr oder weniger im Stadium des Experimentierens. Für sehr junge Hunde werden manchmal Hormonspritzen empfohlen, für ältere das Einsetzen künstlicher Hüftgelenke oder Operationen, bei denen der Musculus pectineus, der den Oberschenkel am Hüftgelenk befestigt, durchtrennt bzw. entfernt wird. Eine solche Operation beseitigt jedoch nicht die eigentliche HD, sondern hilft nur vorübergehend bei der Coxarthrose, die durch HD bedingt wird. Die Arthrose selbst entwickelt sich weiter. Auch die Gabe großer Dosen von Vitamin C wurde einmal empfohlen, indem die HD als eine Abart des Skorbut dargestellt wurde. Es ist jedoch recht glaubwürdig bewiesen, daß weder große Mengen Vitamin C oder auch Vitamin D noch viel Kalk die Entwicklung der HD eindämmen können.

Wer sich dennoch dazu entschließt, die HD seines Hundes medizinisch behandeln zu lassen, muß nicht nur bedenken, daß dies ein mühsames und auch teures Unterfangen wird, sondern sollte auch abwägen, ob die damit verbundenen Strapazen dem Tier zugemutet werden können. Ich meine, daß es kein lebenswertes Dasein für einen Hund ist, sich etwa mit einem künstlichen Hüftgelenk nur noch langsam und vorsichtig bewegen zu müssen und nie mehr ausgelassen umhertoben zu dürfen.

Es muß jedoch an dieser Stelle auch betont werden, daß HD nicht nur beim Bobtail sehr verbreitet ist, sondern daß besonders die großen und schweren Hunderassen durchweg damit belastet sind. Bei Hunden, die in der Hinterhand abfallen sollen, wie etwa beim Deutschen Schäferhund oder beim Boxer ist sie sogar in noch erheblicherem Umfang festzustellen.

Es darf auch nicht vergessen werden, daß die HD erst seit relativ kurzer Zeit bekannt ist und – zumindest ansatzweise – bekämpft wird. Erst 1965 wurden in Deutschland erste Zuchtverbände aktiv und heute haben die meisten die Notwendigkeit einer Beachtung des Fortschreitens der HD erkannt. Auch der Club für Britische Hütehunde hat seit län-

gerem Maßnahmen zur Beobachtung und Bekämpfung der HD eingeführt.
Auch den Bobtail-Besitzern, die ihren Hund nicht zur Zucht einsetzen wollen, ist zu empfehlen, das Tier gleich nach Vollendung des ersten halben Lebensjahres einmal röntgen zu lassen. Bis zur mittleren HD darf man davon ausgehen, daß ein Hund normalerweise keine oder nur geringe Beschwerden hat. Bei schwerer HD sind jedoch ab einem gewissen Alter und einem bestimmten Abnutzungsgrad der Gelenke starke Schmerzen zu erwarten. Dann muß überlegt werden, ob es nicht besser ist, das Tier gleich einzuschläfern, als es jeden Tag ängstlich zu beobachten, ob es nicht schon die ersten Anzeichen erkennen läßt.

– *Husten:* Husten kann durch Wurmbefall ausgelöst werden, ist aber meist ein Zeichen eines Kehlkopfkatarrhs oder einer Erkältung oder einer durch eine Allergie verursachten Reizung der oberen Verdauungswege. Der Tierarzt wird den Hund abhören, ihm in den Hals sehen und bei Verdacht auf Würmer eine Kotuntersuchung machen. Bei Wurmbefall ist eine Wurmkur fällig, bei einer Halsentzündung braucht der Hund neben Spritzen und Medikamenten Ruhe und Wärme.

– *Krallen:* Wird beim Krallenschneiden die Blutbahn verletzt, wird die Wunde mit Jod betupft und die Pfote mit einem sterilen Verband geschützt. Ist eine Kralle gebrochen oder abgerissen, darf nicht versucht werden, sie ganz abzutrennen. Sie wird in Wuchsrichtung gelegt, mit Verbandmull abgedeckt, die Zehenzwischenräume werden mit Watte ausgepolstert und ein fester Verband um die Pfote gelegt. Damit geht es zum Tierarzt, der über die weitere Behandlung entscheidet. Die dicken Krallen des Bobtails dürfen nur mit einer Spezialschere gekürzt werden, die jeder Tierarzt besitzt. Wenn der Hund oft auf harten Boden läuft, schleifen sie sich von selbst ab und brauchen nicht gekürzt zu werden.

– *Medikamente:* Müssen Tabletten eingegeben werden, arbeitet man am besten mit einem Trick. Der Hund bekommt einen leckeren Happen Fleisch, und wenn dieser für gut befunden wurde, wird die Tablette in einen zweiten Happen eingewickelt und wird mit einem einzigen Schluck verschwunden sein. Flüssigkeiten werden zunächst in einem Schälchen Milch aufgelöst und angeboten. Da die meisten Hunde Milch sehr gern mögen, nehmen sie auch oft den fremden Beigeschmack in Kauf. Durchschauen sie jedoch Herrchens List, muß das übliche Rezept angewandt werden, wie man Hunden Medizin eingibt: Die lockere Lefzenhaut wird so nach außen gezogen, daß eine Tasche entsteht, in die die Medizin eingegossen wird. Dann wird das Maul zugeklappt, der Kopf hochgedrückt und die Schnauze so lange zugehalten, bis der Hund geschluckt hat. Ein „medizinerfahrener" Bobtail, der genau weiß, wie bitter das eingegebene Säftchen schmeckt, kann in dieser Stellung erstaunlich lange ausharren ohne zu schlucken. Man kann nachhelfen, indem man seine Kehle sanft massiert oder indem man ihm mit der freien Hand etwas besonders Leckeres direkt über die Nase hält – dann läuft ihm nämlich buchstäblich das Wasser im Maul zusammen und er kommt ums Schlucken nicht mehr herum. Es ist natürlich Ehrensache, daß er den Happen dann auch wirklich bekommt!

– *Nase:* Die Hundenase sollte stets kalt und feucht sein. In geheizten Räumen und bei trockener Luft kann sie aber auch zeitweilig warm und trocken sein, ohne daß der Hund gleich krank sein muß. Bei einem kranken Hund ist dagegen die Nase in den meisten Fällen warm und ausgetrocknet. Aber auch das Gegenteil läßt auf eine Erkrankung schließen, wenn nämlich zu viel Nasenausfluß vorhanden ist, der hell und wässrig oder dickflüssig und eitrig sein kann. Ein aufgeregter Hund hat mitunter aber auch ein wässriges „Tautröpfchen" an der Nase, das Einatmen von Rauch und Staub kann ebenfalls vorübergehend einen Nasenausfluß bewirken, ebenso winzige Fremdkörper wie beispielsweise Grassamen. Ist der Nasenausfluß jedoch eitrig oder mit einer gleichzeitigen Entzündung der Augen verbunden, liegt wahrscheinlich eine Virusinfektion vor, die vom Tierarzt behandelt werden muß. Keinesfalls darf in der Nase des Hundes herumgestochert werden!

– *Ohren:* Der äußere Gehörgang kann sich durch Fremdkörper leicht entzünden, ebenso durch eingedrungenes Wasser, Bakterien oder Milben. Die äußeren Gehörgänge müssen ab und zu mit einem angefeuchteten Wattestäbchen gereinigt werden, wobei aber nicht zu tief in das Ohrinnere eingedrungen werden darf. Wird das Ohr nicht oft genug saubergemacht, setzt sich ausgeflossenes Ohrschmalz leicht auf der meist unbehaarten Innenseite des Ohres ab und ist nur schwer zu entfernen. Dazu wird zunächst die Ohrmuschel mit Watte verstopft, dann wird das Ohr angefeuchtet und die Innenseite mit Seife oder ein paar Tropfen Hundeshampoo eingeschäumt und vorsichtig mit einer weichen Nagelbürste bearbeitet. Dann wird der Schaum gründlich abgewaschen und das Ohr sorgfältig getrocknet. Zum Schluß wird der Wattebausch entfernt. Auch beim Baden sollte die Ohrmuschel mit einem Wattebausch vor Wasser und Schaum geschützt werden.
Das normale Ohrschmalz ist absolut geruchlos. Stellt man einen übelriechenden Ausfluß fest, deutet das auf eine Entzündung hin und der Tierarzt wird aufgesucht. Ist ein Fremdkörper ins Ohr geraten, ist es angebracht, ihn vom Tierarzt mit einem Spezialinstrument entfernen zu lassen. Wenn man selbst im Ohr herumstochert oder gar Flüssigkeiten hineinträufelt, rutscht der Gegenstand nur noch tiefer und kann sogar das Trommelfell verletzen.

– *Schock:* Ein Schock wird durch einen Unfall, einen Schreck, innere Verletzungen usw. ausgelöst. Der Hund erleidet einen Kreislaufzusammenbruch, ist schwach, atmet flach und schnell, ist kalt und schlecht durchblutet. Er wird vorsichtig mit der rechten Seite auf eine Heizdecke gelegt und bis zum Eintreffen des sofort alarmierten Tierarztes braucht er Ruhe und Wärme, er darf weder fressen noch trinken und sollte möglichst nicht bewegt werden.

– *Ungeziefer:* Das dichte Fell des Bobtails ist ein ideales Tummelfeld für Ungeziefer jeglicher Art, wenn der Hund nicht gepflegt wird. Er muß wöchentlich gekämmt, täglich kurz gebürstet und sein Schlafplatz muß regelmäßig gereinigt werden. Im Sommer sollten Hunde, die sich viel im Freien aufhalten, ein Flohschutzhalsband tragen, das auch Zeckenbefall vorbeugt. Um die Fellmassen eines Bobtails zu schützen, ist ein Flohschutzband mit verdeckter Wirkstoffeinlage nicht stark genug, es sollte schon ein offenes sein, das locker um den Hals getragen wird. In der ersten Zeit muß kontrolliert werden, ob das Tier nicht allergisch reagiert und die Haut sich rötet.
  Taucht trotz aller Sorgfalt einmal eine Laus oder ein Floh auf, wird der ganze Bobtail mit Insektenpuder eingestäubt, das Pulver mit einem Handtuch kräftig eingerubbelt und anschließend sorgfältig ausgebürstet. Auch das Lager des Hundes muß gründlich gereinigt und desinfiziert werden.
  Haben sich Zecken eingefressen, kann man sie entfernen, indem sie zunächst durch Beträufeln mit Öl oder Schnaps oder durch Bestreichen mit Fett oder einer fetthaltigen Creme betäubt und dann mit einer Linksdrehung herausgedreht wird. Wenn man nur zieht, bleibt meist der Kopf stecken und es besteht die Gefahr einer Entzündung. Da Zecken einige Krankheiten übertragen, sollte man sie nicht mit bloßen Händen anfassen. Am besten lassen sie sich mit einer Pinzette herausdrehen. Eine üble Sache ist es, wenn sich eine Zecke in der Nähe der Augen oder der Nase festbeißt. Dort sollte sie am besten vom Tierarzt entfernt werden.
  Zecken halten sich gern im Wald und speziell unter Eichen

auf. Nach einem herbstlichen Waldspaziergang ist es meistens von Erfolg „gekrönt", wenn der Bobtail auf Zecken untersucht wird. Da sie sich erst nach einigen Stunden so prallvoll gesaugt haben, daß man sie mit den Händen ertasten kann, muß genau nachgeschaut werden, wo sich so ein braunes oder grauschwärzliches Tier in die Haut gegraben hat. Zecken sind zäh und können monatelang von dem eingesaugten Blut leben; es ist also nicht damit getan, sie lediglich herauszudrehen und fortzuwerfen. Nur wenn sie zerquetscht werden, kann man sicher sein, ihnen wirklich den Garaus gemacht zu haben.

– *Vergiftungen:* Bei allen Vergiftungen gilt es, das Gift so schnell wie möglich aus dem Körper zu entfernen. Zunächst wird als Brechmittel Salzwasser (1 Eßlöffel Salz auf ein Glas lauwarmes Wasser) eingeflößt und nach dem Erbrechen des Mageninhalts ein Abführmittel eingegeben, um das Gift aus dem Darm wegzuschaffen. Als Abführmittel eignen sich Aktivkohle, die in jeder Hunde-Notapotheke vorrätig sein sollte, oder Salatöl. Rizinus- und Mineralöl greifen den Darm zu sehr an. Nach dieser sofort erfolgten ersten Hilfe wird der Hund unverzüglich zum Tierarzt gebracht, der über die weitere Behandlung entscheidet. Ein gesunder Hund hat im allgemeinen genügend Körperkräfte, um der Vergiftung Herr zu werden, wenn sie richtig behandelt wird.

– *Verstopfung:* Die wichtigste Voraussetzung für eine geregelte Verdauung ist eine gesunde Ernährung. Neigt ein Hund ständig zu Verstopfung, ist das ein Zeichen dafür, daß er falsch ernährt wird. Medikamente helfen zwar oberflächlich, indem sie zunächst die Verstopfung beseitigen, aber im Endeffekt greifen sie den Darm so stark an, daß der Körper ohne Medikamente zu einer normalen Verdauung gar nicht mehr in der Lage ist. Die beste Medizin ist also der Übergang zu einer anderen Ernährung, die genügend Stoffe enthält, die die Darmtätigkeit anregen. Bei einer Verstopfung bleiben Schlacken im Körper, deren Giftstoffe durch die Darmwände vom Körper aufgenommen werden und die Ursache vieler Krankheiten sind. Wenn der Hund nicht mindestens einmal täglich Kot absetzt – zweimal täglich wäre besser – und der Kot noch dazu sehr hart ist, hilft oft schon die Gabe von rohem Obst, das leicht abführend wirkt, wie Beeren, entkernte Pflaumen, Äpfel usw., allerdings keine Zitrusfrüchte, die zu sehr säuern. Auch getrocknetes Obst wie Feigen, Datteln, Zwetschgen oder Rosinen wirkt sehr gut. Ebenso sind Petersilie und Honig natürliche Abführmittel. Von chemischen Abführmitteln (keinesfalls Medikamente für Menschen geben, diese wirken beim Hund ganz anders, oft sogar tödlich!) sollte möglichst Abstand genommen werden, da sie meist die Darmflora zu stark angreifen.

Verstopfung wird oft durch Knochen ausgelöst, deswegen sollten nie zu viele Knochen auf einmal gegeben werden, und stets nur weiche Kalbsknochen. Noch geeigneter für einen anfälligen Hund sind Knorpelteile, die ebensoviel Knabberspaß bereiten, aber weniger stopfen.

Hat der Hund einmal etwas sehr Stopfendes gefressen (wenn er beispielsweise heimlich Frauchens Pralinenschachtel stibitzt und den Inhalt vernascht hat), wirken zwei Eßlöffel Oliven- oder Sonnenblumenöl Wunder, die wie Medizin eingegeben werden. Auch Lebertran hat eine ähnliche Wirkung.

– *Würmer:* Fast jeder Hund hat im Laufe seines Lebens ein oder mehrere Male Würmer. Das läßt sich auch durch die sauberste Haltung und das beste Futter nicht verhindern, denn Wurmeier werden nicht nur durch Flöhe und Fleisch übertragen, sondern können auch durch den Boden, auf dem der Hund schnüffelt, oder durch Wasser in den Körper gelangen und sich dort entwickeln und vermehren. Man unterscheidet Rund- und Bandwürmer. Im Mastdarm und in der Umgebung des Afters findet sich manchmal ein kleiner weißer fadenförmiger Rundwurm, der starken Juckreiz verursacht und manchmal bewirkt, daß der Hund mit dem Hinterteil am Boden entlangrutscht. Der Grund für dieses sogenannte „Schlittenfahren" kann aber auch eine Verstopfung der Afterdrüsen sein, die dann vom Tierarzt ausgedrückt werden müssen.

Ab und zu sollte der Kot des Hundes angeschaut werden. Wenn weißliche oder rosafarbene sich bewegende Würmer oder Bandwurmteile oder „Eierpäckchen" zu sehen sind, wird eine Kotprobe zum Tierarzt gebracht, der sie mikroskopisch untersucht und ein geeignetes Entwurmungsmittel in einer der Körpergröße des Hundes entsprechenden Dosis verordnet. Keinesfalls aber darf zur Vorbeugung ab und zu irgendein Entwurmungsmittel angewendet werden, da durchweg alle diese Mittel Stoffe enthalten, die die Verdauungsorgane angreifen.

Vor allem wenn Kinder mit im Haushalt leben, empfiehlt es sich, routinemäßig einmal im Jahr eine Kotprobe untersuchen zu lassen, denn einige Wurmarten können sich auch auf den Menschen übertragen und sehr schädlich sein. Vorbeugen ist also besser als heilen. Wenn ein Hund Menschen beleckt, ist das ein Zeichen von Zärtlichkeit, das man ihm nicht verwehren sollte, wenn er nicht gerade ins Gesicht leckt, aber die beschleckten Körperteile sollten hinterher sofort gründlich gewaschen werden.

Vor allem bei tragenden Hündinnen ist Vorsicht mit chemischen Entwurmungsmitteln geboten, da gewisse Giftstoffe vom Blut aufgenommen werden und dadurch die ungeborenen Welpen schädigen können. Auch mit der Muttermilch können Schadstoffe auf die Welpen übertragen werden. Wenn eine Hündin werfen soll, ist es angebracht, sich vor dem Belegen davon zu überzeugen, daß sie wurmfrei ist bzw. rechtzeitig eine Wurmkur zu machen. Welpen sind sehr oft von Würmern befallen. Dabei ist zu bedenken, daß die Mutterhündin die ausgeschiedenen Wurmeier mit dem Kot der Kleinen wieder aufnimmt, da sie ja deren Exkremente frißt, solange sie sie säugt. Es müssen dann also Welpen und Muttertier gleichzeitig entwurmt werden. Auch beim Entwurmen der Welpen ist zuviel des Guten schädlich und die Mittel müssen sorgfältig dosiert werden. Wahrscheinlich sind insgesamt schon mehr Welpen durch falsche Anwendung von Entwurmungsmitteln eingegangen als durch den Wurmbefall selbst.

– *Zähne:* Im allgemeinen halten Hunde ihre Zähne von selbst sauber, indem sie Knochen, Hundekuchen oder Büffelhautspielzeug bekauen. Ist es doch einmal zur Zahnsteinbildung gekommen, wird er mit einem geeigneten Gegenstand abgekratzt. Sehr gut geeignet ist ein Maniküre-Löffelchen, das man zum Zurückschieben der Nagelhaut benutzt. Aber auch der Tierarzt wird bei einem gelegentlichen Besuch den Zahnstein gern entfernen.
Wenn der Hund artgemäß ernährt wird, werden seine Zähne bis ins hohe Alter erhalten bleiben. Wenn ein Frauchen dummerweise meint, ihm mit Schokolade und Pralinen etwas Gutes zu tun, muß es allerdings nicht nur seine Verdauung büßen, sondern auch sein Gebiß, die Zähne faulen, das Zahnfleisch wird angegriffen und der Hund leidet starke Zahnschmerzen, die auf den ganzen Kopf ausstrahlen – meist sogar noch unbemerkt von besagtem Frauchen. Einige Tierärzte haben Methoden entwickelt, die Zähne zu erhalten, die aber in vielen Fällen noch nicht sehr zuverlässig sind. Wenn ein Zahn erst einmal angefault ist, ist es am problemlosesten, ihn zu ziehen. Der Tierarzt muß dazu natürlich eine Vollnarkose geben. Aber: so weit sollte es erst gar nicht kommen!
Eine falsche Gebißstellung des bleibenden Gebisses hat schon so manchen Ausstellungstraum zerschlagen. Auch Welpen, die beim Milchgebiß eine völlig korrekte Zahnstellung hatten, können bei den bleibenden Zähnen fehlerhafte Stellungen bekommen, die sich kaum von außen beeinflussen lassen, außer durch eine spezielle Zahnklammer. Diese

aufwendige Prozedur sollte jedoch gut überlegt sein. Es gibt wenig Tierärzte, die die Behandlung durchführen können (meines Wissens nur zwei in der Bundesrepublik Deutschland), überdies ist sie sehr teuer, hat keine hundertprozentige Erfolgsquote und stellt eine große Strapaze für den jungen, unternehmungsfreudigen Hund dar.

Stolzer Vater mit Nachwuchs

Viel zu schnell werden aus
solchen niedlichen Plüschtieren …

… „halbstarke“ Strolche und …

… ausgewachsene Prachtexemplare.

Am schönsten – und sicher auch am glücklichsten
sind aber die Bobtails, die ihre Rute behalten dürfen.

Darf Ihr nächster Hund auch so ein
„Bob-mit-tail“ sein?

Wichtige Anschriften

Der Club für Britische Hütehunde e.V. ist zuständig für die Rassen Collie (Langhaar-, Kurzhaar-, Bearded Collie), Sheltie, Bobtail und Welsh Corgi. Er ist Mitglied des VDH und Herausgeber des Zuchtbuches der genannten Rassen. Er vermittelt An- und Verkäufe von britischen Hütehunden und berät in Fragen der Zucht und Abrichtung.

Zur Zeit der Drucklegung dieses Buches (Frühjahr 1996) standen einige Personalveränderungen an, so daß bestimmte Positionen nur kommissarisch besetzt waren. Die jeweils aktuellen Namen, Adressen und Telefonnummern müssen Sie ggf. bei der Geschäftsstelle erfragen bzw. können sie der Fachzeitschrift »Unser Rassehund« (offizielles Organ des Verbandes für das Deutsche Hundewesen e.V., kurz VDH, Westfalendamm 174, 44141 Dortmund) entnehmen.

Notvorstand:
Jürgen Baldauf, Burger Landstr. 45, 29227 Celle, Tel.: (05141) 86873,
Fax: (05141) 86619, Auto-Tel.: (0172) 5123332

Peter Wagner, 2. rue de Holzem, L-8355 Garnich,
Tel.: (00352) 388123, Fax: (00352) 388087

Zuchtbuchstelle (komm.):
Ursula Müller, Bahnstraße 8, 52399 Merzenich,
Tel. & Fax: (02421) 35672

Verantw. Redakteurin (komm.):
Beate Alexander, Haus Nr. 3, 23898 Duvensee-Bergrade,
Tel. & Fax: (04543) 7535

Ausstellungswesen (komm.):
Hermann Lanfermann, Oberhausener Str. 140, 46240 Bottrop,
Tel.: (02041) 52419

Hauptzuchtwart (komm.):
Wilhelm Sandomir, Hasenweg 20, 26524 Hage,
Tel. & Fax: (04931) 74754

Öffentlichkeitsarbeit (komm.):
Beate Alexander, Haus Nr. 3, 23898 Duvensee-Bergrade,
Tel. & Fax: (04543) 7535

Rassebetreuer Bobtail:
Lisette Lanfermann, Oberhausener Str. 140, 46240 Bottrop,
Tel.: (02041) 52419

Schatzmeister (komm.):
Gerhard Hill, Semperstr. 34, 45138 Essen, Tel.: (0201) 256307
Fax: (0201) 254968

Sport-Erziehung-Ausbildung (komm.):
Ingo Dahne, Orankestraße 13, 13053 Berlin, Tel.: (030) 9813739

Die 1. Vorsitzenden der einzelnen Landesgruppen sind:

LG Baden-Pfalz:
Gerhard Döring, Maudacherstr. 30, 68219 Mannheim,
Tel. + Fax: (0621) 872110

LG Bayern-Nord:
Johann Strohmer, Eichenstr. 20, 90562 Heroldsberg,
Tel.: (0911) 5180578

LG Bayern-Süd:
Margarete Gläßer, Weidenstr. 23, 82256 Fürstenfeldbruck-Buchenau,
Tel.: (08141) 25277

LG Berlin:
Ursula Vogel, Bitburger Str. 73, 13051 Berlin, Tel.: (030) 9237803

LG Brandenburg:
Monika Munck, Am Markt 2, 14828 Görzke, Tel.: (033847) 41465

LG Hamburg:
Sabine Böhmer, Spechtweg 5, 21755 Hechthausen, Tel.: (04774) 1358

LG Hessen:
Ursula Langer, Eifelweg 31, 63069 Offenbach, Tel.: (069) 98402622,
Fax: (069) 98402612

LG Mecklenburg-Vorpommern:
Petra Tietze, Friedensstr. 55, 19053 Schwerin, Tel.: (0385) 715592

LG Niedersachsen:
Claus-Peter Fricke, Oderblick 12, 38312 Cramme, Tel.: (05341) 91953

LG Rheinland:
Klaus Frankenberger, Auf der Höhe 4, 57612 Birnbach/Ww,
Tel.: (02681) 6016

LG Saar:
Hans-Erwin Neisens, Uhlandstraße 2, 66265 Heusweiler,
Tel.: (06806) 5606

LG Sachsen:
Peter Popp, Elisabethstr. 30, 08491 Netzschkau, Tel.: (03765) 31251

LG Sachsen-Anhalt:
Jürgen Böttcher, Dorfstr. 2, 39356 Eschenrode,
Tel. & Fax: (039055) 207

LG Schleswig-Holstein:
Uwe Rademacher, Kirchstr. 3, 23623 Gnissau,
Tel. & Fax: (04556) 1223

LG Thüringen:
Heinz Wagner, Schumannstr. 37, 99734 Nordhausen,
Tel.: (03631)7991

LG Weser-Ems:
Uwe Nölke, Grossenheidorner Str. 59, 31515 Wunstorf 2,
Tel.: (05033) 1460

LG Westfalen:
Hermann Lanfermann, Oberhausener Str. 140, 46240 Bottrop,
Tel.: (02041) 52419

LG Württemberg:
Günter Rall, Im Laichle 25, 73527 Schwäbisch Gmünd-Wetzgau,
Tel.: (07171) 72951

Wichtige Verbände sind:

Verband für das Deutsche Hundewesen e.V. (VDH),
Westfalendamm 174, 44141 Dortmund
Tel. (0231) 56500-0, Fax (0231) 592440

Landesverband Baden-Württemberg, Ulrich Reidenbach, Dennefstr. 7b, 71665 Vaihingen/Enz, Tel.: (07042) 22065
Landesverband Bayern, Hans Wiblishauser, Parzivalplatz 3a, 80804 München
Landesverband Berlin-Brandenburg, Lothar Buhrke, Scheelstraße 51, 12209 Berlin, Tel.: (030) 7722145
Landesverband Franken-Oberpfalz, (komm.) Gerda Kastl, Karl-Kasper-Str. 15, 90453 Nürnberg, Tel.: (0911) 6383837
Landesverband Hessen, Reinhard Jakob, Eisenhammerstr. 27, 34123 Kassel, Tel.: (0561) 512851
Landesverband Niedersachsen, Jochen Rissmann, Schmiedestr. 5, 30159 Hannover, Tel.: (0511) 323228
Landesverband Nordrhein, Horst Kellermann, Gewerbeschulstraße 97, 42289 Wuppertal-Barmen, Tel.: (0202) 556620
Landesverband Nord, Christoph Stadelbauer, Inspektor-Weimar-Weg 10, 24239 Achterwehr, Tel.: (04340) 1215
Landesverband Rheinland-Pfalz, Klaus May, Beindersheimer Str. 100, 67227 Frankenthal, Tel.: (06233) 7961
Landesverband Saar, Hans-Erwin Neisens, Uhlandstr. 2, 66265 Heusweiler, Tel.: (06806) 5606
Landesverband Thüringen, Rainer Jacobs, Johannes-Keppler-Str. 11, 99097 Erfurt, Tel.: (0361) 4222106
Landesverband Weser-Ems, Fritz Rasch, Am Hasenkamp 10, 49565 Bramsche, Tel.: (05461) 3650
Landesverband Westfalen, Hanns Lücker, Max-Planck-Str. 70, 58093 Hagen, Tel.: (02331) 51764

Deutscher Hundesportverband e.V.

Präsident: Wolfgang Rüskamp, Schliepersberg 76, 45257 Essen, Tel.: (0201) 48909
Geschäftsstelle: dhv-Geschäftsstelle, Gustav-Sybrecht-Straße 42, 44536 Lünen, Tel.: (0231) 87949, Fax: (0231) 8770813
Redaktion: Jürgen Leier, Grunerstr. 21, 40239 Düsseldorf, Tel.: (0211) 626450, Fax: (0211) 626450

Deutscher Old English Sheepdog Club e.V.

1. Vorsitzender: Klaus-Dieter Hubert, Triftweg 2, 31246 Lahstedt, Tel.: (05172) 2209
2. Vorsitzende: Heike Bilsheim, Fürsetzer Straße 56, 95448 Bayreuth, Tel.: (0921) 68919
Herausgeber der »News«. Erscheint 6 x im Jahr, ist offizielles Organ des Clubs und wird an Mitglieder kostenfrei verschickt.

International:
FCI – Fédération Cynologique Internationale
12, Rue Leopold II
B-6530 Thuin

Österreich:
ÖKV – Österreichischer Kynologen-Verband
Johann-Teufel-Gasse 8
A-1238 Wien

Österreichischer Club für Britische Hütehunde
Frau M. Brenner
Donaufelder Straße 215
A-1222 Wien

Schweiz:
SKG – Schweizerische Kynologische Gesellschaft
Länggass-Straße 8
CH-3012 Bern

Bobtail Club der Schweiz
Frau M. Müller-Mächler
Schwarzackerstraße 42
CH-8887 Mels

Literatur

Bairacli-Levy, Juliette de: Die Heilung kranker Hunde nach natürlichen Methoden. Albert Müller Verlag AG, Rüschlikon-Zürich

Berkowitz, Mona: How to Raise and Train an Old English Sheepdog. T.F.H. Publications, Inc. Ltd., Neptune City, N.J. 07753

Beyersdorf, Peter: Dein Hund auf Ausstellungen. Verlagsgesellschaft Rudolf Müller, Köln-Braunsfeld

Brummer, H./Eikmeier, H.: Psychosomatische Erkrankungen und Störungen bei Tieren, Deutsche Tierärztliche Wochenschrift 74/17

Brunner, Ferdinand: Der unverstandene Hund. Neumann-Neudamm-Verlag, Melsungen

Club der Britischen Hütehunde e.V.: Informationsschrift des, Frankfurt

Cook, David/Pitt, Valerie: Mehr Wissen über Hunde. Delphin-Verlag, Stuttgart und Zürich

Cremer, H.-D.: Die große Nährwert-Tabelle. Gräfe und Unzer Verlag, München

Daglish, Eric F.: Hundezucht auf Grund der Vererbungslehre. Albert Müller Verlag, Rüschlikon-Zürich

Dangerfield, Stanley/Howell, Elsworth: The International Encyclopedia of Dogs. Pelham Books Limited, London

Davis, Ann: The Old English Sheepdog. Popular Dogs Publishing Co. Ltd., London

Edgson, F.A./Gwynne-Jones, O.: Kranker Hund – was tun? Albert Müller Verlag, Rüschlikon-Zürich, Stuttgart-Wien

Fiedelmeier, Leni: Der Familienhund. Aufzucht, Pflege, Erziehung. Franckh, Stuttgart

Fiedelmeier, Leni: Mit dem Hund zur Ausstellung. Philler Verlag, Minden

Fox, Michael W.: Versteh Deinen Hund. Albert Müller Verlag, Rüschlikon-Zürich

Fox, Michael W.: Vom Wolf zum Hund. BLV-Verlagsgesellschaft mbH, München

Gebhardt, Heiko: Du armer Hund. Stern-Buch. Gruner + Jahr AG, Hamburg

Gould, Jean: All About the Old English Sheepdog. Pelham Books Ltd., London

Herminghaus, Paul H.: Britische Hütehunde. Otto Meissners Verlag, Schloß Bleckede an der Elbe

Keeling, Jill A.: The Old English Sheepdog. W. & G. Foyle Ltd., London

Kellner, Kurt: Dem Hunde – wenn er gut gezogen. Kosmos-Franckh, Stuttgart

Kinney, James R.: Hundehaltung in der Stadt. Ullstein, Berlin

Klever, Ulrich: Dein Hund – Dein Freund. Der praktische Ratgeber zu allen Hundefragen. rororo 7122, Rowohlt Taschenbuch Verlag GmbH, Reinbek

Klever, Ulrich: Knaurs Hundebuch. Rassen, Aufzucht, Pflege. Knaur Taschenbuch 306, Droemer Knaur, München/Zürich

Levine, Rhoda: Er war da und saß im Garten. Diogenes Kinder Taschenbuch 8, Diogenes Verlag AG, Zürich

Longton, Tim/Hart, Edward: The Sheep Dog. Its Work and Training. David & Charles, Newton Abbot, London; North Pomfred (VT), Vancouver

Mandeville, John: The Complete Old English Sheepdog. Howell Book House Inc., New York

Menzel, R.: Hundeausbildung, Verhalten, Gehorsam, Abrichtung. Falken-Verlag, Niedernhausen-Zürich

Miller, Frank: Wonderful World of Dogs. Manor Books Inc., New York

Mit dem Hund in Urlaub. Interessengemeinschaft Deutscher Hundehalter e.V., Hamburg

Most, Konrad: Abrichtung des Hundes individuell und ohne Strafen unter besonderer Berücksichtigung des Dienst- und Gebrauchshundes. A. Gersbach Verlag, München

Naaktgeboren, Cornelis: Die Geburt bei Haus- und Wildhunden. Neue Brehm-Bücherei 436, A. Ziemsen Verlag, Wittenberg Lutherstadt

Schmidt, Friedo: Verstehst Du Deinen Hund? J. Neumann-Neudamm-Verlag, Melsungen

Schneider, Earl: Know Your Old English Sheepdog. Pet Library Ltd., London

Stephanitz, Herta v.: Aufzucht junger Hunde. Auswahl, Pflege, Erziehung. Lehrmeister-Bücherei Nr. 5, Philler Verlag, Minden

Stern, Horst: Bemerkungen über Hunde. rororo 6855, Rowohlt Taschenbuch-Verlag GmbH, Reinbek

stern magazin: Serie „Hundeleben in Deutschland". Gruner + Jahr AG, Hamburg

Trumler, Eberhard: Hunde ernst genommen. Piper Verlag, München

Trumler, Eberhard: Mit dem Hund auf Du. Piper Verlag, München

Trumler, Eberhard: Trumlers Ratgeber für den Hundefreund. Piper Verlag, München

Unser Rassehund. Offizielles Organ des Verbandes für das Deutsche Hundewesen e.V. (VDH), Dortmund

VDH: Zuchtrichtlinien des Verbandes für das Deutsche Hundewesen e.V. und Internationales Zuchtrecht von Monaco, VDH, Dortmund

VDH: Zuchtschau-Ordnung, Zuchtrichter-Ordnung des Verbandes für das Deutsche Hundewesen e.V., VDH, Dortmund

Vogeler, Eva-Maria: Britische Hütehunde (Collie, Shetland Sheepdog, Bobtail, Welsh Corgi). Aufzucht, Haltung, Pflege, Ausbildung. Kosmos-Hundebibliothek. Franckh, Stuttgart

Sachwortverzeichnis